유신체제기 통일주체국민회의의 권한과 활동

이 저서는 2012년 정부(교육부)의 재원으로 한국연구재단의 지원을 받아
수행된 연구임(NRF-2012S1A5B5A07034955)

유신체제기 통일주체국민회의의 권한과 활동

초판 1쇄 발행 2014년 2월 25일

지은이 | 김행선
발행인 | 윤관백
발행처 | 도서출판 선인

편 집 | 심상보
표 지 | 박애리
영 업 | 이주하

등록 | 제5-77호(1998.11.4)
주소 | 서울시 마포구 마포동 324-1 곳마루 B/D 1층
전화 | 02)718-6252 / 6257   팩스 | 02)718-6253
E-mail | sunin72@chol.com
Homepage | www.suninbook.com

정가 16,000원
ISBN 978-89-5933-699-9 93910

잘못된 책은 바꿔 드립니다.

유신체제기 통일주체국민회의의 권한과 활동

김행선

도서출판 선인

책을 펴내며

지난 2012년도 12월 19일 제18대 대통령으로 보수정당인 새누리당의 후보인 박근혜가 당선되었다. 박근혜 대통령 후보는 보수 대 진보의 맞대결 구도로 치러진 이번 선거에서 승리해 보수정권 재집권에 성공했다. 그녀는 대한민국 첫 여성대통령이자, 아버지 박정희 전 대통령의 딸로서 첫 부녀 대통령이 됐다. 이는 대한민국 역사의 특수성을 반영한 것이라 볼 수 있다. 즉 보수 대 진보라는 한판 대결구도 속에서 위기의식을 느낀 보수 세력의 총집결이자 박정희 전 대통령의 경제성장 신화에 영향 받아 온 50대 이상 노령층 유권자의 결집력이 빚어낸 승리라 할 수 있다. 따라서 박정희 정권에 대한 치밀한 연구와 역사적 평가가 이루어져야 할 것이다.

필자는 1970년대 박정희 정권시대에 관한 일련의 연구들을 수행하면서 이 시대에 대한 객관적인 시각을 갖고자 노력했다. 1970년대 유신체제기의 박정희 정권은 한국현대사의 중심적 위치에 있다고 해도 과언이 아니다. 세계 역사상 유례없는 놀라울 정도의 경제성장과 더불어 사회보장제도의 기틀이 마련되기 시작한 시기였다. 특히 박정희 정권이 추구한 평화적인 통일정책과 남북대화는 대한민국의 역사상 처음으로 분단체제를 극복하고 조국의 평화적 통일을 지향하는 역사적 첫 걸음을 마련한 시기였다는 점에서 긍정적인 측면이 있다. 이와 반면에 유신헌법의 제정으로 유신체제를 통해 박정희 대통령의 장기집권을 도모하고, 반체제세력에 대한 탄압과 인권탄압이 이루어진 억압과 통제의 시기이기도 했다.

그리고 본 저서에서 검토하게 될 통일주체국민회의는 박정희 독재 권력의 본질을 명확하게 드러내는 유신헌법의 핵심이자 본질이라 할 수 있다.

박정희 정권은 유신헌법과 유신체제를 확립시키면서, 한국만의 특수한 기관인 국민회의를 설치했다. 즉 국민회의는 유신헌법의 특이한 창설적 제도이며 유신체제의 상징적 특징이자 그 제도적 기초인 핵에 해당하는 기구이다. 이로 인해 국민회의는 막강한 권한을 가지고 활동을 했다.

따라서 국민회의는 유신체제에 따른 한국적 민주주의의 성패를 가름하는 관건이 되었다. 이러한 점에서 역사적이고 객관적이며, 실증적이고 종합적인 관점에서 국민회의의 권한과 활동 및 그 문제점과 역사적 평가 등을 검토하는 것은 유신체제의 본질을 파악하는 데 매우 유용한 수단이 된다고 본다.

또한 오늘날 한국사회에서 진보세력과 보수세력, 민주세력 및 반민주세력, 경상도와 전라도 지역 간의 갈등과 대립이 심화되고 사회가 양극화되는 계기를 마련한 시기가 바로 박정희 정권시대라 할 수 있다. 따라서 국민회의를 중심으로 그 구성원인 대의원이나 이 기관에서 선출한 국회의원들의 성향과 계급적 기반을 분석함으로써 유신체제가 구축되고 유지되게 된 배경과 함께 오늘날 한국 보수 세력의 역사적 기반과 배경을 살펴보는 것은 의미 있는 일이라 생각된다. 그리고 이를 연구하는 목적은 바로 한국사회가 추구해 나가야 할 사회이상인 화합과 공존의 틀을 마련하는 데 두었다.

특히 본 저서는 국민회의의 구체적인 역사상을 살펴봄으로써 오늘날 분단체제를 극복하고 21세기 통일 민족국가수립으로 나아가는 조직적·체계적인 통일정책의 실현을 마련하는 계기를 이루고자 한다.

박정희 정권 시대를 객관적이고 역사적인 측면에서 검토하는 일은 어려운 일이지만 의미 있는 작업이기도 하다. 특히 필자의 대학생활이 전적으

로 유신체제기에 해당하는 시기였기 때문에 남다른 감회를 가지고 연구할
수 있었다. 본 저서는 필자가 이 시대를 적극적이고 주체적이며 능동적으
로 살지 못하고, 소극적이고 염세적이며 부정적인 가치관을 가지고 허송세
월 하며 보냈기 때문에 이 시대를 치열하게 살면서 자신의 삶을 역사의 제
단 앞에 내놓은 분들의 희생적인 삶에 대한 속죄의 차원에서 연구된 것이
기도 하다.

역사의 십자가를 짊어지고 이 시대를 힘겹게 살아온 사람들이나 묵묵히
자신의 삶 속에서 정직하고 성실하게 대한민국의 번영에 밑거름이 되어 온
우리의 부모님들에게 깊은 감사를 보낸다. 그리고 이 땅의 젊은이들 역시
우리의 조상들처럼 이 세상의 빛과 소금의 역할을 하여 줄 것을 기대하면
서 이 글을 쓰고자 한다.

이 책은 필자의 환갑을 맞이하는 기념으로 출간한다. 필자가 환갑을 맞
이하기까지 필자에게 믿음과 건강 및 지혜를 주신 하나님께 감사드리며,
연로하신 어머니의 사랑과 가족들의 응원에 깊은 감사를 드린다. 또한 학
문적 인생에 있어서 늘 나침판이 되어 주시는 강만길 교수님과 유영익 교
수님께 감사드린다. 그리고 이 책이 출간되기까지 연구지원을 해주신 한국
연구재단과 어려운 상황에서도 이 책을 출간해주신 선인출판사 사장님과
직원 분들에게도 감사를 드린다.

2014년 1월 16일
김행선

목 차

I. 머리말

박정희(朴正熙) 정권은 1970년대 냉전체제에서 데탕트 국면이라는 국제적 상황의 전환과 정치·사회적으로 위기에 처한 국내적 상황에 대처하여 조국의 평화적 통일이라는 역사적 과제를 내세우며 국력을 조직화하고 민족주체세력을 강화하여 한국적 민주주의를 토착화시키기 위한 일대 개혁으로 유신체제를 확립시켰다. 그리고 조국의 평화적 통일을 추진하기 위해 온 국민의 총의에 의한 국민적 조직체로서, 조국통일의 신성한 사명을 지닌 주권적 수임(受任)기관으로서 한국만의 특수한 기관인 통일주체국민회의(이하 국민회의)를 설치했다.

즉 국민회의는 새로운 국제적인 환경과 격동기에 처한 한국의 특수사정에 의하여 정립된 유신헌법의 특이한 창설적 제도이며, 유신체제의 상징적 특징이자 그 제도적 기초인 핵에 해당하는 것으로 간주되고 있다. 그 이유는 국민회의는 대통령을 선출하고, 그의 통일정책을 심의 결정하는 헌법상의 정상기관이자 국민적 주권수임기관으로 설치되어 그를 기반으로 대통령의 통치기반을 제공하고 있기 때문이다.[1]

---

1) 한태연, 「통일주체국민회의의 역사적 과제」, 『유신정우』 6권 2호, 1978.6, 13~14쪽; 이정식, 「통일주체국민회의의 정치적 사명」, 『북한』, 1973.1, 49~50쪽; 한웅길, 「통일주체국민회의 성격과 기능」, 『고시계』 192호, 1973.2, 39쪽; 구범모(국회의원), 「유신체제와 국민회의」, 『국민회의보』 15, 통일주체국민회의 사무처, 1976.9, 34쪽.

유신헌법의 본질은 한마디로 말해서 국가권력을 정치생활의 원동력으로
보는 것이다. 국가권력을 확립한다는 것은 정치의사의 수단일 뿐만 아니라
목표 그 자체로 설정되었다. 그리고 이러한 특성을 가장 효과적으로 달성
하기 위해 국가권력 구조의 헌법적 편제에 있어서 모든 국가기관의 정상에
다가 국민회의를 설정했다.[2]

유신헌법에서는 국가적 권력과 민주적 권력 중 어느 한쪽을 배제하지는
않지만 국민적 조정자이며, 국가의 존속을 보장하는 대통령에게 국가적 권
력의 행사를 위임함으로써 국가적 권력을 민주적 권력의 우위에 두고 있
다. 다시 말하면 대통령은 국가의 불가분적인 권위를 체현하며 국가이익의
옹호자로서 타 기관을 명령할 수도, 또 통제할 수도 있는데, 이러한 강한
대통령제의 배경은 바로 국민회의인 것이다.[3]

요컨대 국민회의는 유신헌법에 따라 광범위한 제도개혁이 단행되는 과
정에서 최초로 탄생된 유신제도의 하나였으며, 종래의 자유민주주의 정부
형태에서는 찾아볼 수 없는 창설적 제도였다.

그러나 국민회의는 1972년 12월 23일 박정희를 제8대 대통령으로 선출한
이래 통일달성이라는 본래의 설치목적과는 달리 사실상 대통령을 선출하
는 정치적 수단으로 이용되었다. 이러한 정치적 이유 때문에 국민회의는
유신대통령과 국회의원 일부를 선출하는 역할을 수행하다가 유신독재정권
의 산물이라는 역사적 오명을 남기고 박정희의 사망과 더불어 1980년 10월
27일 공포된 제5공화국 헌법부칙에 따라 해체되었다.[4]

---

2) 갈봉근, 『통일주체국민회의론』, 광명출판사, 1973, 10쪽.
3) 같은 책, 10~11쪽.
4) 「통일주체국민회의와 유신정부」, blog.daum.net, 2012.4.1; 자하샘, 「통일주체국민회의」,
   blog.daum.net, 2011.4.21; 「통일주체국민회의」, 『한국민족문화대백과』 23, 한국정신문화
   연구원, 1995.

한편 박정희와 그의 시대에 대한 역사적 평가는 다면적이고 극단적이다. 그의 집권 18년간 이룩한 공과(功過)가 선명하게 대비되기 때문이다. 특히 1970년대 유신체제기 박정희 정권시대는 세계 역사상 유례없는 놀라울 정도의 경제성장과 더불어 사립학교교원연금법, 국민복지연금법, 모자보건법, 공무원 및 사립학교 교직원 의료보험법 등 사회보장제도의 기틀이 마련되기 시작한 시기였다. 특히 박정희 정권이 추구한 평화적인 통일정책과 남북대화는 대한민국의 역사상 처음으로 분단체제를 극복하고 조국의 평화적 통일을 지향하는 역사적 첫 걸음을 마련한 것이라는 점에서 긍정적인 측면이 있다. 이와 반면에 유신헌법의 제정으로 유신독재체제를 통해 박정희 대통령의 장기집권을 도모하고, 반체제세력에 대한 탄압과 인권탄압이 이루어진 억압과 통제의 시기이기도 했다.

그리하여 박정희는 대한민국의 경이적인 경제성장을 주도한 지도자나 조국의 평화통일을 지향하는 남북대화를 대한민국 역사상 처음으로 시도한 지도자로 평가되기도 하지만, 민주주의 발전을 가로막은 강권의 독재자로 평가되기도 한다.[5] 그리고 국민회의는 박정희 독재권력의 본질을 명확하게 드러내는 유신헌법의 핵심이자 본질이라 할 수 있다.

그럼에도 불구하고 국민회의에 관한 연구는 아직 미약한 형편이다. 그것은 이 시기에 대한 연구가 역사적인 측면에서 본격적으로 이루어지지 못했기 때문이다. 그리하여 국민회의에 대한 연구는 당대인 1970년대에 이루어진 것이 대부분이다. 그러나 이때 이루어진 국민회의에 관한 연구들은 대부분 그 시대 유신체제와 유신헌법의 정당성을 주장하는 입장에서 기술된 것들이다. 대표적으로 갈봉근(葛奉根)에 의한 연구들이나 국민회의 사무처에서 1975년에 발간한 『통일주체국민회의』, 1980년 국민회의 편찬위원회에서 발간한 『국민회의 8년 개관』을 들 수 있다.[6] 이들 연구는 국민회의를 제

---

5) 유신체제의 성격에 관한 평가에 대해서는 최연식, 「권력의 개인화와 유신헌법」, 『한국정치외교사논총』 제33집 제1호, 한국정치외교사학회, 2011.8 참고.

도적, 법률적 측면에서 그 지위와 권한 등을 중심으로 검토된 것들이다.

특히 한두석은 1978년 「통일주체국민회의의 조직과 운영에 관한 제도적 고찰」에 관한 석사학위논문을 쓴 바 있다. 그는 10월 유신의 역사적 의의를 재인식하고, 조국의 평화적 통일을 지향하는 유신헌법의 정신에 입각하여 국민회의의 조직과 운영 및 권한과 업적 등에 관해 제도적·법률적 측면에서 분석 연구했다.[7] 따라서 국민회의에 관한 기존의 연구들은 주로 유신체제를 옹호하는 입장에서 국민회의를 법적이고 제도적 측면에서 분석 연구한 것으로, 국민회의의 권한과 활동을 역사적 측면에서 규명하는데 있어서는 미흡하다고 할 수 있다.

본 저서는 이러한 기존연구의 한계를 극복하고, 역사적이고 객관적이며, 실증적이고 종합적인 관점에서 국민회의의 권한과 활동 및 그 문제점과 역사적 의미에 나타나는 역사적 평가 등에 주력하여 검토하고자 한다. 또한 본 저서는 국민회의의 연구범위를 박정희 대통령 집권기간 때를 중심으로 했다. 그 이유는 국민회의 기구의 존재의의는 유신체제의 수립 및 종말과 함께 하기 때문이다.

한편 인생이나 역사는 균형의 추를 이루어야 한다. 어느 한쪽에 치우친 편향적인 이념이나 사상은 대립과 갈등만을 불러올 뿐이다. 상대방을 인정하고 수용하는 개방적인 사상과 이념을 지녀야 미래사회로 나아갈 수 있

---

6) 갈봉근,『통일주체국민회의론』, 광명출판사, 1973; 갈봉근,『통일주체국민회의론』, 한국헌법학회출판부, 1978; 갈봉근, 「통일주체국민회의 서설」, 국회사무처,『국회보』170, 1979.5-6; 갈봉근, 「통일주체국민회의의 역할론」, 통일주체국민회의 사무처,『국민회의보』1, 통일주체국민회의 사무처, 1973.3; 갈봉근, 「통일주체국민회의의 지위와 권한」,『시사』1978.6; 갈봉근, 「통일주체국민회의의 헌법상의 지위」, 중앙선거관리위원회,『선거관리』20, 1978.8; 통일주체국민회의 사무처,『통일주체국민회의』, 통일주체국민회의 사무처, 1975; 국민회의8년개관편찬위원회,『국민회의 8년 개관』, 통일주체국민회의, 1980.
7) 한두석, 「통일주체국민회의의 조직과 운영에 관한 제도적 고찰」, 중앙대학교 사회개발대학원 개발행정 석사학위논문, 1978.

다. 지난 2012년도 12월 19일 제18대 대통령으로 보수정당인 새누리당의 후보인 박근혜(朴槿惠)가 당선되었다. 박근혜 대통령은 보수 대 진보의 맞대결 구도로 치러진 이번 선거에서 승리해 보수정권 재집권에 성공했다. 그녀는 대한민국 첫 여성대통령이자, 아버지 박정희 전 대통령의 딸로서 첫 부녀 대통령이 됐다. 이는 대한민국 역사의 특수성을 반영한 것이라 볼 수 있다. 즉 보수 대 진보라는 한판 대결구도 속에서 위기의식을 느낀 보수 세력의 총집결이자 박정희 전 대통령의 경제성장 신화에 영향을 받아 온 50대 이상 노령층 유권자의 결집력이 빚어낸 승리라 할 수 있다.

그러나 박근혜 대통령은 유권자들의 48%가 그녀를 지지하지 않은 국민들이라는 점을 무게 있게 받아들여 공약으로 내건 사회대통합에 힘써야 할 것이다. 적대적인 여야세력 간, 진보와 보수세력 간, 더 나아가 노령층과 청년층의 세대 간 및 지역 간의 갈등과 대립을 극복하고, 실의와 좌절에 빠진 젊은이들이 꿈을 꾸고, 노인들이 환상을 볼 수 있는 사회를 만들어가는 대통령이 되어야 할 것이다. 따라서 우리사회가 추구해 나가야 할 이상은 바로 각계각층 간의 화합이며, 극단적인 이념과 사상 간, 지역 간의 화합이고 공존이다.

이러한 관점에서 본 저서는 박정희 시대 본격화되어지는 보수와 진보, 반민주와 민주세력 및 경상도와 전라도 간, 그리고 부자와 가난한 자들 간의 갈등과 대립 현상을 극복하기 위해 유신체제기 국민회의 대의원들과 국민회의가 선출한 국회의원들의 사회적 기반과 정치적 성향을 검토하고자 한다. 이를 통해 본 저서는 유신체제가 어느 정도 구축되어 지속될 수 있었던 배경과 함께 제4공화국 지배집단 형성의 일단 및 더 나아가 박정희 정권 때부터 중점적으로 형성된 한국사회 보수 세력의 역사적 배경을 밝히고자 한다.

특히 국민회의는 한국의 독특한 헌법현상이다. 사실상 세계 어느 나라에서도 이와 같은 기구는 찾아볼 수 없다. 그야말로 한국적 헌법기구인 것이다.8) 따라서 본 저서는 국민회의의 존재이유와 그 정당성에 대한 역사적 평가를 보다 역사적이며 객관적이고 실증적인 관점에서 검토하고, 아울러 국민회의와 국가적 권력의 구현체인 대통령과의 관계, 국민회의와 민주적 권력의 구현체인 국회와의 관계에서 국민회의가 담당하고 있는 역할과 권한 등을 검토함으로써 유신헌법의 특이한 권력구조의 본질을 이해하고, 그 문제점을 밝히기 위한 목적과 필요성에서 연구되었다.

또한 우리 역사 속에서 유신체제는 아직도 아물지 않는 상처를 남기고 있으며, 그 잔존세력이 아직도 건재한 채 한국사회에서 영향력을 발휘하고 있다. 따라서 국민회의를 연구하는 목적은 잘못된 과거를 청산한다는 점에서 뿐만 아니라 한국사회에 아직까지도 남아 있는 유신체제의 부정적인 유산을 극복하고, 진정한 민주주의 사회로 도약하기 위한 데 있다.

특히 본 저서는 유신헌법에서 조국의 평화적 통일을 국시로 내세우면서 창설한 국민회의의 진정한 의미를 되살려 분단현실을 극복하고, 통일조국에 대한 준비를 사회 전반적으로 확산시키며, 통일운동을 관제적 차원의 운동이 아니라 대중상품으로 확대시켜 통일 민족국가를 수립하는 데 전 민족이 적극적이고 능동적으로 참여할 수 있는 사회적 환경을 마련해주고, 더 나아가 통일여론을 형성하여 한반도의 진정한 평화와 한민족의 완전한 해방을 이룩하고, 21세기 동북아시아 뿐 아니라 세계평화와 인류의 번영에 기여하려는 목적에서 연구되었다.

따라서 본 저서는 이러한 연구목적 아래 유신체제의 부정적인 유산인 사회 양극화 현상 및 대립과 갈등을 극복하고, 사회통합을 이룩하여 진정한 민주주의 사회로 나아가는 데 기여할 것으로 기대한다. 또한 본 저서는 유신체제의 핵심기관인 국민회의의 권한과 활동에 대한 연구를 통해 유신체제를 역사적이고 객관적으로 인식하려는 연구자들에게 도움을 주거나 일

---

8) 갈봉근, 『통일주체국민회의론』, 광명출판사, 11쪽.

반시민이나 청소년 교육에 활용될 수 있기를 기대한다.

　더 나아가 본 저서는 국민회의가 통일에의 의지와 염원을 조직화하고 체계화한 역사적 경험을 긍정적인 차원에서 계승 발전시켜 오늘날 통일을 준비하고 통일운동을 조직화하며, 통일여론을 형성하는 데 활용될 수 있기를 기대한다.

　본 저서에서 참고한 1차 사료들은 기본적으로 국민회의의 기관지인『국민회의보』와 함께 국민회의에서 발간한『국민회의 8년 개관』과『통일주체국민회의』를 비롯해서 유신정우회(이하 유정회)에서 발간한『유신정우회사』와 그 기관지인『유신정우』, 그리고 이 시기에 연구된 국민회의에 관한 논고들과 저서 및 당대 신문들과 잡지들 및 국가기록원에 소장된 자료들을 중심으로 한다.

2. 통일주체국민회의의 설치배경

  1970년대에 들어서면서 한반도를 둘러싼 국제정치상황은 과거의 미·소를 중심으로 한 양극화의 냉전체제가 해빙되고 평화공존을 모색하는 과정에서 미·소·일·중공을 중심으로 한 다원화체제로 진전되었다.

  이에 박정희는 1972년 10월 9일 제526주년 한글날을 맞이하여 담화를 발표했는데, 그 내용에서 "지금 우리 주변정세를 살펴볼 때 이른바 주변의 열강들은 자신들의 국가이익을 추구하는 데 급급한 나머지 기존의 국제질서에 커다란 변화를 가져오면서 우리에게 새로운 시련을 안겨주고 있으며, 우리는 이를 슬기로써 극복해야 할 중대한 시점에 처해 있다"고 언급한 바 있다.[1]

  구체적으로 박정희 정권은 냉전체제의 기둥이 되어온 미·소의 화해, 적대관계에 있었던 미·중공의 접근 등 냉전체제가 와해되고 긴장완화를 가져오고 있지만 이러한 긴장완화의 본질은 열강들의 또 하나의 새로운 문제해결 방식에 지나지 않으며, 긴장완화라는 이름 밑에 이른바 열강들이 제3국이나 중소국가들을 희생의 제물로 삼는 일이 충분히 있을 수 있다는 점을 경계해야 한다고 주장했다. 즉 과거 냉전체제 하에서는 자유진영 속에서의 유대를 굳게 유지하는 것으로서 우리의 안전을 기하고 국가이익을 신장할

---

1) 「국제질서 변화의 시련」, 『서울신문』 1972.10.9.

수 있었다. 그러나 이제는 강대국들이 그들의 이익, 그들의 이기주의를 중심으로 외교를 펴는 시대가 되었고, 강대국 외교의 틈바구니에서는 약소국가들의 권익이 흔히 소홀하게 되며, 또 그 운명이 강대국 외교의 거센 바람앞에 휘둘리기가 쉽다는 것이다. 특히 한국은 일본, 중공, 소련 등 강대국들의 이해관계가 교차하는 지점에 있기 때문에 강대국 외교에서 민감한 영향을 받지 않을 수 없다고 보았다. 이에 박정희 정권은 이러한 외부적 위협을 직감하고 있는 우리가 그에 능동적으로 대처하기 위해 자체의 활로를 모색하는 한 노력으로서 체제의 정비와 혁신이 필요하다고 주장했다.[2]

요컨대 박정희 정권은 국제정치의 구조가 긴장완화로 변화하고, 양극체제로부터 다극체제로의 변이과정에서, 열강의 국가이익 우선이라는 냉엄한 새 조류를 맞이한 우리나라는 조국의 평화통일이라는 지상과제의 달성을 위하여 새 현실에 맞는 정치풍토와 사회체제, 그리고 정신구조를 확립하지 않으면 안 된다고 역설했다. 이것이 곧 유신과업이었다. 그리하여 민족의 새 역사창조를 위한 유신헌법이 제정되고, 이 헌법의 규정에 따라 국민회의가 탄생하게 된 것이다.[3]

한편 박정희 정권이 감지하고 있었던 것으로서 유신체제가 탄생하게 된 또 다른 배경은 국내 정치·경제상황의 불안정과 그로 인한 박정희 정권의 위기감이었다. 박정희는 5·16군사쿠데타로 정권을 탈취한 후 경제개발과 조국근대화를 정통성의 뿌리로 삼았다. 제3공화국은 1, 2차에 걸친 경제개발계획의 성과로 상당한 지지기반을 확보했다. 그러나 그 지지기반도 무리한 삼선개헌의 추진으로 1970년대로 들어서면서 불안정한 상황이 드러났다. 그 징표는 1971년의 대통령 선거와 국회의원 선거에 그대로 나타났다. 박정희 후보는 온갖 부정과 관권을 동원했으나 김대중(金大中) 후보를 94만여 표로 간신히 이겼으며, 국회의원 선거에도 야당이 개헌 저지선인 3분의

---

2) 김행선, 『박정희와 유신체제』, 선인, 2006, 26~28쪽.
3) 갈봉근, 『통일주체국민회의론』, 광명출판사, 9쪽.

1을 넘게 확보함으로써 정상적인 방법으로는 다음 집권이 어렵다는 사실이 확인되었다. 이와 동시에 학생과 재야, 야당의 박정희 정권에 대한 도전도 거세져만 갔다.[4]

특히 이와 같은 정치적 저항 중 가장 위협적인 것은 학생들의 지속적인 반정부 데모였다. 공화당 정권 하에서 군부가 가장 중요한 지지세력이었다면, 정권을 항상 불안하게 만든 중심적 반대세력이 바로 학생들이었다. 학생세력의 강력한 반정부운동은 1964년부터 1965년에 이르는 한일회담 반대와 1969년의 삼선개헌을 둘러싸고 절정에 이르렀다가 수그러진 후 다시 1971년도의 양대 선거부터 1972년도의 10월 유신 직전까지 강화되었다.[5] 그리고 이러한 학생들의 데모는 박정희 정권으로 하여금 비상한 조치를 취하지 않으면 안 되게끔 했던 것이다.

그 결과 박정희 정권은 이상과 같은 국내외적 위기상황을 돌파해나갈 수 있는 획기적인 정책으로 당시 국제정세의 변화를 반영한 남북 간의 평화적 통일과 남북대화의 문제를 제기하게 되었다.

당시 박정희 정권은 위와 같은 국제정세의 변화 속에서 남북통일의 문제는 종래와 같은 무력대결로는 도저히 이룩될 수 없다고 보았다. 그리하여 박정희는 국제정세의 변화에 적극적이고 능동적으로 대처하며, 남북대화를 더욱 굳게 뒷받침할 수 있는 체제의 정비가 시급하다고 보았다. 특히 우리 헌법과 각종 법령, 그리고 현 체제는 동ㆍ서 양극체제 하의 냉전시대에 만들어졌고, 하물며 남북의 대화 같은 것은 전연 예상치도 못했던 시기에 제정된 것이기 때문에 오늘과 같은 국면에 처해서는 마땅히 이에 적응할 수 있는 새로운 체제로의 일대 유신적 개혁이 있어야 하겠다고 선언했다.[6]

---

4) 임영태, 『대한민국 50년사』, 들녘, 1998, 25쪽; 이에 대한 구체적 내용들은 김행선, 앞의 책 참고.
5) 김행선, 앞의 책, 40쪽.
6) 「10월 17일 대통령특별선언」, 『동아일보』 1972.10.18.

뿐만 아니라 타율에 의한 조국의 분단은 우리에게 이질적 체제를 가진 동포와의 대화를 통한 조국의 평화적 통일에의 역사적 사명을 부여하고 있다는 것이다. 그리하여 박정희 정권은 이러한 현실에 대처하고 조국의 평화적 통일의 신성한 사명을 완수하기 위해서는 체제를 효율적으로 정비·강화하고 민족의 총력을 집결할 수 있는 그 어떠한 혁신적 조치가 취해지지 않으면 안 된다고 보았다. 이에 박정희 정권은 민족의 생존과 국가의 안전 및 자유민주주의의 수호, 조국의 평화적 통일을 위해서는 새로운 헌법의 개정이 불가피하다고 주장했다.[7]

특히 박정희를 비롯한 유신체제 수립의 주역들이 이 체제의 명분론적 근거로서 가장 중시한 것 중의 하나가 바로 남북대화였다. 즉 유신체제 출범의 시점을 남북대화의 진행시기에 맞춘 것은 헌정을 중단시키고 대통령의 비상조치로써 체제개혁을 단행해야만 하는 데서 올 수 있는 정당성의 위기 문제를 통일이라는 명분으로 상살 시키려는 의도의 일환이라고 볼 수 있다.[8]

박정희 대통령은 1972년 12월 23일 제1차 국민회의에서 행한 개회사에서 "남북대화야말로 이제는 그 누구도 저해할 수 없으며, 또한 중단되어서도 안 되는 민족의 지상명령이다. 조국의 평화통일은 이제 우리 스스로의 힘으로 주체성을 갖고 추진해 나가야 할 우리의 국시요, 헌정의 지표다"라고 역설했다.[9] 그리하여 통일을 명분으로 유신체제가 성립되고, '통일주체국민회의'라는 한국만의 독특한 기관이 설치된 것이다.

여기서 '통일주체국민회의'라는 명칭은 정부가 통일뿐만 아니라 주체라는 목표를 추구하고 있음을 분명히 보여주는 것이었다. 즉 주체라는 용어

---

7) 「헌법개정안 무엇이 담겼나」, 『동아일보』, 1972.10.27; 김행선, 앞의 책, 32쪽.
8) 최완규, 「유신권위주의체제의 성립요인에 관한 연구」, 경희대학교 정치학 박사학위논문, 1986, 122~123쪽; 김행선, 앞의 책, 33쪽.
9) 갈봉근, 『통일주체국민회의론』, 광명출판사, 9쪽.

는 한국의 국가적 자존심과 북한의 용어를 차용한 것으로서, 그 사용은 처음에는 일부 사람들에게 충격적이었으나 곧 국민적 인기를 얻게 되었고, 단기적으로는 남북통일에 대한 정부의 약속의 진실성을 강화시켜주었다.[10]

이처럼 박정희 정권은 당시 한반도를 둘러싼 국내외 정세가 위기상황이라고 진단하면서 이를 돌파해나가기 위한 새로운 비상체제인 유신체제를 수립하고자 했으며, 대통령에게로 권력을 집중시키고 박정희 대통령의 영구집권을 보장하기 위한 유신헌법을 선포하게 되었던 것이다. 그리고 이를 정당화시키기 위해 당시 국제정세의 변화를 반영하여 남북통일의 문제 및 남북대화를 제기하고, 조국의 평화적 통일을 추진하기 위해 온 국민의 총의에 의한 국민적 조직체로서 국민회의를 설치했던 것이다.

---

10) 「Chuch'e and South Korea」, 1972.11.4., POL, 32-4, KOR 5-3-73, Box 2420, RG59, 양승환·박명림·지주형 편, 『한국대통령통치사료집-박정희(4)』 7, 연세대학교 국가관리연구원, 2010, P,18, P,297.

3. 통일주체국민회의의 권한과 구성

(1) 권한

유신헌법에서는 조국의 평화통일과 국가의 재건을 추진하기 위하여 국민회의에 다음과 같은 중요한 권한을 부여하고 있다.

첫째, 국민회의는 주권적 수임기관으로서의 권한을 지닌다. 유신헌법 제35조는 "통일주체국민회의는 온 국민의 총의에 의한 국민적 조직체로서 조국통일의 신성한 사명을 가진 국민의 주권적 수임기관이다"라고 규정했다. 유신헌법에서는 국민이 직접 선출하는 대의기관을 국민회의와 국회의 두 가지로 설정해 놓았으며, 그 중에서도 전자를 국가기관의 정상에 설치하고 있다. 그것은 국민총의로 간주되는 국시가 조국의 평화적 통일이기 때문이기도 하지만, 또한 국민회의는 유신헌법에서 전 구성원이 국민으로부터 직선된 유일한 기관이기 때문인 것으로 보고 있다.[1]

국회는 그 구성원수의 3분의 1을 바로 국민회의로부터 선출 받는다. 따라서 주권의 간접적 위임을 내포하는 국회는 주권적 수임기관으로서의 성격이 국민회의에 비하여 약하게 되었다. 이것은 또 국회에서 의결한 헌법개정안은 국민회의가 최종적으로 확정한다는 규정에서도 명백히 나타나고

---

1) 갈봉근, 「통일주체국민회의의 역할론」, 앞의 잡지, 43쪽.

있다.[2]

또한 국민회의로부터 선출되고 그 의장으로 선임되는 대통령이 권력을 분할하지 않고, 최고적인 차원에서 오로지 단독으로 책임성을 구현하는 것은 국민회의가 불가분의 국민의사를 주권적으로 수임하고 있다는 정통성에 그 원인을 찾을 수 있다.[3] 이는 바로 한국적 민주주의의 한 형태로써 절대적 권력을 지니는 대통령제의 법적 근거가 되는 것이었다.

둘째, 국민회의는 통일정책 심의결정기관으로서의 권한을 지닌다. 유신헌법에 규정된 국민회의는 조국통일의 사명을 가진 국민의 주권적 수임기관으로 통일정책의 심의, 결정권을 가지고 있는 바, 대통령은 중대한 통일정책을 결정하거나 변경할 때에는 국론통일을 위하여 필요하다고 인정할 때 국민회의에 그 심의를 요구하고(유신헌법 제38조 1항), 이때에 국민회의가 결정한 통일정책은 국민주권에 의한 최종결정으로 존중된다. 이는 국민회의가 조국의 평화통일을 추진하기 위하여 온 국민의 총의에 따라 결성된 국민적 조직체인 까닭이다.[4]

이처럼 국민회의는 대통령의 심의회부에 따라 통일에 관한 중요정책을 결정하거나 변경하는 경우에 이를 심의할 수 있다. 이때 국민회의에서 재적 대의원 과반수의 찬성이 있으면 이는 국민총의의 표현으로 본다(유신헌법 제38조 2항). 여기에서 통일정책의 결정이나 변경에 있어서 대통령은 국민투표에 회부하여 국민의 총의를 묻거나 국민회의에 회부하여 국민총의를 의제(擬制)하거나 할 수 있는 택일권을 가지고 있지만, 국민회의의 심의에 붙여서 결정된 사항에 대해서는 대통령은 그것을 다시 국민투표에 붙일 수 없다고 본다. 왜냐하면 국민회의의 심의에서 찬성을 얻은 통일정책은

---

2) 같은 논고, 43~44쪽.
3) 같은 논고, 43~44쪽.
4) 통일주체국민회의 사무처, 『통일주체국민회의』, 30~31쪽; 배상오, 「통일주체국민회의의 법적 지위」, 충남대학교 법률행정연구소, 『논문집』 6, 1979.11, 88쪽.

국민투표의 결과에 있어서와 같은 국민의 총의를 의미하기 때문이다.5)

그러나 국민회의는 상설회의가 없어서 상설성이 희박한 기관으로 진정한 정책심의기관이 될 수는 없다는 비판도 있었다.6) 특히 '국론 통일을 위하여 필요하다고 인정하느냐 않느냐'는 오로지 대통령의 판단에 속한다. 이 부의권(附議權)은 대통령의 자유재량에 따라 행사되는 것이며, 반드시 부의해야 할 의무는 없다.7)

셋째, 국민회의는 선거기관으로서의 권한을 지닌다. 즉 국민회의는 대통령과 대통령이 추천하는 국회의원 정수 3분의 1에 해당하는 수의 국회의원을 선거한다(유신헌법 제39조, 제40조).8)

대체로 대통령의 간접선거는 다음과 같은 세 가지 방법에 의한다.

첫째는 의원내각제의 대통령에 있어서와 같이 의회에서 대통령을 선출하는 경우이다. 둘째는 의회의원 및 지방의회의 의원 등을 포함한 대통령 선거인단에 의하여 대통령을 선출하는 경우이다(예: 프랑스 제5공화국 초대 대통령의 선거). 셋째는 국민이 대통령을 선거하는 선거인단을 선출하고 그 선거인단이 최종적으로 대통령을 선출하는 경우이다(예: 미국 대통령의 선거). 그러나 유신헌법에 있어서 국민회의에 의한 대통령의 선출은 이상의 세 경우의 그 어디에도 해당되지 않는 제4의 간접선거형태를 의미한다.9)

이는 민주주의의 한국적 적용에 있어서의 하나의 특례를 의미하는 것으로서, 국민회의의 가장 중요한 권한인 동시에 세계 헌법사상 독보적인 제도라 할 수 있을 만큼 특이한 선거양식이었다.10)

5) 배상오, 「통일주체국민회의의 법적 지위」, 앞의 잡지, 90쪽.
6) 같은 논고, 90쪽.
7) 갈봉근, 『통일주체국민회의론』, 광명출판사, 71~72쪽.
8) 배상오, 「통일주체국민회의의 법적 지위」, 앞의 잡지, 90쪽.
9) 갈봉근, 『유신헌법해설』, 한국헌법학회출판부, 1976, 24쪽.
10) 갈봉근, 『유신헌법해설』, 24쪽; 통일주체국민회의 사무처, 『통일주체국민회의』, 31쪽; 이재근, 「제2기 국민회의 출범의 의의」, 『시사』 1978.6, 36쪽.

대통령 선거제도는 직선제와 간선제로 구분되는바 대통령 선거기관에 의한 대통령의 선출은 간선제에 해당한다. 유신헌법에서 국민회의가 대통령을 선출하는 권한을 가지게 된 입법취지는 조국의 평화적 통일을 최고이념으로 하고 있는 유신헌법의 근본이념에 입각하여 대통령은 조국의 평화적 통일을 위한 성실한 의무와 책임을 지고 있는 성격으로 보아 초당파적으로 통일과업을 추진할 민족주체세력의 조직이며, 조국통일에 관한 국민의 주권적 수임기관인 국민회의에서 선출하는 것이 당연하다고 보았기 때문이다.11) 환언하면 통일에 대한 국민의 주권적 수임기관인 국민회의에서 대통령을 선출함으로써 대통령으로 하여금 명실상부하게 평화통일을 성취하기 위한 국가적 영도자로서 통일주체세력의 구심점 역할을 담당하게 하자는 데 있었다.12)

그리고 대통령이 강력한 권한과 막중한 책임을 안고 일사불란한 영도력을 발휘할 수 있도록 국민회의의 의장이 됨으로써 국력의 조직화를 기할 수 있게 되었다고 주장되었다. 이로써 국민회의는 국력의 조직화를 기약하는 국민적 조직체로서의 성격을 지니게 된 것이라고 보았다.13)

특히 유신헌법은 국민회의에 의한 대통령 간선제의 이유를 다음과 같은 점에서 그 근거를 찾고 있다.14)

첫째, 이는 4년 마다 열리는 대통령 선거가 무질서를 초래하고 비싼 비용을 치르며 혼란을 일으킴으로써 대통령 직선제가 가져오는 편동정치를 지

---

11) 한웅길, 「통일주체국민회의의 성격과 기능」, 앞의 잡지, 35~36쪽.
12) 육군본부 편집실, 「통일주체국민회의의 성격과 기능」, 『육군』 제176호, 육군본부, 1972.12, 74쪽.
13) 같은 논고, 72쪽.
14) 갈봉근, 「통일주체국민회의의 역할론」, 앞의 잡지, 45쪽; 한태연, 「통일주체국민회의의 역사적 과제」, 앞의 잡지, 16~17쪽; 「Yi Hu Rak on Elections」, 1972.4.7. POL 14 KOR S 6/1/71, BOX 2425, RG59, 양승함·박명림·지주형 편, 『한국대통령통치사료집-박정희(4)』 7, 연세대학교 국가관리연구원, 2010, P,56.

양하고, 아울러 낭비, 혼란, 분열로 인한 국력의 소모를 제거한다는 이유 때문이다. 특히 국민회의에 의한 대통령 선거는 직선제로부터 오는 무분별한 대중의 격정으로부터 지도자 선택의 신중을 기하고, 더 나아가 선거에 소요되는 경제적 낭비와 국민적 에너지의 무용한 소모라는 문제점을 극복함으로써 능률의 극대화를 도모하기 위한 때문이다.

둘째, 이는 국가를 재건하고 정치적 효율성을 극대화함으로써 민족의 생존권을 보지하는 가운데 조국의 평화적 통일을 기하려는 역사적 사명 때문이다.

셋째, 이론적 근거에서 오는 민주적 타당성의 이유이다. 국민회의는 유신헌법에 있어서 국민 전 구성원으로부터 직접 선출된 유일한 대표기관이다. 이러한 민선된 대표기관에서 대통령을 선거하는 방법은 민주적 원칙에 일치한다는 것이다. 즉 조국의 통일이라는 지상과제를 해결하기 위해서 목전의 개별이익을 초월하고, 이기적인 주장을 넘어서서 공동체의 차원에서 정치적 방향을 잡을 수 있도록 한다는 것이다.

한편 대통령은 국민회의에서 선출한다. 대통령으로 선출될 수 있는 자는 국회의원의 피선거권이 있고, 선거일 현재 계속하여 5년 이상 국내에 거주하고, 40세에 달한 자라야 한다. 이 경우에 공무로 외국에 파견된 기간은 국내 거주기간으로 간주된다. 따라서 대사, 공사 등의 외교관은 이 거주요건에서 제외된다. 헌법이 대통령의 선출요건으로서 이같이 5년 이상의 국내 거주를 요구하고 있는 것은 가능한 한 국내사정에 밝은 자를 선출하기 위함이다. 대통령 선거에 입후보하고자 하는 자는 대의원 200인 이상의 추천장과 후보자가 되려는 자의 승낙서를 첨부하여 대통령 선거를 위한 국민회의 집회 공고일로부터 선거일 전일까지 사무처에 등록을 신청하여야 한다. 후보자 등록신청이 있은 때에는 사무총장은 후보자의 피선거권의 유무와 추천 서류의 내용을 조사하여 적법한 때에는 이를 수리하여야 한다.[15]

이렇게 하여 등록된 입후보에 대하여 국민회의에서 토론 없이 무기명 투표로 대통령을 선거한다. 여기서 재적 대의원 과반수의 찬성을 얻은 자를 대통령 당선자로 하되, 과반수의 득표자가 없는 때에는 2차 투표를 하고, 2차 투표에도 과반수의 투표자가 없는 때에는 최고득표자가 1인이면 최고득표자와 차점자에 대하여, 최고득표자가 2인 이상이면 최고득표자에 대하여 결선투표를 함으로써 다수 득표자를 대통령 당선자로 한다(유신헌법 제39조 2~3항).16)

이처럼 국민회의에 의한 대통령 선출은 유신헌법의 골자 중의 하나로서 고전적 대통령제를 한국의 특수한 현실에 맞게 적응시키고 보완하여 토착화한 대표적인 예이다.17)

그러나 대통령 직선제 폐지로 인해 국민의 참정권 박탈과 대의제도의 왜곡을 가져왔다.18) 또한 기존의 헌법에서의 대통령은 행정부의 수반인 동시에 외국에 대하여 국가를 대표하는 지위에 있었으나, 유신헌법에서는 그 권력구조가 이른바 '위기의 정부형태'를 그 본질로 하고 있기 때문에 일면 권력의 집중 현상을 가져왔다. 대통령은 국가의 원수로서 입법, 행정, 사법의 조정적 기능의 중립적 권한을 행사함과 아울러 국가의 운명을 좌우하는 중요한 사항을 결정하는 국가적 권력을 행사하는 국가적 영도자로 그 지위가 강화되었다. 즉 박정희 1인에게 입법, 사법, 행정의 모든 권한을 집중시키는 유신헌법을 제정했던 것이다. 따라서 대통령에게는 국민투표 발의권, 국민회의에서 선거하는 국회의원 추천권, 국회해산권, 긴급조치권, 사법부 법관 임명권 등이 부여되었다. 이와 같은 대통령의 지위 강화는 '권력의 인격화'로 특징지어졌다.19)

---

15) 갈봉근, 『유신헌법해설』, 103쪽; 갈봉근, 『통일주체국민회의론』, 광명출판사, 73쪽; 김철수, 「통일주체국민회의」, 중앙선거관리위원회, 『선거관리』 6.1, 1973.7, 25쪽.
16) 갈봉근, 『유신헌법해설』, 19쪽; 배상오, 「통일주체국민회의의 법적 지위」, 앞의 잡지, 92쪽.
17) 갈봉근, 『유신헌법해설』, 19쪽; 심지연, 「박정희 정부하의 정당구도 분석(2)」, 한국정당학회, 『한국정당학회보』, 창간호, 2002.3, 180쪽.
18) 심지연, 「박정희 정부하의 정당구도 분석(2)」, 앞의 잡지, 179쪽.

요컨대 국민회의에 의한 대통령의 선출은 유신헌법이 정한 절대적 권력의 대통령제의 정당성과 아울러 국가적 권력 행사의 원천이 되는 것이었다.

한편 1972년 12월 30일 개정된 국회의원선거법이 공포되었다. 개정된 선거법은 종래의 1구 1인제를 1구 2인제로 바꾸어 야권의 분열을 조장했다. 그리고 비례대표제를 폐지하고 전체 의석의 3분의 1을 대통령이 추천하여 국민회의에서 추인하는 형식을 취해 사실상의 임명제로 바꾸어 놓았다.[20]

그 결과 국민회의는 대통령이 추천한 국회의원 정수 3분의 1에 해당하는 국회의원을 선출할 권한을 가진다. 국민회의는 국회의원 정수의 3분의 1에 해당하는 수의 국회의원 후보자를 대통령이 일괄 추천하면 후보자 전체에 대한 찬반을 투표에 붙여 재적 대의원 과반수의 출석과 출석 대의원 과반수의 찬성으로 당선을 결정한다. 찬성을 얻지 못한 때에는 대통령은 당선 결정이 있을 때까지 계속하여 후보자의 전부 또는 일부를 변경한 후보자 명단을 다시 작성하여 국민회의에 제출하고 그 선거를 요구하여야 한다. 또한 대통령은 후보자를 추천하는 경우에 국민회의에서 선거할 국회의원 정수의 5분의 1의 범위 안에서 순위를 정한 예비후보자 명부를 제출하여 국민회의의 의결을 얻으면 예비후보자는 명부에 기재된 순위에 따라 궐위된 국민회의 선출 국회의원의 직을 계승한다(유신헌법 제40조).[21]

지역구에서 선출된 국회의원은 정당을 매개로 한 국민의 개별적 이익의 대표를 의미하지만, 국민회의에서 선출된 국회의원은 국민주권의 인격화를 의미하는 국민회의의 성격과 함께 국민의 전체이익의 대표를 의미한다. 또한 임기 면에서 지역구 국회의원은 그 임기가 6년인데, 국민회의에 의하여

19) 유신정우회사 편찬위원회, 『유신정우회사』, 유신정우회사 편찬위원회, 1981, 91~92쪽; 갈봉근, 『유신헌법해설』, 16~17쪽.
20) 심지연·김민전, 「선거제도 변화의 전략적 의도와 결과」, 한국정치학회, 『한국정치학회보』 36, 2002.5, 149쪽.
21) 배상오, 「통일주체국민회의의 법적 지위」, 앞의 잡지, 93~94쪽.

선출되는 의원은 그 임기가 3년이다. 이러한 성격상의 차이점만을 제외하고는 모든 권한과 법률상의 지위는 동일하다.[22]

이 제도는 정당별 전국 투표 비율에 따라 여야 간에 의석을 배분했던 종전의 전국구 의원제와 달리 유신체제에서 "의정의 안정과 능률화"라는 측면에서 이루어진 것이었다.[23]

국민회의가 국회의원 일부를 선거하는 구체적인 이유는 첫째로, 국민적 조정자이며 국가의 존속을 보장하는 영도자의 지위에 있는 대통령이 초당적이며, 범국민적 위치에서 국회의원을 확보함으로써 대통령의 국가적 권력을 견지하며, 나아가 정국의 안정을 기하려는 데 있다. 즉 정당의 구성원인 국회의원이 정당의 통제를 받아 국가정책을 의결하고 입법을 할 수 있는 것이기 때문에 정당의 상이한 정책으로 인하여 정쟁의 대상이 될 가능성이 있기 때문이다. 따라서 이는 평화적 통일을 위한 성실한 의무와 책임을 지고 있는 대통령의 통일 지향적 권한과 기능을 강화하고, 초당파적인 통일정책을 수행해 나가는 데 필요한 정치적 안정을 위하여 타당한 조치라고 보았다.[24]

둘째로, 국민회의가 국회의원 일부를 선거하는 것은 평화적 통일에 관한 대통령과 국민회의의 의사가 국회에 반영할 수 있다고 보았기 때문이다. 특히 통일과업의 수행을 위하여 대통령의 국가적 권력, 그중에서도 대통령의 조정권을 현실화하려는 목적 때문이다.[25]

셋째로, 직업 정치인이 아닌 학식과 덕망이 있는 전문가를 지명 당선케

22) 갈봉근, 『유신헌법해설』, 99~100쪽.
23) 박경원(통일주체국민회의 사무총장), 「유신이념 구현을 위한 대의원의 활동」, 통일주체국민회의 사무처, 『국민회의보』 1, 1973.3, 52쪽.
24) 갈봉근, 「통일주체국민회의의 역할론」, 앞의 잡지, 45~46쪽; 한웅길, 「통일주체국민회의의 성격과 기능」, 앞의 잡지, 36쪽.
25) 갈봉근, 「통일주체국민회의의 역할론」, 앞의 잡지, 45~46쪽; 통일주체국민회의 사무처, 『통일주체국민회의』, 34쪽; 배상오, 「통일주체국민회의의 법적 지위」, 앞의 잡지, 94쪽.

3. 통일주체국민회의의 권한과 구성　33

함으로써 국회의 질을 향상시킬 수 있다고 보았기 때문이다.[26]

넷째로, 국민회의가 국민의 직접선거에 의해서 선출되는 대의원으로 구성되는 민선기관이므로 이곳에서 국회의원의 일부를 선출하는 것은 민주적 원칙에도 일치하는 것이라고 주장되었다.[27]

요컨대 국회의원의 선거는 원칙적으로는 직선이 바람직하나, 간접선거는 단원(單院) 내에 상원과 같은 역할을 하게하고, 또 원내 안정 세력의 확보를 위하여 국민회의에 일부 국회의원 선거권을 인정한 것이다.[28]

그러나 국민회의에게 국회의원 정수의 3분의 1에 대한 선거권을 인정한 것은 의회주의 본래의 정신에는 합치되기 어려운 것이었다. 특히 국민회의에 대한 대통령의 국회의원 추천은 정국 안정을 위해 대통령의 국회지배를 합리화한 것이었다.[29] 더 나아가 이는 대통령과 행정부에 대한 국회의 견제기능을 마비시키는 것이었다.[30]

넷째, 국민회의는 국회가 발의하고 의결한 헌법개정안을 최종적으로 의결·확정하는 권한을 지닌다. 의결은 재적대의원 과반수의 찬성을 얻어야 한다(유신헌법 제41조). 이는 국민회의로 하여금 정파적 정치성이 개재되기 쉬운 국회가 의결한 헌법개정안을 초당적인 입장에서 심의하게 함으로써 헌법 개정에 신중을 기하여 국가의 법규범의 안정을 가져오기 위한 것으로 설명되었다.[31]

헌법 개정의 확정기관은 대체로 국회가 아니면 국민이다. 그러나 유신헌

---

26) 갈봉근, 「통일주체국민회의의 역할론」, 앞의 잡지, 45~46쪽.
27) 육군본부 편집실, 「통일주체국민회의의 성격과 기능」, 앞의 잡지, 75쪽.
28) 김철수, 「통일주체국민회의」, 앞의 잡지, 23쪽.
29) 통일주체국민회의 사무처, 『통일주체국민회의』, 34쪽; 배상오, 「통일주체국민회의의 법적 지위」, 앞의 잡지, 94쪽.
30) 최연식, 「권력의 개인화와 유신헌법」, 앞의 잡지, 70쪽.
31) 육군본부 편집실, 「통일주체국민회의의 성격과 기능」, 앞의 잡지, 75쪽; 한웅길, 「통일주체국민회의의 성격과 기능」, 앞의 잡지, 36쪽,

법에 있어서 헌법 개정을 보면 대통령 또는 국회재적의원 과반수의 발의로 제안되며, 대통령이 제안한 헌법개정안은 국민투표로 확정된다. 그리고 국회의원이 제안한 헌법개정안은 국회의 의결을 거쳐 국민회의의 의결로 확정되게 하여 헌법 개정에 있어서 이원적인 방법을 채용함으로써 국회와 국민회의 의결로서 확정할 수 있게 한 것이 특색이다. 이는 국회가 경솔하게 헌법개정안을 의결하는 경우에 이를 방지하기 위한 것으로 국민회의가 일종의 복심(複審)기관인 셈이고, 또 한편으로는 헌법 개정에 관한 국민투표가 시간과 예산의 낭비를 가져오기 때문에 국민총의의 표현기관인 국민회의의 의결로 대체한 것이라고 주장되고 있다. 그러나 이는 의회민주주의 본래의 이념을 상실한 것이기도 했다.[32] 그리고 이러한 결과는 바로 유신헌법에 있어서 국회가 국민회의에 비하여 주권적 수임기관으로서의 지위가 약하기 때문에 나타난 것이기도 했다.[33] 특히 대통령이 개헌발의권을 지니고 있다는 점에서 대통령은 마음만 먹으면 언제라도 헌법 개정을 합법적으로 추진할 수 있었다. 한마디로 유신헌법상의 대통령 권력은 법률제정 헌법적 효력, 이에 대해 헌법 개정의 권한 등 사실상 무한정, 무제한의 것이라 할 수 있었다. 유신헌법은 헌법적 구속요건에 의거해 발동되는 계엄령 선포 등 '위임독재'를 넘어 헌법 그 자체를 개변할 수 있는 '주권독재'를 제도화하고 있는 것이었다. 그리고 이를 뒷받침하는 것이 국민회의였다.[34]

　이상과 같은 국민회의의 권한은 한국의 특수한 헌법현상을 반영한 독특한 것으로서, 유신헌법과 한국적 민주주의를 구체적으로 실현시키고, 박정희 독재 권력을 뒷받침하는 것이었다.

---

32) 배상오, 「통일주체국민회의의 법적 지위」, 앞의 잡지, 95쪽.
33) 갈봉근, 「통일주체국민회의의 역할론」, 앞의 잡지, 46쪽.
34) 최형익, 「입헌독재론: 칼슈미트의 주권적 독재와 한국의 유신헌법」, 서울대학교 한국정치연구소, 『한국정치연구』 제17집 제1호, 2008, 260~261쪽.

(2) 기관과 구성

국민회의의 기관과 구성은 의장, 운영위원회, 사무처, 그리고 대의원 등으로 되어있다.

국민회의의 의장은 대통령이다. 국민회의에는 부의장을 두지 않고, 의장은 의안을 부의하여 국민회의를 주재하고 질서를 유지하며, 국민회의의 사무를 통리하고 국민회의를 대표한다. 의장은 국민회의의 집회를 소집하며 운영위원을 지명하는 권한을 가지고 있다. 의장은 대의원의 해직을 허가하며 대의원의 발언을 허가할 수 있다.[35] 의장은 회의 주재권, 대표권, 질서 유지를 위한 경호권을 가지며, 운영위원으로 하여금 회의 주재권을 대행하게 할 수 있다.[36]

또한 국민회의의 의사절차, 표결, 투표, 개표 등의 절차와 방법, 기타 회의의 운영이나 의사진행 등에 관한 모든 절차는 국민회의법과 이 법에 의한 대통령령에 특별한 규정이 있는 경우를 제외하고는 의장이 정한 바에 의한다(국민회의법 제34조).

이처럼 유신헌법은 대통령으로 하여금 범국민적인 힘의 집결체인 국민회의의 구심점이 되도록 하고 있는 바, 이것은 국가 영도자를 정점으로 민족주체세력을 집결시킴으로써 민족적 대과업인 조국의 평화통일을 보다 효율적으로 추진하기 위한 것이라고 설명되었다.[37]

또한 국민회의는 운영위원회를 두고 있다. 운영위원회는 의장이 지명하는 20인 이상 50인 이하의 대의원으로 구성한다. 위원회에는 위원장 1인과

---

35) 『조선일보』 1972.12.7; 김철수, 「통일주체국민회의」, 앞의 잡지, 24쪽; 통일주체국민회의 사무처, 『통일주체국민회의』, 41쪽.
36) 『조선일보』 1972.12.7.
37) 박경원(통일주체국민회의 사무총장), 「유신이념 구현을 위한 대의원의 활동」, 앞의 잡지, 51쪽.

간사 약간 인을 두며, 각각 의장이 지명한다. 운영위원회는 대의원의 자격심사, 대의원의 징계심사, 국민회의의 운영에 관한 사항으로 의장이 부의한 사항에 대하여 심의한다.38)

　운영위원회 위원은 집회시마다 의장이 지명하여 다음 집회일 전일까지 그 직을 가지게 되지만, 의장은 그 전에도 해직할 수 있다. 국무총리, 국무위원 및 그 밖의 심의 중의 안건과 관계있는 자는 의장의 허가를 받아 국민회의의 회의에 출석하여 의견을 진술할 수 있다. 회의는 원칙으로 공개로 하지만, 의장이 국가의 안전보장 및 그 밖의 사유로 필요하다고 인정할 때에는 회의를 공개하지 않을 수 있으며, 공개하지 아니한 회의의 내용은 공표될 수 없다.39)

　제1차 운영위원회는 1973년 1월 29일 앞으로 국민회의의 운영에 관한 구체적 제(諸) 방안을 심의하기 위하여 처음 소집되었는데, 국민회의 대의원 신조의 제정, 운영위원회 운영방침, 지역회의 운영방침을 확정하고, 이어 행정사항으로 회의 외 대의원 활동의 기본방향에 관해서 사무총장의 설명을 청취했다. 1977년 11월 15일까지를 보면 그 동안 24차의 운영위원회가 개회되었으며, 안건처리를 보면 의결안건 17건과 보고사항 97건, 도합 114건을 심의했다. 그 중요 안건의 내용은 다음과 같다.40)

　　첫째, 통일정책 심의기능과 관련하여 평화통일 외교정책에 관한 6 · 23
　　　　대통령 특별선언을 사전에 보고받고, 통일안보보고회 실시계획
　　　　(4회), 남북조절위원회의 현황보고, 재외국민통일회의에 관한 보고
　　둘째, 국가안보와 관련하여 북한정세 보고, 전후세대에 대한 반공사상
　　　　앙양운동의 실시에 관하여 심의

---

38) 『조선일보』 1972.12.7; 김철수, 「통일주체국민회의」, 앞의 잡지, 24쪽; 통일주체국민회의
　　사무처, 『통일주체국민회의』, 34쪽.
39) 배상오, 「대통령의 권한 -유신헌법을 중심으로」, 『논문집』 13.1, 공주교육대학, 1976.12,
　　113쪽.
40) 갈봉근, 『통일주체국민회의론』, 한국헌법학회출판부, 121쪽.

셋째, 국민총화 촉진에 관련하여 유신홍보활동의 대대적 전개와 국민총
     화의 유지 발전을 위한 국민회의 및 대의원의 활동 방안 등을 심의
넷째, 국민회의 자체 운영에 관련하여 국민회의의 규정심의

이밖에도 운영위원회 주요안건 처리내용은 대의원 활동 기본방향 정립
안, 대의원 세미나 실시계획안, 국민회의보 발간계획안, 대의원 배지 제정
에 관한 건, 통일정책에 관한 보고 청취, 남북대화 현황 보고 청취, 대의원
국외시찰계획, 안보정세에 관한 보고 청취, 통일이념 홍보에 관한 건, 남북
대화 재개 제의에 관한 보고, 남북한·미 고위당국 대표회의 제의에 관한
보고 청취, 정부시책에 관한 설명 청취, 시국에 임하는 대의원의 자세와 활
동방향 정립의 건, 국민회의 당면과제 토의 등에 관한 것이었다.[41]
국민회의 대의원 신조는 대의원이 평소의 생활지표로 할 수 있는 이념,
사명감, 행동강령을 정립하여 조국의 평화통일 주체세력 및 새 역사 창조
의 기수로서의 확고한 사명감을 갖고 그 맡은 바 역할수행에 최선을 다한
다는 스스로의 다짐이다.[42]
그리고 제1차 운영위원회 회의에서 처리된 대의원 활동의 기본방향은 대
의원 신조의 기본정신에 입각하여 대의원으로 하여금 새 역사 창조의 기수
가 되고, 유신과업을 수행해 나가는 데 있어 평소 대의원 상호 간의 결속과
연락유지의 체계화, 대의원 활동을 위한 자료제공 등 사무처의 지원업무,
대의원의 법정기능수행은 물론 법정외 기능수행 등을 어떠한 방향에서 어
떻게 처리해 나가야 할 것인가 하는 문제 등을 종합한 내용이었다. 또한 통
일정책심의 등을 포함한 국민회의의 법정기능수행에 필요한 자료를 제공
하고, 국가의 지도이념 구현을 위한 대의원의 사명과 기본자세를 정립하며,
국가시책에 대한 신뢰와 통일문제 등 국내외 주요문제의 이해증진, 그리고

---

41) 국민회의8년개관편찬위원회, 『국민회의 8년 개관』, 293~306쪽.
42) 같은 책, 293쪽.

대의원으로서의 사명감과 참여의식 고취 등 대의원의 활동에 필요한 자료를 제공하고, 대의원의 통일문제 등에 대한 연구, 정책 제언 등의 지면제공을 목적으로 국민회의의 기관지로써 『국민회의보』를 계간으로 발간하기로 했다.[43)

1973년 12월 23일부터 1980년 1월 19일까지 국민회의 초대 운영위원장은 곽상훈(郭尙勳)이었다. 그리고 박정희 의장은 50명의 국민회의 운영위원을 지명했다. 각 시·도별 운영위원의 수를 보면 서울 11명, 부산 4명, 경기 5명, 강원 3명, 충북 3명, 충남 4명, 전북 4명, 전남 5명, 경북 5명, 경남 4명, 제주 2명 등이었다. 그 구체적인 인물들은 다음과 같다.[44)

◇ 서울(11명)
곽상훈, 임영신(任永信), 박종화(朴鍾和), 김종희(金鍾喜), 박두병(朴斗秉), 김일환(金一煥), 서정귀(徐廷貴), 정희택(鄭喜澤), 김희종(金喜鍾), 박동규(朴東奎), 김연주(金鍊珠)
◇ 부산(4명)
김한수(金翰壽), 정태성(鄭泰星), 김차덕(金且德), 남기열(南基烈)
◇ 경기(5명)
이영호(李永好), 홍사일(洪思日), 유일(柳逸), 유봉열(柳鳳烈), 이병도(李炳都)
◇ 강원(3명)
홍종욱(洪鍾旭), 김용운(金龍雲), 이상혁(李相赫)
◇ 충북(3명)
이세근(李世根), 김우현(金禹鉉), 최운혁(崔雲赫)
◇ 충남(4명)
이기세(李琦世), 엄대섭(嚴大燮), 고중덕(高重德), 민익현(閔益鉉)
◇ 전북(4명)
이춘기(李春基), 이종순(李鍾順), 윤부병(尹富炳), 고판남(高判南)

---

43) 같은 책, 293~295쪽.
44) 이기용 편집, 『통일주체국민회의 대의원 총람』, 한국정경사, 1973, 9쪽.

◇ 전남(5명)
　박윤종(朴潤鍾), 박종성(朴鍾成), 김기운(金基運), 김봉호(金琫鎬), 서
　봉진(徐奉晋)
◇ 경북(5명)
　김사용(金仕龍), 엄창섭(嚴昌燮), 이명우(李明雨), 오일용(吳一龍), 남
　용진(南龍鎭)
◇ 경남(4명)
　정영수(鄭永銖), 지우원(池禹遠), 백찬기(白燦基), 조성규(趙成奎)
◇ 제주(2명)
　김도준(金道準), 오광협(吳光協)

　한편 운영위원회와는 별도로 사무처가 있다. 국민회의법 및 동 시행령과
사무처 직제가 1972년 12월 6일자로 제정, 공포됨에 따라 국민회의 사무처
가 구성되었다. 그리고 1972년 12월 12일자로 박경원(朴璟遠) 전내무부장관
이 초대 사무총장으로 취임했고, 1975년 1월 1일자로 유근국(柳根國) 사무
차장이 제2대 사무총장으로 승진 취임했으며, 1977년 7월 7일자로 제3대 사
무총장으로 박영수(朴英秀) 전부산시장이 취임했다.[45]
　사무총장은 의장이 임명한다.[46] 사무총장은 의장의 감독을 받아 국민회의
의 사무를 장리하며 소속 공무원을 지휘 · 감독한다. 의장은 필요하다고 인
정할 때에는 대통령령의 정하는 바에 의하여 다른 국가기관의 소속 공무원
으로 하여금 사무처 소속 공무원의 직을 겸하게 할 수 있고, 사무처 업무의
일부를 다른 국가기관에 대행하거나 위촉하여 처리하게 할 수 있다. 이에
의하여 사무처의 업무를 대행하거나 위촉받아 처리하는 다른 국가기관의
장은 국민회의에 관한 사무 처리에 있어서는 의장의 지휘감독을 받는다.[47]

---

45) 갈봉근, 『통일주체국민회의론』, 한국헌법학회출판부, 121~122쪽.
46) 『조선일보』 1972.12.7; 김철수, 「통일주체국민회의」, 앞의 잡지, 24쪽; 통일주체국민회의
　　사무처, 『통일주체국민회의』, 41쪽.
47) 「통일주체국민회의법」, 갈봉근, 『유신헌법론』, 한국헌법학회출판부, 1977.

사무처는 장관급 대우의 사무총장과 차관급의 사무차장, 그리고 행정실장을 비롯하여 별정직 4명과 일반직 13명, 고용인 4명 등 총 21명의 직원으로 구성되어 있다.[48]

국민회의 사무처 창설 당시 기구는 1실 2과로 발족되었으나, 폭주하는 국민회의의 사무를 신속하고 능률적으로 처리하기 위하여 1976년 9월 6일까지 3차로 동 직제를 개정하여 1실 3국 3과에 공보관, 기획담당관, 예산담당관, 법무담당관 및 19개 지역담당관을 증설함으로써 국민회의의 법정기능과 대의원 활동을 지원할 체제를 갖추었다.[49]

이처럼 국민회의 의장이 대통령이라는 사실을 비롯해서 운영위원장과 운영위원 및 사무총장 등은 모두 의장인 대통령이 지명하고 있었을 뿐만 아니라, 운영위원회 위원의 해직권도 대통령이 갖고 있었기 때문에 이들은 모두 대통령의 통제 하에 있었고 그의 통치노선에 따라야 했다고 할 수 있다.

특히 대통령이 지명하는 대의원으로 구성되는 운영위원회는 대의원의 자격심사, 징계, 기타 필요한 사항을 심의하기 위해 구성된 것이기 때문에 대의원의 자격과 그 활동에 있어서도 대통령의 간섭과 통제를 받아야 했던 것이다.

한편 국민회의의 회의는 대의원 전원이 한 장소에 집합하여 회의하는 전체회의와 서울특별시, 부산직할시 및 각 도별로 그 관할구역 내의 대의원만으로 지역별로 회의하는 지역회의가 있다. 국민회의의 회의는 전체회의를 원칙으로 하고 있으나 대의원의 수적 방대성, 지역의 광역성, 그리고 회의기관의 비상설성 때문에 동시에 동일 장소에서 집합하기 곤란한 부득이한 사유와 국민회의를 지연할 수 없는 시간적 이유 때문에 지역회의를 병행시키고 있다.[50]

---

48) 황소웅, 「통일주체국민회의」, 『세대』 174호, 세대사, 1978.1, 158쪽.
49) 갈봉근, 『통일주체국민회의론』, 한국헌법학회출판부, 122쪽.
50) 같은 책, 82쪽.

전체회의는 의장이 주재하며, 필요하다고 인정한 경우에는 집회시마다 운영위원 중 약간 인을 지명하여 교대로 의장을 대리하여 국민회의를 주재하게 할 수 있다. 전체회의는 헌법 또는 국민회의법에 특별한 규정이 있는 경우를 제외하고, 재적대의원 과반수의 출석으로 개의하고 출석대의원 과반수의 찬성으로 의결한다. 지역회의는 의장이 운영위원 중에서 지명하는 대의원이 주재한다. 지역회의는 그 지역 내에서 선출된 대의원 재적 과반수의 출석으로 개의한다. 지역회의를 집회하여 의결을 한 경우에는 의장은 대통령령이 정하는 바에 의하여 모든 지역회의의 의결결과를 보고받아 합산하거나 모든 지역회의에서 명패함과 투표함을 인도받아 개표한 후 그 의안에 대한 의결 정족수에 따라 가부를 결정하여 선포한다. 지역회의의 운영절차, 표결방법, 기타 필요한 사항은 대통령령으로 정한다.[51]

한편 국민회의는 국민의 직접선거에 의하여 선출된 대의원으로 구성된다. 국민회의 대의원의 수는 2,000인 이상 5,000인 이하의 범위 안에서 법률로 정한다. 국민회의의 선거에 관한 사항은 법률로 정한다.[52]

선거제도는 이원적으로 되어있는바, 소선거구 제도를 원칙으로 하며 대선거구 제도를 혼용하고 있다. 선거구는 구·시·읍·면 등 행정구역단위로 하되, 인구 10만이 넘으면 10만까지 마다 선거구를 증설한다. 단 구·시·읍·면·동·리의 일부를 분할하여 다른 구·시·읍·면의 선거구에 소속시킬 수 없다. 행정구역 단위 중 어느 동, 또는 리의 일부를 분할하지 않고는 선거구의 인구를 10만 이하로 할 수 없는 경우에는 1선거구를 인구 10만을 초과하여 획정할 수 있다. 행정구역단위 중 구·시·읍·면의 인구가 1천 미만인 경우에는 인접 선거구에 편입한다. 그리고 한 선거구에서 1인의 대의원

51) 같은 책, 82~83쪽.
52) 김철수, 「통일주체국민회의」, 앞의 잡지, 24쪽.

을 선출하는 것을 원칙으로 하되, 인구 2만까지 마다 1인의 대의원을 추가 선출한다. 인구 10만이 넘는 선거구에서는 대의원 정수를 5인으로 한다. 이 것은 소수대표를 가능하게 한다. 행정구역의 변경과 인구의 증감에 따라 선거구 또는 선거구별 대의원 정수의 개정이 있더라도 다음 총선거를 실시 할 때까지는 증감된 선거구의 선거는 행하지 않는다.53)

　선거운동은 완전 공영제로서 중앙선거관리위원회가 주관하는 벽보, 선거 공보 및 1회에 한한 합동연설회의 세 가지 방법 이외에는 못하도록 규정되 었다.54) 합동연설회는 국민회의 대의원 후보자등록 마감 후 적당한 일시와 장소를 정하여 1회 개최하되, 연설시간은 후보자 1인당 20분의 범위 안에서 균등하게 배정하여야 한다. 그리고 대의원 후보자는 합동연설회에서 연설 을 함에 있어서 오직 후보자 자신의 경력, 입후보의 취지와 유신과업에 관 한 주견만을 발표할 수 있다. 다만, 어떠한 방법으로라도 특정인 · 정당 · 기 타 정치단체나 사회단체를 지지 또는 반대하는 행위를 할 수 없다. 관할선 거구 선거관리위원회 위원장이나 위원은 후보자가 이처럼 정하여진 사항 이외의 내용을 발표할 때에는 이를 제지하여야 하며, 그 명령에 불응할 때 에는 연설의 중지, 기타 필요한 조치를 취하여야 한다(국민회의대의원선거 법 제41조, 제42조). 또한 누구든지(정당 · 기타 정치단체를 포함한다) 선거 운동기간 중 어떠한 방법으로라도 대의원 후보자를 지지 또는 반대하는 행 위를 할 수 없다.55)

　한편 국민회의 대의원은 선거에 의한 당선으로 신분을 취득한다. 피선거 자격은 국회의원의 피선거권이 있고, 선거일 현재 30세에 달한 자로서 조국 의 평화통일을 위하여 국민주권을 성실히 행사할 수 있는 자라야 한다. 또

53) 갈봉근, 『통일주체국민회의론』, 한국헌법학회출판부, 60~61쪽, 김철수, 「통일주체국민회의」, 앞의 잡지, 24쪽.
54) 『중앙일보』 1972.12.4.
55) 「통일주체국민회의대의원선거법」, 갈봉근, 『통일주체국민회의론』, 한국헌법학회 출판부, 1978.

한 정당에 가입되어있지 않고, 법률이 정하는 공직을 가지지 않은 자라야 한다. 국민회의 대의원의 피선자격은 법률로 정하게 되어 있다. 피선거권 결격사유를 법률은 여러 가지로 제한하고 있다.[56]

박정희 정권은 국민회의대의원선거법을 1972년 11월 25일 공포하였다. 그리고 제10조에서 다음과 같은 자는 대의원 선거권이 없다고 규정하고 있다.[57]

1. 금치산 또는 한정치산의 선고를 받은 자
2. 금고 이상의 형의 선고를 받고 그 집행이 종료되지 아니하거나 그 집행을 받지 아니하기로 확정되지 아니한 자
3. 선거범으로서 5천 원 이상의 벌금형을 받은 후 2년이 경과하지 아니한 자나 금고 이상의 형의 선고를 받고 그 집행을 받지 아니하기로 확정된 후 또는 그 형의 집행이 종료되거나 면제된 후 4년을 경과하지 아니한 자
4. 법원의 판결에 의하여 선거권이 정지 또는 상실된 자

또한 피선거권이 없는 자는 다음과 같이 엄격하게 제한하고 있다(국민회의대의원선거법 제11조).

1. 제10조 제1호 또는 제4호에 해당하는 자
2. 선거범으로서 5천 원 이상의 벌금형을 받은 후 6년을 경과하지 아니한 자
3. 금고 이상의 형의 선고를 받고 그 형의 실효의 선고를 받지 아니하거나 형의 집행유예선고를 받고 그 기간이 만료된 후 6년을 경과하지 아니한 자

---

56) 김철수, 「통일주체국민회의」, 앞의 잡지, 24쪽; 이영원, 「통일주체국민회의의 지위와 역할」, 국방부, 『정훈』 53, 1978.5, 56~57쪽.
57) 갈봉근, 『통일주체국민회의론』, 한국헌법학회 출판부; 이영원, 「통일주체국민회의의 지위와 역할」, 앞의 잡지, 57쪽.

    4. 국가의 안전보장에 관한 범죄로 유죄판결을 받은 사실이 있는 자(형
       의 실효의 선고를 받은 자도 포함) 또는 공소 제기 되어있는 자
    5. 선거일 전 계속하여 2년 이상 당해 선거구 내에 거주하지 아니한 자
    6. 법원의 판결 또는 다른 법률에 의해 피선거권이 정지 또는 상실된 자
    7. 선거일 전 3년간에 일정 종목의 조세를 일정 금액 이상 납세한 실적이
       없는 자
    8. 선거일 전 3년간에 정당의 당원이었던 자
    9. 선거일 전 최후로 실시한 국회의원 총선거와 그 이후에 실시한 국회
       의원 선거에 입후보하여 낙선된 사실이 있는 자

　이처럼 박정희 정권이 대의원 피선거권의 자격을 엄격하게 제한한 것은
조국의 평화적 통일을 위하여 국민주권을 성실히 수행할 수 있는 자를 엄
선하기 위한 것으로 풀이되고 있지만,[58] 국가안보에 관한 범죄로 유죄판결
을 받은 사실이 있는 자나 공소 제기 되어있는 자를 피선거권이 없는 자로
규정함으로써 그 정치적 목적도 내포하고 있음을 엿볼 수 있다.

　한편 대의원의 연령요건을 국회의원의 25세보다 높은 30세로 규정한 것
은 조국의 평화적 통일을 위하여 국민주권을 행사할 대의원이 때 묻지 않
은 덕망인일 것과 대의원에게 조국통일에 대한 완숙한 주견을 기대하고자
한 때문이다.[59] 그리고 대의원의 임기는 6년인 바, 이는 대통령, 민선국회
의원의 임기를 6년으로 한 것과 같이 안정과 절약을 기하려는 것이었다.[60]

　또한 국민회의 대의원도 발언권, 토론권, 표결권을 가진다. 그러나 이러
한 권리는 의장의 허가를 얻거나 그 주재 하에서만 가능하다.[61] 국민회의
법 시행령 제17조에 의하면 대의원의 발언허가 신청은 당해 안건을 심의하

58) 이영원, 「통일주체국민회의의 지위와 역할」, 앞의 잡지, 57쪽.
59) 남궁훈, 「통일주체국민회의 대의원 선거법 및 동법 시행령」, 『월간 법제』, 법제처, 1972.12,
    1쪽.
60) 김철수, 「통일주체국민회의」, 앞의 잡지, 24쪽; 박일경, 「통일주체국민회의의 권한과 선거
    방법」, 한국유신학술원, 『국민논단』 23, 1978.5, 49쪽.
61) 『조선일보』 1972.12.7.; 갈봉근, 『통일주체국민회의론』, 한국헌법학회출판부.

는 회의 개시 전일까지 신청하여야 한다. 그리고 대의원이 회의에 상정된 안건에 대하여 반대 또는 찬성의 발언을 하고자 할 때에는 발언허가 신청서에 발언 요지 중에 반대 또는 찬성의 뜻을 명시하여야 한다. 또한 동 시행령 제18조에 의하면 대의원은 신청한 발언내용과 발언시간의 범위 안에서 발언하여야 하며, 이를 위반한 때에는 의장은 그 대의원의 발언을 중지시킬 수 있다. 특히 동 시행령 제19조에 의하면 발언허가를 받은 대의원 전원의 발언이 끝난 때에는 의장은 발언종결을 선포하는 데, 다만 의장이 의사진행을 위하여 특히 필요한 때에는 발언허가 받은 대의원 전원의 발언이 끝나기 전이라도 발언종결을 선포할 수 있도록 규정하고 있다.[62]

또한 대의원은 의장의 허가를 받아 사직할 수 있으며, 대의원이 헌법 및 법률에 의하여 겸할 수 없는 직에 취임하거나 피선거권이 없게 된 때에는 퇴직된다. 그리고 대의원이 다른 대의원의 자격에 대하여 이의가 있을 때에는 50인 이상의 연서로 의장에게 자격심사를 청구할 수 있다. 의장은 이의 청구가 있는 때에는 운영위원회의 심의를 거쳐 국민회의의 의결로 그 자격의 유무를 결정한다.[63]

대의원이 법령을 위반하거나 대의원으로서의 위신을 손상하는 행위를 한 때에는 다른 대의원 50인 이상의 연서로 의장에게 제명을 청구할 수 있다. 의장은 제1항의 청구가 있는 때에는 운영위원회의 심의를 거쳐 국민회의의 의결로 제명한다.[64]

한편 대의원은 국민회의에 출석하는 일수에 따른 수당과 여비를 받는다. 여비는 한번 회의에 왕복여비 5천 원, 숙박비 1일에 3천 5백 원, 시내교통비 1일에 1천 원으로 대의원이 1일 회의에 참석하는 데 1만 5백 원의 실비만을 받게 된다. 또한 대의원에게는 면책특권이나 불체포특권과 같은 특권은 인

---

62) 「통일주체국민회의법 시행령」, 갈봉근, 『통일주체국민회의론』, 한국헌법학회출판부, 1978.
63) 「통일주체국민회의법」, 갈봉근, 『유신헌법론』, 한국헌법학회출판부, 1977.
64) 같은 법.

정되지 않는다.[65]

이처럼 대의원은 무보수 명예직이다. 돈을 받는 게 있다면 회의에 참석할 때 받는 규정된 약간의 실비 수당과 여비, 숙식비가 있을 뿐이다. 그리고 특전이 있다면 전화 청약을 할 때 국회의원과 같은 순위를 주고, 해외여행을 할 때에는 선거직 공무원으로서 관용여권이 발급된다. 그리고 대의원을 구속할 때에는 법무장관의 허가를 받도록 되어있다.[66]

이러한 미흡한 대우에 대해 대의원들의 불만이 팽배하자 대의원의 예우에 대한 구체적인 지시사항이 제시되기도 했다. 예를 들면 다음과 같다. 대검찰청 서울고등검찰청 수원지방검찰청 서무국 서무과에서는 대의원 예우에 대한 지침을 마련하여 대의원 예우에 소홀함이 없도록 적극 협조하라는 지시를 내리기도 했다. 이에 따르면 대의원은 국민의 총의에 의하여 선임된 조국통일의 사명을 띤 국민의 주권적 수임자이며 국가 최고의결기관이고 국민적 대표 사회지도자임을 자각하여 친절하고 정중하게 영접 안내함으로써 대의원의 긍지와 인정감(認定感)을 갖도록 예우하고자 한다고 되어 있다. 구체적인 내용으로는 우선 중앙의 주요인사 및 도 단위 기관장이 시·군 및 각급 관공서를 순시할 때에는 대의원을 초청 우선적으로 접견한다고 되어 있다. 그리고 시·군 경찰서의 각종 행사나 대회가 있을 때에는 대의원을 초청하여 상위 석에 배열한다고 되어 있다. 도 단위 행사에는 운영위원을 초청하고, 시·군 단위 행사에는 대표 대의원을, 읍·면 단위 행사에는 대의원 전원을 초청한다. 또한 시·군에서는 연초 운영계획이나 주요 업무 계획 수립 시에는 사전에 동 계획을 설명하는 등 대의원의 자문을 받는다고 되어있다. 그리고 시·군 및 각급 기관 관서의 과장급 이상 간부와 읍·면장이 관내 순시 시에는 가급적 대의원 댁을 방문하여 인사하도록 했다. 더 나아가 각종 자문위원회 등 일반유지가 참여하는 위원회에 대의

---

65) 『중앙일보』 1972.12.6; 김철수, 「통일주체국민회의」, 앞의 잡지, 24쪽.
66) 황소웅, 「통일주체국민회의」, 앞의 잡지, 158~159쪽.

원을 우선적으로 참여시키도록 했다. 또한 대의원들로 하여금 시장·군
수·경찰서장 합동으로 새마을 부락 및 불우 소년·소녀들과 자매결연을
맺도록 알선하여 사회정화를 위한 선구자적 긍지를 갖게 했다. 또한 대의
원이 시·군·구·읍·면 경찰관서를 방문하여 공사 간 각종 연락·알선 등
에 관한 협조 요청이 있을 때에는 최대한 편의를 제공하도록 했다. 그리고
시·군 및 경찰관서의 행정수행상 주민의 협조를 필요로 하는 대민 PR 사
항은 외부에 알리기 전에 대의원에게 알리도록 했으며, 정부 및 도·시·군
경찰관서에서 발간 또는 배부하는 도서 및 간행물은 대의원에게 우선 배포
제공하도록 했다. 더 나아가 대의원들이 유신이념 구현이나 반공 PR을 계
도할 수 있도록 행정지원을 다하며, 대의원들의 모범적인 활동에 대해서는
찬사를 보내고 매스컴이나 공개석상에서 널리 PR하도록 했다.[67]

또한 대의원들의 단체 활동이나 월례친목회 등 자생조직 모임에는 시·군
·구 경찰관서, 읍·면장 등이 가급적 참석하여 인간관계와 유대를 도모하
도록 하며, 대의원 댁의 애경사를 당함에는 필히 조문 또는 축의를 표하도
록 했다. 기타 예우로서는 대의원이 사회에 물의를 야기했을 때에는 인격
을 존중하여 여론이 확대되지 않도록 신중을 기하여 조속히 수습하고, 대
의원이 형사 및 행정사범의 대상이 되었을 때에는 그 사안의 경중과 신분
을 참작하여 신중을 기하여 오해가 없도록 처리할 것을 당부했다.[68]

한편 대의원의 의무로는 정당에 가입할 수 없으며, 그 직무 이외에는 정
치에 관여하지 못한다.[69] 대의원은 국회의원, 공무원 및 선거관리위원회
위원, 다른 법령에 의하여 정치활동이나 정치관여가 금지되어있는 직을 겸
직할 수 없다. 대의원은 그 직을 상실한 후에도 2년을 경과하지 않으면 국

---

67) 『통일주체국민회의 대의원예우지침』, 수원지방검찰청 사무국 서무과(국가기록원 소장),
    1973.
68) 같은 지침.
69) 김철수, 「통일주체국민회의」, 앞의 잡지, 24쪽.

회의원에 입후보할 수 없다(국민회의법 제11-12조).70)

또한 대의원은 대의원으로서 품위를 유지하여야 하며, 직위를 남용하여 국가, 지방자치단체 등 공공단체, 정부투자기업체, 금융기관 등에 대하여 청탁, 기타 이권운동을 하여서는 안 된다(국민회의법 제17조).

이상과 같이 대의원 후보자는 연설회에서 자신의 경력과 입후보의 취지 및 유신과업에 관한 주견만을 발표할 수 있었다. 또한 대의원이 지니는 발언권 등 권리행사는 전적으로 의장인 대통령의 통제와 간섭 하에 있었던 것이다.

또 한편 대의원의 피선거권 자격을 강화하여 유신체제를 지지하도록 했다. 더 나아가 대의원은 국회의원과 같은 특권이나 금전적인 보수가 없는 무보수 명예직이었다. 따라서 후술하는 바와 같이 이에 대한 대의원들의 불만이 터져 나오기도 했다. 그리하여 대의원들에 대한 예우에 소홀함이 없도록 지시하여 대의원들에게 자부심과 긍지를 심어주기도 했다.

(3) 대의원 선거

1) 초대 대의원 선거

박정희 정권은 1972년 11월 25일 유신헌법의 규정(제3장 35조부터 제42조까지)에 따라 국민회의를 구성할 대의원을 전국의 구·시·읍·면 단위로 선출하기 위해 국민회의 대의원 선거법과 동시행령을 각각 공포했다.71) 그리고 이에 따라 1972년 12월 15일 처음으로 실시된 국민회의 대의원 선거에서 전국적으로 2천 3백 59명의 대의원이 선출되었다. 이는 국회의원 수의 10배나 된다. 초대 대의원 선거는 유신단행 직후 유신의 참뜻을 채 인식하

---

70) 「통일주체국민회의법」, 갈봉근,『유신헌법론』, 한국헌법학회 출판부, 1977; 김철수, 「통일주체국민회의」, 앞의 잡지, 24~25쪽.
71) 『동아일보』 1972.11.25.

지 못한 분위기 아래 치러졌다.[72]

초대 대의원 선거에서는 후보등록 마감일 기준으로 5천 876명이 출마하여 평균 2.49 대 1의 경쟁률을 보였다. 11개 시·도 중 경쟁률이 가장 높은 곳은 3.14대 1의 강원도였으며, 서울이 1.72대 1로 가장 낮은 경쟁률을 나타냈다. 그러나 서울을 제외한 전국 각 시·도의 2백 6개 선거구에서는 경합자가 없어 225명이 무투표로 당선되기도 했다. 이는 전체의 9.5%를 차지하는 것으로, 역대 국회의원 선거 중 무투표 당선이 가장 많은 제헌국회의원 선거 때의 6%(12명)보다 높은 비율이다.[73]

시·도별 대의원 정수는 다음과 같다. 서울 303명, 부산 104명, 경기 280명, 강원 145명, 충북 127명, 충남 231명, 전북 200명, 전남 312명, 경북 354명, 경남 278명, 제주 25명으로 총 2,359명이었다.[74]

대의원 후보자들의 면모를 보면 건실한 생업을 가졌을 뿐만 아니라, 그 지방에서 덕망 있는 인사들이 망라되어 있다는 것이 두드러진 특색이었다. 도시에서는 기업인들이 다수를 점하고 있으며, 특히 서울의 경우 3분의 1이 기업인이고, 농촌에서는 농업이 압도적이나 새마을 지도자 등 지역개발 참여자들이 등장하고 있었다. 이밖에도 정계, 재계, 학계, 언론계, 문화예술인, 법조계, 군 출신, 의약계, 기타 여성단체 등 각계각층의 저명인사들이 포함되어 있었으며, 이들은 대부분 당선되었다. 특히 재계의 경우 구자경(具滋暻) 럭키화학 사장, 박두승(朴斗乘) 대한상의회장, 남궁련(南宮鍊) 조선공사 사장 및 극동해운공사 사장, 이활(李活) 무역협회 회장, 조중훈(趙重勳) KAL

---

72) 황소웅, 「통일주체국민회의」, 앞의 잡지, 140쪽; 이용승, 「제2대 대의원 선거와 한국적 민주주의」, 통일주체국민회의 사무처, 『국민회의보』 22, 1978.6, 35쪽.

73) 『중앙일보』 1972.12.4; 『동아일보』 1972.12.5, 1972.12.16, 1972.12.18; 『조선일보』 1972.12.5; 국민회의8년개관편찬위원회, 『국민회의 8년 개관』, 187쪽; 황소웅, 「통일주체국민회의」, 앞의 잡지, 156쪽.

74) 『조선일보』 1973.3.7; 『중앙일보』 1972.12.4.; 초대 대의원 명부는 국민회의8년개관편찬위원회, 『국민회의 8년 개관』 참고.

사장, 김한수(金翰壽) 한일합섬 사장, 서정귀(徐廷貴) 호남정유 사장, 강중희
(姜重熙) 동아제약 사장, 최성모(崔聖模) 동아제분 사장, 박병규(朴炳圭) 해
태제과 사장, 김인득(金仁得) 한국슬레이트 사장, 김종희(金鍾喜) 한국화약
사장, 박두병(朴斗秉) 오비맥주 사장, 김영배(金榮培) 일신화학 사장 등 재
벌급 인사들이 대거 당선되었다. 그리고 학계에서는 대학교수들이 많이 참
여했다. 문화계에서는 박종화 예술원 회장, 신영균(申榮均) 영화배우 등이
참여하여 당선되었다. 이밖에도 임영신 전 중앙대 총장, 김일환 재향군인회
회장, 김연주 남북적십자회담 교체수석대표, 전숙희(田淑禧) 여류작가, 강
대진(姜大振) 영화감독 등이 당선되었다.[75]

이처럼 저명인사 후보자들은 거의 당선되었다. 입후보자들의 소속 정당
이 없기 때문에 이른바 개인 베이스로 선거를 이끌어갈 수밖에 없었다. 이
에 따라 기왕에 어떤 분야로든 이름이 많이 알려진 인사들이 표를 많이 모
아 이른바 도시에서는 '저명인사들'이나 실업계의 유력자들이 모두 당선됐
고, 지방에서는 새마을 지도자를 포함해서 각계·각층의 인사들이 고루 당
선되었다.[76]

또한 후보자들의 연령별 분포를 보면 40대가 전체의 41%로 가장 많고,
다음이 30대 29%, 50대 25%, 60대 4%로 나타났고, 여자는 26명으로 전체 대
의원의 1.1%를 차지했다. 여성 대의원의 수를 시·도별로 보면 서울의 13명
(장학회장 金淳子, 사회사업가 徐廷吉, 무직인 金天柱, 단국대 이사장 朴
正淑, 동덕여대 간사 李允淑, 덕성여대 이사장 宋今璇, 정우회 金貞鎬, 소
설가 張德祚, 새마을어머니회 金金椿, 회사원 姜瑛淑, 작가 전숙희, 문화

75) 『동아일보』 1972.12.5, 1972.12.17; 『중앙일보』 1972.12.4, 1972.12.6, 1972.12.16; 내무부,
『대통령각하 재가문서보관철』, 내무부(국가기록원 소장), 1972.
76) 『동아일보』 1972.12.5, 1972.12.17; 『중앙일보』 1972.12.4, 1972.12.6.

학원 이사장 임영신, 대학강사 崔秀玉)이 가장 많고, 부산 3명(회사원 鄭玉根, 상업 金宝順, 상업 桂月華), 경기 3명(무직 金椿, 농업 金順德, 목축 方英子), 강원 1명(학교장 趙壽英), 전남 1명(양조업 安淑), 경남 2명(사회사업 趙壽玉,무직 曺花子), 경북 2명(도 어머니회장 崔東遠, YMCA 경북회장 吳龍熙), 제주 1명(한국신용협동조합 제주지구 평의회 간사장 金貞敏)이고, 충남북과 전북은 한 명도 없었다.[77]

또한 학력별 당선자 분포를 보면 대학 졸업자가 1,024명으로 전체의 43.4%로 제일 많고, 국민학교 졸업자가 502명으로 21.3%, 고등학교 졸업이 476명으로 20.2%, 중학교 졸업이 289명으로 12.2%였으며, 독학자도 68명이나 포함되었다. 대체로 고학력의 경향을 보이고 있는데, 도시 당선자 중에 대학졸업이 많고, 특히 서울은 대졸이 약 70%나 되지만 농촌 당선자에 국졸이 많은 것은 한국 지역사회의 현실을 반영한 것으로 보았다.[78]

한편 대의원의 직업별 분포를 표로 일람해보면 다음과 같다.[79]

농수산업	342(14.5%)
광공업	68(2.9%)
정미업	27(1.1%)
양조업	71(3.0%)
토건업	36(1.5%)
운수업	55(2.3%)
상업	174(7.4%)

---

77) 『중앙일보』 1972.12.18; 국민회의8년개관편찬위원회, 『국민회의 8년 개관』, 187쪽; 황소웅, 「통일주체국민회의」, 앞의 잡지, 156쪽; 「통일주체국민회의대의원선거 결과보고」, 내무부(국가기록원 소장), 1972, 95쪽; 이기용 편집, 『통일주체국민회의 대의원 총람』, 697쪽.
78) 『동아일보』 1972.12.18; 국민회의8년개관편찬위원회, 『국민회의 8년 개관』, 187쪽.
79) 『중앙일보』 1972.12.18.

전 장관·국회의원	11(0.4%)
전 지방의원	95(4.0%)
전 공화당	120(5.1%)
전 신민당	7(0.3%)
새마을지도자	47(1.9%)
국민운동간부	37(1.6%)
예비군간부	77(3.3%)
농수협간부	159(6.7%)
예편고급장교	9(0.4%)
공무원	186(7.9%)
읍·면·동장	249(11.5%)
교육계	142(6.0%)
의사	70(2.9%)
한의사	20(0.8%)
약사	29(1.2%)
언론인	14(0.6%)
법조인	6(0.2%)
종교인	5(0.2%)
문화예술인	7(0.3%)
기타	43(1.8%)
계	2,359명

위의 표에서 나타나듯이 전·현직을 통틀어 각 대의원의 진출기반을 이룬 것으로 보이는 것 중 특징적인 점은 농수산업이 가장 많으나, 단일직으로는 읍·면·동장의 진출이 가장 현저하다. 이들을 따로 분류된 공무원에 포함시키면 19.4%로써 공무원 출신의 진출이 압도적이다. 다음 농·수협 등 협동조합 간부와 공화당의 관리장·군지부장 등 지구당 간부의 진출이 많은 것도 특징적이다. 예비군 간부와 새마을 지도자 출신도 상당수 있어 이들이 지역사회의 대표로 성장하고 있음을 보여준다. 특히 도시에서 기업인들의 진출이 두드러진 것도 다른 선거 때 볼 수 없던 특징적 양상의 하나였다.[80]

한편 초대 대의원 선거의 특징으로 제시된 점은 엄격한 공영제 선거실시로 종래의 타락풍조의 선거를 불식시키고, 직업정치인의 봉쇄로 선심공약과 정치공해의 배제, 각계각층의 인사가 참여하여 당선됨으로써 명실상부한 국민대표 기관화되었다는 점, 새마을 지도자 등 향토인물이 선출되어 새마을운동의 이념과 농민의 참여의식이 고취되었다는 점, 중선거구제 병행으로 사표를 감축할 수 있었다는 점 등이었다. 그러나 또 한편 문제점으로는 대의원 선거에 대한 유권자들의 관심이 희박하여 기권을 방지하지 못했다는 점, 일부 입후보자의 음성적 선거운동, 입후보 추천제도에 따른 부작용으로 의식적인 추천장 독점현상이 나타났으며, 무투표 당선 사퇴를 위요한 일부 후보자 간의 잡음, 일부지역의 입후보 난립현상 등이 지적되었다.[81]

특히 초대 대의원 선거는 대의원들에게 민족주체세력으로서의 투철한 사명감을 부여하고, 전 국민의 귀감으로서 유신과업의 실천과 국토통일의 전위대로서의 사명감 및 지역단결의 거점적 역할을 하는 사명감 등이 부여되었다.[82]

그리하여 초대 대의원으로 당선된 각계 인사들은 유신사업을 적극 추진해서 통일의 바탕을 이룩하겠다고 밝혔다. 실업가들은 1백억 달러 수출에 노력하겠다고 다짐했고, 문화인들은 정신혁명으로 유신에 힘쓰겠다고 밝혔으며, 지방의 당선자들은 새마을운동에 계속 앞장서서 통일의 기초 작업을 다지겠다고 밝혔다. 이에 따라 대의원들은 10월 유신과업을 선도적으로 이끌고 갈 것이 기대되었다.[83]

그리고 대의원들은 다음과 같은 결의문을 채택했다.[84]

---

80) 같은 신문, 1972.12.18.
81) 「통일주체국민회의대의원선거 결과보고」, 내무부(국가기록원 소장), 73~75쪽.
82) 같은 보고, 76쪽.
83) 『동아일보』 1972.12.17; 『조선일보』 1972.12.3.

"조국의 평화통일을 위하여 국민주권을 성실히 행사해야 할 막중한 책무를 지고 있는 우리들 통일주체국민회의 대의원 일동은 유신헌법 확정과정에서 모든 국민들이 명백히 표시한 조국의 평화통일을 위한 절실한 염원을 높이 받들어 다음과 같이 결의한다.

첫째, 우리들은 박정희 대통령 각하의 영도 하에 추구되는 조국의 평화통일을 위한 모든 노력을 전적으로 지지하고, 이를 적극 뒷받침한다.

둘째, 우리들은 남북이 서로 긴장을 완화하고, 상호불신을 배제하며, 민족의 동질성을 되찾기 위하여 7·4남북공동성명의 정신에 입각한 성실한 남북대화가 절실히 필요하다고 인정하고 이를 적극 뒷받침한다.

셋째, 우리들은 남북대화가 궁극적으로는 민족의 정통성에 입각한 조국의 평화통일을 이룩하는 데 적극 기여해야 한다고 믿고 이를 위해 헌신적으로 노력한다."

이상과 같은 국민회의 초대 대의원 선거가 지니는 역사적 의미는 다음과 같이 부여되었다.[85]

첫째. 국민회의 대의원 선거는 바로 10월 유신의 성공적인 추진을 위한 첫 과업으로서 그 성과를 가름하는 역사적 과업이라 할 수 있다.

둘째, 국력을 조직화하는 역사적 노력이라는 점이다. 국민회의는 각 지역 국민들의 민족적 양심과 통일의지를 보다 광범위하게 반영할 수 있는 2000명 내지 5000명의 국민 대표자를 규합하여 명실상부하게 국민을 대표해서 민족주체세력을 형성하는 국민적 조직체이다. 그러므로 초대 대의원 선거는 곧 국력의 조직화를 도모하는 국민적 노력으로서 그 의의가 있다고 보았다.

셋째, 조국통일의 추진세력이 형성되었다는 점이다. 국민회의 대의원은 헌법에서 명문규정으로 밝히고 있는 바와 같이 그 성격과 기능으로 보아 조국의 평화적 통일을 추진하기 위한 국민적 조직체를 구성할 민족대표로

---

84) 『조선일보』 1972.12.24.
85) 「통일주체국민회의 대의원 선거」, 『체신』 193호, 체성회, 1972.12, 17~19쪽.

서 국회의원과는 또 다른 의미에서 국민의 주권을 위임받는 국민의 대표자
며 대변자이다. 따라서 대의원 선거는 국민을 대표해서 조국의 평화적 통
일을 추진하는 세력을 형성하고, 그들에게 통일에 대한 정책의 심의·결정
권을 위임하는 행위로서 국민적인 통일의지를 발현하는 것이라 할 수 있다.

넷째, 한국적 민주주의를 다지는 최초의 선거로서 유신적 선거의 시금석
이라는 데 의의를 부여하고 있다. 즉 10월 유신을 계기로 제도적 일대 혁신
을 단행하여 혼탁한 선거풍토를 제도적으로 완전히 배제하고 철저한 선거
공영제로서 명실상부한 공명선거를 기약하고 있다는 점에 의의를 두었다.

다섯째, 대의원 선거는 대통령 선거 및 일부 국회의원 선거를 겸한 선거
라는 점에 의의를 두고 있다. 즉 대의원 선거는 통일추진세력으로서의 국
민의 대표를 선출하는 동시에 그것이 그대로 대통령과 일부 국회의원을 선
거하는 선거인단을 아울러 선출하는 선거가 된다는 점에서 과거 어떠한 선
거보다도 중요한 선거라고 할 수 있었다.

2) 제2대 대의원 선거

한편 1978년 5월 18일 제2대 국민회의 대의원 총선거가 실시되어 초대 때
보다 224명이 더 늘어난 2천 5백 83명의 대의원이 선출되었다. 대의원 수를
구체적으로 보면 서울이 가장 많은 391명, 부산이 145명, 경기 319명, 강원
151명, 충북 131명, 충남 235명, 전북 203명, 전남 312명, 경북 379명, 경남
290명, 제주 27명이었다. 제2대 선거에서는 무투표 지역을 제외한 유권자
16,877,189인 중 13,319,076인이 투표하여 전국 평균 투표율이 78.95%나 되었
다.[86]

선거 초반에는 후보자만의 과열 분위기와는 달리 유권자들, 특히 도시지
역 유권자들은 선거에 거의 무관심했고, 자신의 선거구와 입후보자들을 거

---

86) 『중앙일보』 1978.5.19; 국민회의8년개관편찬위원회, 『국민회의 8년 개관』, 187쪽; 국민회
   의 제2대 대의원 명부는 같은 책 참고.

의 모르고 있는 실정이어서 기권율이 상당할 것으로 예상했다.[87] 또한 쟁점이 없고, 정치의 구심점 역할을 해온 정당이 참여하지 못하는 대의원 선거에서 투표율이 저조하지 않을까 우려하는 사람이 많았다.[88]

그러나 제2대 대의원 선거에서 특기한 점은 예상보다 높은 투표율인 78.95%이었다. 이는 초대 대의원 선거의 70.4%보다 약 9%가, 9대 국회의원 선거(1973년)의 72.9%보다 6%가 높은 것이었다. 가장 투표율이 높은 곳은 86.95%의 충북이며, 서울은 제1대보다 늘긴 했으나 67.84%로 가장 낮았다. 투표율이 상승했다는 사실 못지않게 서울과 부산, 이른바 대도시의 상승폭이 두드러진다는 점도 주목할 만 했다. 전국적인 상승률은 8.6%인데 비해, 가장 낮은 서울도 1972년도의 57.0%에서 67.8%로 무려 10.8%나 신장했고, 부산도 68.2%에서 77.2%로 9.0%가 높아졌다. 이러한 투표율 상승은 바로 유신체제에 대한 국민들의 참여의식이 향상되었음을 뜻하는 것으로 보기도 했으며, 초대 때 미숙했던 대의원의 역할과 기능에 대한 인식이 크게 개선된 것으로 보기도 했다.[89]

즉 6년의 세월이 흐른 제2대 선거에 있어서는 국민들이 국민회의가 유신체제에 있어서 중요한 위치에 속해 있다는 것을 어느 정도 인식하게 되었기 때문에 국민회의에 대한 국민적 관심도가 높았을 뿐만 아니라, 주권적 수임기관으로서의 국민회의에 대한 국민적 기대가 큰 것으로 보기도 했다.[90]

또한 투표율이 높은 이유는 정치적, 사회적 안정에 대한 욕구가 작용한 것으로 보거나, 후보자들의 열성을 들 수 있었다. 초대 때는 국민회의 제도

---

87) 『동아일보』 1978.5.9.
88) 『조선일보』 1978.5.9.
89) 『중앙일보』 1978.5.19; 『조선일보』 1978.5.19; 이용승, 「제2대 대의원 선거와 한국적 민주주의」, 앞의 잡지, 36~37쪽; 홍성만, 「제2기 국민회의 대의원 선거와 그 결과」, 『시사』 1978.6, 19쪽.
90) 한태연, 「통일주체국민회의 역사적 과제」, 앞의 잡지, 12쪽; 조병득, 「제2대 대의원상과 나의 갈길」, 『국민회의보』 22, 통일주체국민회의 사무처, 1978, 83쪽.

가 깊이 인식되지 않았을 뿐 아니라, 준비기간이 짧아 사실상 후보들이 열
기를 띨 수 없었다. 그러나 제2대 선거에서는 후보들의 의욕이 국회의원 선
거를 앞설 정도였으며, 연초부터 일찍이 선거무드가 조성돼 물심양면으로
치열한 경쟁양상을 보였다. 집집마다 연필이나 볼펜으로 기호를 찍은 후보
들의 명함이 적지 않게 돌려졌고, 투표일인 18일에는 자가용 승용차로 유권
자들을 수송하는 광경이 서울시내 여기저기서 목격되는 실정이었다. 후보
들이 자기를 지지하는 유권자들을 최대한으로 동원하려고 노력한 결과가
투표율 상승에 크게 기여한 셈이었다. 그리고 계절적인 이점을 지적할 수
있었다. 초대 투표일인 1972년 12월 15일은 전국이 최저 영하 6도에서 최고
영상 7도의 기온이었다. 겨울 날씨 치고는 포근한 편이었으나, 아무래도 초
여름 보다는 투표나들이가 적을 수밖에 없는 여건이었다. 이밖에도 신입유
권자들의 참여충동도 하나의 원인이 될 수 있을 것으로 보았다. 이번 선거
는 1973년 총선거 이래 만 5년여 만에 실시되는 것이어서 그 동안에 새로
선거권을 갖게 된 20대 초반 유권자들이 호기심 겸해서 많이 참여했을 것
으로 보았다.[91]

　그러나 무엇보다도 투표율이 상승한 것은 행정당국이나 선거관리위원회
에서 투표율이 곧 유신체제에 대한 지지율이라고 생각하여 기권방지에 주
력했기 때문이었다.[92] 즉 중앙선거관리위원회는 선거운동 초반에 국민들
의 관심이 예상보다 저조하자 긴급대책을 마련하여 현수막, 포스터, 표어
등 선거계도물을 당초 계획보다 2배로 늘려 전국에 확산시켰고, 단위 행정
기관에 협조를 요청하여, 차량 및 인원을 동원하는 한편, 리동(里洞)의 스피
커 시설을 최대한으로 활용했다. 그리고 문교부는 초중고학생들에게 기권
방지 리본을 달게 했고, 내무부는 반상회를 통해 적극적인 계몽활동을 벌
였다.[93]

---

91)『조선일보』1978.5.19;『동아일보』1978.5.19.
92)『동아일보』1978.5.19.

원인이 어디 있든 간에 투표율이 높다는 것은 정부나 집권당의 입장에서 볼 때 지극히 고무적인 사실이 아닐 수 없었다. 국민회의 선거제도는 유신체제의 핵심이다. 그런데 국민회의 선거에 많은 국민들이 참여했다는 사실은 그만큼 유신체제를 긍정적으로 받아들이고 있는 국민들이 많다는 논리를 세울 수 있었기 때문이다. 왜냐하면 국민회의 선거는 국민투표처럼 가부를 선택해서 찍는 것도 아니고, 국회의원 선거처럼 집권당에 반대하여 야당인사를 찍을 수 있는 것도 아니기 때문이다. 국민회의 선거는 후보자들이 모두 유신의 기수를 자처하고 나서기 때문에 그 중에 누구를 선택하든 투표행위 자체를 유신체제에 대한 긍정적인 의사로 볼 수 있는 것이다.[94]

또한 평균 경쟁률은 초대 때보다 훨씬 적은 2.16 대 1에 그쳤다.[95] 이와 같이 경쟁률이 떨어진 것은 연초부터 선거분위기가 과열돼 이러한 분위기를 감당할 자신이 없는 지망생들이 대거 도중하차한 때문이며, 또 1973년도에 개정된 선거법의 내용을 잘 모르고 있는 입후보 희망자가 상당수 있다는 이유도 있었다. 정당의 당원은 3년 전에 당적을 떠나야 한다든가, 공무원 내지 공무원 대우를 받는 29개 직종은 3개월 전에 현직을 사퇴해야 한다는 점 등은 최근까지도 숙지되어있지 않은 상태였다.[96]

더 나아가 과열을 진정시키고자 자제를 촉구하는 선거관리위원회 및 행정당국이 벌인 적극적인 계도가 주효했으며, 재력 있는 인사나 전직 장관, 전직 의원 등 이른바 거물급의 출마에 따르는 상대적인 위축감 등이 투표율 상승에 크게 작용한 때문이라고 판단하기도 했다.[97]

이로써 유신 제2기의 막이 올랐다. 제2대 국민회의의 기능은 초대 때보

93) 『조선일보』 1978.5.19.
94) 같은 신문, 1978.5.19.
95) 이용승, 「제2대 대의원 선거와 한국적 민주주의」, 앞의 잡지, 35~36쪽.
96) 『조선일보』 1978.5.5.
97) 주효민, 「통일주체국민회의 제2대 대의원 선거결과를 보고」, 중앙선거관리위원회, 『선거관리』 20, 1978.8, 13쪽.

다 훨씬 강화되어야 한다는 의지로 유신 제2기는 유신 제1기의 연장선상에 있으면서도 새로운 단계로의 발전을 지향한 것이었다.[98]

한편 제2대 대의원 선거에 현역 대의원은 초대 대의원 정수 2,359명의 63.5%에 해당하는 1,500명이 재출마했으나, 이 중 56%인 841명만 당선되었고, 나머지 44%가 탈락했다. 반면 신진후보들은 1,742명이 당선되어 제2대 대의원 의석의 62.4%를 휩쓰는 괄목할 만한 진출을 보였다. 이처럼 신진들이 대거 당선된 까닭은 대의원직에 대한 일반의 인식이 긍정적으로 달라진 데 있다고 보기도 했다. 초대 때에는 대의원직에 대한 인식이 부족했으나 그동안 대의원직에 대한 개념이 정립되고, 지위 등 그 인기가 높아짐에 따라 초대 때 출마하지 않았던 영향력 있는 인사들이 대거 출마하여 실력이 미약했던 현역들이 탈락하는 현상을 보였던 것이다.[99]

그러나 재벌총수들을 포함한 지명(知名)인사들은 대부분 재선되었다. 재계에서는 서울에서 KAL 사장인 조중훈, 조선공사 사장인 남궁련, 금성 사장인 구자경, 한국화약 회장인 김종희, 한국슬레이트 회장인 김인득, 한국야구르트 사장인 윤쾌병(尹快炳), 부산에서 한일합섬 사장인 김한수(金翰壽), 태화고무 사장인 윤장태(尹章泰), 성창기업 회장 정태성(鄭泰星), 일신산업 사장 하기성(河基成), 한국합판 사장 고판남(高判南), 협성해운 사장 왕상은(王相殷), 백화양조 사장 강정준(姜正俊) 등이 1, 2위를 얻거나 무투표 당선의 영광을 차지했다.[100]

또한 무투표 당선자도 232명(전체 대의원수의 12.8%)이나 되었으나 여성 당선자는 초대의 26명보다 11명이나 줄어든 15명으로 퇴조현상을 보였다. 구체적으로 여성 대의원은 서울 8명, 부산 3명, 경기 1명, 경북 1명, 강원도

---

98) 남재희, 「제2대 국민회의 발전방향」, 통일주체국민회의 사무처, 『국민회의보』 22, 1978.6, 38쪽.
99) 한두석, 앞의 논문, 98~99쪽.
100) 『조선일보』 1978.5.20.

2명이었다. 당시 사회 각계각층에서 여성의 사회적 지위와 역할이 커지고 있는 것과 상관없이 아직도 지역사회에서 여성이 지도자로서 선임되기는 요원하다는 사실을 반영한 것이었다.[101]

제2대 대의원의 연령별 분포는 30대가 442명(17.4%), 40대가 1,130명 (43.75%), 50대가 837명(32.4%), 60대가 163명(6.3%), 70대 이상이 11명 (0.42%)이다.[102] 이처럼 초대에 비해 30대가 줄어든 반면, 사회적으로 안정된 여론형성층으로 볼 수 있는 40대, 50대가 늘어나는 역 세대교체 현상이 나타난 것은 지역사회 개발에 기여도가 높고 이미 선거민들에게 널리 알려진 장년층의 중견인사들이 눈에 띄게 진출한 때문이었다.[103]

요컨대 통계상으로 볼 때 생활이 안정된 장년식자층이 국민회의의 주력을 형성하고 있는 것으로 볼 수 있었다.[104]

한편 제2대 대의원의 학력을 분석해 보면 독학 38명(1.5%), 국졸 445명 (17.2%), 중졸 300명(11.6%), 고졸 715명(27.7%), 대학원을 포함한 대졸 1,085명(42.0%)에 박사도 몇 명 있었다. 서울, 부산 등 대도시에 국졸이 적고, 대졸이 월등 많은 반면에 지방에는 대졸이 매우 적고, 국졸이 많은 현상은 초대 때와 비슷했다.[105]

이른바 고학력이 80.09% 이상(초대 64%)을 차지했다. 특히 학력에서 또 하나의 특색은 대학원 수료자가 많다는 것이었다. 박사도 1명 있었다. 서울의 경우에는 대학원 수료자가 무려 23%나 되는 99명이었다. 대학원 중에는 최고 학부로서의 대학원도 있지만 경영대학원, 산업대학원, 행정대학원 같은 특수 대학원이 많이 포함되어 있었다.[106]

---

101) 『중앙일보』 1978.5.20; 국민회의8년개관편찬위원회, 『국민회의 8년 개관』, 188쪽.
102) 국민회의8년개관편찬위원회, 『국민회의 8년 개관』, 188쪽.
103) 이용승, 「제2대 대의원 선거와 한국적 민주주의」, 앞의 잡지, 35~36쪽; 홍성만, 「제2기 국민회의 대의원 선거와 그 결과」, 앞의 잡지, 17쪽.
104) 『중앙일보』 1978.5.20.
105) 국민회의8년개관편찬위원회, 『국민회의 8년 개관』, 188쪽.

또한 제2대 대의원의 직업별 분포를 보면 농업수산업 990명(38.3%), 상업 539명(20.9%), 광공업 및 운수업 231명(8.9%), 의사 및 약사 158명(6.1%), 언론 출판업 17명(0.7%), 변호사 3명(0.1%), 교육자(0.8%), 회사원 90명(3.5%), 전문가 175명(6.8%), 공무원 66명(2.6%), 기타의 순이다. 이와 같이 볼 때 제2대 대의원은 농업이나 토건, 운수, 금융, 상업 등을 포함하는 서비스업에 종사하는 사람들이 주축을 이루고 있다. 이는 초대와 비슷한 양상을 보여주고 있으나 그 비율에 있어 많은 변화를 보여주고 있었다. 즉 농업에 있어서 초대가 47.0%인데 비하여 2대는 36.7%로 10.3%가 줄어들었다. 또한 직업별 분석결과는 생계걱정을 할 필요가 없는 비교적 안정된 생업을 가진 후보가 많았다는 사실을 드러내고 있었다. 특히 도시에서는 기업인들이, 농촌에서는 농업을 기반으로 한 지역사회 지도급 인사들이 많이 선출되었다. 가장 높은 비율을 차지한 농수산관계자들을 내용별로 볼 때 새마을지도자, 마을금고, 농협단위조합 등 지역사회에 적극 참여하고 있는 인사들이 많았다. 그리고 기타 직에도 새마을지도자, 마을금고 관계자, 향토예비군 중대장 등이 상당수가 있으며, 시·군·구 개발위원, 행정자문위원과 같이 지역발전에 참여하는 인사가 많았다.[107]

또 한편으로는 건설업, 운수업, 요식업 등의 사업경영인들이 두드러지며, 세금, 금융 등의 혜택을 노린 사업가들이 다수 출마를 희망하고 있었으며, 정치지망생들이 우선 대의원으로 출마하려는 현상도 있다고 풀이되고 있었다. 게다가 후보러시를 이룬 데는 전반적인 경제력 향상으로 여유가 생긴 인사들의 유신체제에 대한 참여의식이 크게 제고되었다는 지적도 있었다.[108]

---

106) 『중앙일보』 1978.5.20; 『조선일보』 1978.5.21; 이용승, 「제2대 대의원 선거와 한국적 민주주의」, 앞의 잡지, 36쪽.

107) 『조선일보』 1978.5.20-5.21; 이용승, 「제2대 대의원 선거와 한국적 민주주의」, 앞의 잡지, 36쪽; 국민회의8년개관편찬위원회, 『국민회의 8년 개관』, 188~189쪽.

108) 홍성만, 「제2기 국민회의 대의원 선거와 그 결과」, 앞의 잡지, 16쪽; 강성재, 「통일주체국민회의 대통령 선출의 내막」, 『신동아』 1986.5, 289쪽.

특히 제1대에 비해 15% 가까이 늘어난 산업경영자들의 진출은 근대화 사
회의 실력 층이 누구인지를 암시해주는 사회현상의 하나로 분석되기도 했
다. 사업종사자의 대거 진출은 개인사업보호용이라는 차원에서 대의원직을
평가, 활발한 득표공작을 벌인 결과가 아니겠느냐고 일반은 관측하고 있었
다.[109]

그리고 교육자, 언론인, 법조인, 종교인 등 인텔리 직업군은 모두 합쳐도
2% 미만인데 비해 재력 있는 인사와 지역사회봉사자들이 대거 등장했다는
사실은 제1대와 별로 차별이 없는 특징으로서 대의원과 선거구민들의 거리
감을 좁힐 수 있다는 긍정적인 측면이 있는 반면, 국민총의를 집결시키고,
더 나아가 국민의 주권적 수임기관으로서 통일에 관한 중요정책을 심의하
는 헌법적 기능면에서는 문제점이 있다고 할 수 있었다.[110]

한편 당국은 박정희 대통령 후보의 단독 출마 및 100%의 득표율을 염두
에 두고 대의원 선거에 있어서 갖가지 법률적 제약을 설정해 놓고 있었다.
우선 정당추천 개표참관인 폐지를 비롯해서 정당원 출마금지 등 정당의 선
거 관여를 철저히 배제한 선거공영제와 함께 대통령을 선출하는 권한을 가
진 대의원 출마요건을 국회의원 보다 강화한 것이 그런 범주에 든다. 즉 앞
서 언급한 바와 같이 대의원 입후보자들의 출마 자격이 유신체제나 이 체제
를 주창한 박정희 대통령 후보를 찬양 또는 지지하는 자여야 했던 것이다.[111]

또한 관계 당국은 후보 난립을 방지하고 박정희 대통령 후보를 지지할
대의원을 당선시키기 위해서 사전에 출마를 종용 또는 규제했다. 출마를
종용할 대상자의 인선에 있어 당해 지역의 경찰서장과 군수, 시장, 정보책
임자 등으로 구성된 지역협의회의 자료를 토대로 관계 당국이 선정했으며,

---

109) 『중앙일보』 1978.5.20.
110) 『중앙일보』 1978.5.20; 『조선일보』 1978.5.5.
111) 강성재, 「통일주체국민회의 대통령 선출의 내막」, 앞의 잡지, 275~276쪽.

이를 추후에 본인에게 통보했다고 한다. 인선의 기준은 주민의 신망도나 재력 이외에 정치적 성향이 가장 많이 고려되었다. 이에 따라 관계당국은 야당기질의 당원이나 입바른 소리를 잘하는 야당기질의 인사에 대해서는 권력으로 출마를 못하도록 한다는 방침을 확정하여 각 지방으로 시달했다. 이 같은 지침에 따라 일선기관에서는 관계 요원의 종용에도 불구하고 출마 의사를 포기하지 않는 야당성향의 인사들을 불법연행하거나 가혹행위를 하는 사례도 있었다.[112]

한편 국민회의 대의원 선거에서 종래의 타락풍조의 선거를 불식시키고 자 했으나 여러 가지 선거법 위반행위들이 나타나고 있었다. 즉 국민회의 대의원 선거법 위반혐의로 구속된 사례로서 대의원 후보자가 다른 후보자 에게 돈을 주고 사퇴를 종용한 뒤 무투표 당선된 선거부정을 저지르기도 했다.[113]

또한 국민회의 대의원 선거에 대한 일반 유권자들의 시각이 대체로 무관 심했기 때문에 후보자들은 무관심한 유권자를 투표장으로 끌어내 자기에 게 표를 찍도록 하기 위해 갖가지 방법을 동원했으며, 그런 가운데에는 법 에 어긋나는 선심공세도 적지 않았다. 더구나 "경쟁상대가 돈을 많이 쓰니 나도 쓰지 않을 수 없다"는 경쟁심리에 "떨어지면 망신"이라는 강박관념이 겹쳐 선심공세는 에스컬레이터 되고 있었다. 대의원 후보자들이 유권자들 에게 보약을 지어 주거나, 남녀 속옷과 수건, 과자봉지 등을 돌리거나, 카바 레 입장권을 무더기로 무료로 돌렸으며, 결혼식 등에 차를 내주고, 와이셔 츠나 세탁비누 또는 고무신을 돌렸다는 말은 흔히 들을 수 있는 얘기였다. 심지어는 현금을 유권자들에게 돌리기도 했으며, 단체행락을 지원하기도 했다. 억대 재산의 신흥기업인들이 다수 출마하여 경쟁을 벌이고 있는 지역 에서는 "4천만 원을 쓰면 당선되고, 2천만 원을 쓰면 떨어진다"고 해서 '4당

---

112) 같은 논고, 276~278쪽.
113) 『동아일보』 1978.7.15.

(當) 2락(落)'이란 말이 유행하고 있을 정도였다.[114]

한편 선출된 대의원들은 다양한 직업과 수준 이상의 학력, 그리고 풍부한 식견과 활동력 때문에 그들이 살고 있는 지역사회나 직장에서 자문위원으로 위촉되는가 하면, 지도급 인사로 부상되었다. 그리하여 대의원들은 덕망 있는 지방유지로 활약하게 되고, 또는 그런 인사가 되려고 노력했다.[115] 그 외에 대의원에 대한 매력은 지역사회에서의 유지 예우뿐만 아니라, 기업보호 등의 실리도 얻을 수 있지 않을까 하는 기대감도 작용했다. 더 나아가 그동안 경제성장으로 재력을 갖추게 된 신진 인사들이 그들의 명예욕을 충족시키기 위해 대의원 진출의 길을 모색한 경우도 많았다.[116]

또한 재력의 바탕이 없는 대의원들의 경우 도시에서 생활하는 사람에게는 회사에 취직을 시켜주었고, 또 대의원 당사자가 나이가 많을 때는 그 아들을 취직시켰으며, 지방에서는 지방대로 대책을 세워주었다. 이처럼 대의원들에 대한 예우가 있기 시작하자 대의원들은 자신감을 갖고, 유신체제 유지와 지역사회에 앞장서야 한다는 사명감을 갖게 되었던 것이다.[117] 이것이 그들이 무보수지만 명예직으로 만족하며 유신체제의 기수로서의 긍지를 가지고 활동할 수 있었던 까닭이기도 했다.

이상과 같이 대의원들은 고학력자들이 다수였고, 사회적으로 안정된 40~50대 장년층이나 각 지역사회의 지도급 인사들이 상당수 등장하고 있었으며, 기득권 세력 및 경제적으로 여유를 가진 층이나 사업가들이 대부분이었음을 알 수 있다. 따라서 이들 당선자들은 사회적으로 안정된 여론형성층이자 새로운 사회적 지배세력 및 유신 중심세력으로 부상하면서 그 계

---

114) 같은 신문, 1978.5.9, 1980.5.15.
115) 김태현, 「국민총화의 길잡이」, 통일주체국민회의 사무처, 『국민회의보』 21, 1978.3, 63쪽.
116) 이용승, 「제2대 대의원 선거와 한국적 민주주의」, 앞의 잡지, 36쪽.
117) 한태연, 「통일주체국민회의의 역사적 과제」, 앞의 잡지, 25~26쪽.

급적, 정치적 성향은 자연히 보수적일 수밖에 없었고, 유신체제에 대한 참여의식이 높았다는 것을 짐작할 수 있다.

이는 동시에 유신체제의 발전과정에서 억압되고 소외되어 중심부 세력에 적대적인 주변부 세력을 창출해내는 과정이기도 했다. 그 결과 새로운 사회 지배층과 유신 중심부 세력을 한 축으로 하고, 비판적 엘리트와 주변부 세력을 다른 한 축으로 하는 유신저항세력 사이에는 양극적 대립에 의한 균열이 발생했고, 이들 사이의 대립 양상은 억압적 유신체제 기간을 거치면서 더욱 극단화되었다. 즉 반민주세력과 민주세력 간, 보수세력과 진보세력 간의 갈등과 대립의 심화현상이 나타나게 된 것이다. 그리고 이러한 양극화 현상은 한국사회에서 민주주의를 정착시키는 데 중요한 장애요소가 되는 것이었고, 진정한 민주주의로 나아가는 데 있어서 산고를 경험하고 있는 것이다.[118]

그러나 또 한편으로 국민회의 대의원 선거는 조국의 평화적 통일의지를 전 국민적 규모로 조직화하고, 그 추진세력을 현실적으로 형성하게 된 역사적 의미를 지니고 있었다. 그와 함께 국민회의를 유신헌법의 정상에 자리 잡게 함으로써 한국적 민주주의의 굳건한 거름을 마련하고, 유신과업의 인적 구성을 마련한 것이라는 역사적 의미를 지니고 있었다.

---

118) 김세중, 「유신헌법과 4공 통치기반의 동력」, 『월간중앙』 1991.6, 449쪽.

4. 유신체제기 통일주체국민회의의 활동

국민회의 대의원은 10월 유신의 선봉이자 유신이념의 구현자로서 그들의 생업, 학력, 연령, 사회적 지위 등으로 볼 때 한국사회의 새로운 지도층으로 부상하면서 다방면에 걸쳐 다음과 같은 활동을 했다.

(1) 대통령과 국회의원 일부 선출

1) 대통령 선거
가. 제8대 대통령 선출

국민회의 대의원의 첫 임무이자 가장 중요한 임무는 바로 유신과업을 수행해나갈 제4공화국의 제도적 기틀을 확립하는 일이었다. 즉 제4공화국을 출범시키는 대통령과 국회의원 일부를 선출하는 것이었다. 1972년 12월 23일 국민회의는 첫 회의를 개최하고, 제8대 대통령에 단독으로 출마한 박정희를 선출했다. 제8대 대통령은 유신체제 하의 보다 강력한 권한을 보유한다는 점이나 국내외로 당면한 시련을 극복해 나갈 유신의 책무가 주어졌다는 점에서 그 정치적 의의가 있었다.[1]

특히 대통령의 임기를 6년으로 연장한 것은 국력의 증강과 번영을 이룩

---

1) 『동아일보』 1972.12.26.

하는 데 절대적으로 긴요한 요건인 정국의 안정을 기하기 위해 필요한 것
이라고 보았기 때문이다. 그리고 대통령의 임기는 연임에 제한이 없었기
때문에 장기집권의 길을 열어 놓았던 것이다. 이 역시 빈번한 선거의 실시
로 빚어지는 국력의 낭비와 정정(政情)의 불안 등의 요인을 제거하는 동시
에 앞으로 대내외적으로 밀어닥칠 시련과 도전에 효과적으로 대처하기 위
한 국가영도력의 안정성, 계속성을 담보하기 위한 것이라 설명되었다. 이밖
에도 안정과 번영을 위해서는 대통령에게 권력을 집중시킬 수밖에 없으며,
긴급조치권의 부여는 절대로 필요한 것이라고 보았다.[2]

곽상훈 대의원은 박정희 대통령 후보등록을 마치고 "박정희 대통령이
5·16혁명 이후 국가민족을 위한 업적이 많았고, 국제적으로 대한민국을 상
당한 위치로 끌어올렸으며, 또 앞으로도 남북통일문제를 앞장서서 끌고 갈
분"이라고 말했다.[3]

1972년 12월 23일 서울 장충체육관에서 실시된 대통령 선거는 재적 대의
원 2,359명 전원이 참가하여 토론 없이 무기명 방식으로 실시된 투표에서
2표의 무효표를 제외하고는 전원일치나 다름없는 전폭적인 지지로 단독후
보인 박정희를 당선시켰다.[4]

반대표는 한 표도 없었고 무효표만 2표였다. 이러한 99.9%의 득표율을
보고 깜짝 놀란 것은 국민들이었다. 불과 1년 8개월 전 실시된 1971년의
4.27 대통령 선거에서 박정희 후보는 신민당의 김대중 후보보다 94만 여 표
많은 6백34만여 표를 얻었을 뿐이었다. 그런데 선거방법을 달리한 결과 대
한민국 선거사상 유례없는 근 100%의 득표율을 기록한 것이다. 경악을 금
치 못하는 일반 국민의 반응과 달리 당시 선거를 주관했던 당국은 2표의 무

---

2) 김행선, 앞의 책, 79쪽.
3) 『조선일보』 1972.12.23.
4) 국민회의8년개관편찬위원회, 『국민회의 8년 개관』, 171쪽; 이명영, 「국민회의 5년의 총괄
   적 평가」, 통일주체국민회의 사무처, 『국민회의보』 20, 1977.12, 54쪽.

효표가 나온 것을 달갑지 않게 여겼다.[5]

앞서 언급했듯이 대의원들은 출마 전부터 박정희를 대통령으로 선출하도록 정치권력의 압박과 통제를 받았으며, 당선된 전국 각지의 대의원들이 서울에 도착하여 단체로 투표장에 입장하기까지의 경과는 각 지역별로 다소의 차이는 있지만 그 주안점은 박정희 대통령 후보 지지라는 목적에 두어졌다.[6]

이러한 대의원들에 의해 선출되는 대통령 선거는 단지 하나의 장식적인 선거로 전락하고, 그 대의원들이 선출하는 대통령 선거는 박정희 후보의 단독 입후보를 통한 요식적인 절차에 머물고 말았다. 그리하여 국민회의 대의원들은 박정희 대통령을 선출하기 위한 거수기 집단으로 전락했던 것이다. 그리고 그 장소가 바로 장충체육관이었던 점에 비유하여 이른바 '체육관 대통령' 또는 '체육관 선거'라고 격하되기도 했다.[7] 따라서 국민회의에 의한 대통령 선출은 자동적으로 박정희 대통령의 영구집권을 보장할 수밖에 없는 것이었다.[8]

특히 유신헌법은 대통령이 자신을 선출하는 기구인 국민회의의 의장이 되도록 규정함으로써 권력구성기관의 장을 피선출될 권력자가 맡는 유례없는 헌법을 제정하여 선출 과정 어디에서도 경쟁과 견제의 원리를 적용받지 않도록 했다. 근대 입헌주의를 정면으로 부정하는, 자기가 자기를 선출하는 셈이었다. 동시에 반대당이 권력구성기관인 국민회의에 진출할 수 있는 통로와 가능성은 원천적으로 봉쇄되었다. 반정부 계열이나 반대당 인사들은 출마에 필요한 유권자 서명조차 받을 수 없었다.[9]

---

5) 강성재, 「통일주체국민회의 대통령 선출의 내막」, 앞의 잡지, 275쪽.

6) 같은 논고, 280쪽.

7) 성낙연, 「유신헌법의 역사적 평가」, 『공법연구』 제31집 제2호, 한국공법학회, 2002.12, 18쪽;
「그때 그 헌법, 한 사람을 노래했네」, 『한겨레 21』 제546호, 2005.2.15., 81쪽.

8) 김세중, 「유신헌법과 4공 통치기반의 동력」, 앞의 잡지, 439쪽.

9) 박명림, 「박정희 시기의 헌법 정신과 내용의 해석」, 『역사비평』 96, 역사문제연구소, 2011

그리하여 다른 사람은 후보로 출마하는 것 자체가 불가능했기 때문에 박정희는 혼자 출마하여 대통령에 당선됨으로써 대통령 선거는 의례적인 행사에 불과한 것으로 되어, 국민적 관심의 대상이 될 수 없었다. 국민뿐만 아니라 정당조차 참여할 여지가 없어 정당의 존재이유가 의문시되는 상황이었다.[10]

더 나아가 제8대 대통령은 헌법개정안을 위시하여 국가의 중요정책을 국민투표에 붙일 수 있고, 국정 전반에 걸쳐 필요한 때에는 긴급조치를 취할 수 있고, 국회를 해산할 수 있는 등의 막중한 권한을 가질 뿐 아니라, 조국의 평화적 통일을 위한 성실한 의무를 다해야 할 전에 없는 무거운 짐을 국민과 헌법 앞에 지게 된다.[11]

앞서 언급했듯이 국민회의 의장인 박정희 대통령은 개회사에서 "조국의 평화통일은 이제 우리 스스로의 힘으로 주체성을 갖고 추진해나가야 할 우리의 국시요 헌정의 지표로 확립되었다"고 말하고, "10월 유신은 올바른 역사관과 주체적 민족사관에 입각하여 우리 민족의 안정과 번영, 그리고 통일조국을 우리 스스로의 힘과 예지로써 쟁취하고 건설하자는 데 그 궁극적인 목적이 있는 것"이라고 강조했다. 그리고 박정희 의장은 "국민회의는 평화통일을 위한 민족주체세력의 집합체이며, 우리가 하나의 민족으로서 통일되어야 한다는 민족사적 염원과 우리가 하나의 국가로서 떳떳하게 발전해 나가야 한다는 국민사적 요청을 서로 효과적으로 결합시키는 국가 최고의 주권적 수임기관"이라고 설명하고, "우리가 비록 통일의 의지를 제도화하여 국민회의를 구성했다고 해서 그것만으로 통일번영이 달성되는 것은 아니며, 대의원 모두가 통일의 주체라는 긍지를 갖고 통일의지를 집약화하고 조직화하여 이를 꾸준히 실천해 나갈 때 비로소 통일의 전망은 밝아질

가을, 110쪽.
10) 심지연, 「박정희 정부하의 정당구도 분석(2)」, 앞의 잡지, 180~181쪽.
11) 『조선일보』 1972.12.23.

수 있다"고 말했다.[12]

그리고 박정희 대통령은 당선 소감으로 "나는 오늘의 이 결정이 나에게
는 막중한 책임을 지게 하는 것이며, 모든 국민에게는 유신과업 수행에 더
욱 박차를 가하여 민족의 영광을 쟁취하려는 민족의지의 승리라고 믿는다"
고 강조하면서, 국민 여러분의 절대적인 지지 속에서 유신과업을 계속 과
감히, 그리고 성실하게 시행해 나가는 데 헌신할 것이라고 다짐했다.[13]

따라서 국민회의의 개회로 유신작업이 실질적인 첫 삽을 들었다고도 할
수 있으나, 기본적인 질서와 체제의 온전한 마무리는 국민회의에 의해 선
출된 대통령이 12월 27일 정식으로 취임하면서 아울러 같은 날 유신헌법이
공포되고, 국회구성을 위한 국회의원 선거가 치러지는 데까지 이루어졌
다.[14]

나. 제9대 대통령 선출

한편 1978년 7월 5일 곽상훈 대의원은 국민회의법 18조에 따라 대의원
507명의 추천장, 박정희 대통령의 후보승낙서, 후보자의 호적초본, 거주증
명 등 후보자 등록서류를 국민회의 사무총장에게 접수시켰다. 국민회의 사
무처는 이 서류를 즉석에서 검토한 후 이를 수리, 곽상훈 대의원에게 접수
증을 교부하고, 이날 오전 9시 20분 박정희 대통령의 후보등록을 공고했다.
후보등록이 마감된 이날 오후 5시 현재 국민회의 사무처에는 박정희 대통
령의 후보자 등록 서류만이 접수되어 박대통령은 제9대 대통령 선거에서도
단일 후보자가 되었다.[15]

곽상훈 대의원은 박정희 단일 후보 추천문에서 추천 이유를 "박대통령은

12) 같은 신문, 1972.12.24.
13) 같은 신문, 1972.12.24.
14) 『조선일보』 1972.12.23; 『중앙일보』 1972.12.23.
15) 『조선일보』 1978.7.6.

그동안 1~4차 5개년 경제개발계획의 성공적인 수행을 통하여 국민생활의
비약적인 발전을 가져왔고, 국제적으로도 한국의 위치를 크게 신장시켰으
며, 선진국 대열에 도약하는 고도 산업국가 건설의 기반을 구축했다"고 지
적하고, "민족의 숙원인 남북통일과 관련하여 5천만 민족의 의사를 대표하
여 이를 추진해 나가고, 이러한 민족적 과업을 수행해나가는데 있어서 민
족의 정통성과 자주정신의 함양으로 민족의 자아를 발견케 함으로써 국위
를 대내외적으로 선양했다"고 강조했다. 이어서 그는 "박대통령이 격변하는
주변정세와 북한 공산주의자들의 끊임없는 도발 속에서도 국권을 수호하
고 민족의 생존권을 지키면서 참다운 복지국가와 민족중흥의 원대한 이상
을 기필코 앞당겨 실현시킬 수 있는 탁월한 영도자"라고 밝혔다.[16]

　　그리고 제2대 국민회의 대의원들은 1978년 7월 6일 서울 장충체육관에서
첫 집회를 개최했다. 이날 회의에서 대의원들은 "국헌을 준수하고 조국의
평화적 통일을 위해 국민의 총의를 받들어 수임된 신성한 사명을 성실히
수행할 것을 엄숙히 선서한다"는 선서문을 낭독했다. 이어서 박정희 대통
령은 국민회의 의장 자격으로 참석하여 개회사를 발표했다. 그리고 잠시
정회하고, 곽상훈 의장대리의 사회로 대통령 선거에 들어가 임기 6년의 제
9대 대통령에 박정희 대통령을 다시 선출했다. 재적 2,581명의 대의원 중
3명(1명 사망, 1명 사퇴)이 결석한 2,578명의 대의원이 참석한 가운데 후보
이름을 기재하는 방식의 비밀투표를 실시하여 찬성 2,577표, 무효 1표의 절
대 다수로 박정희 대통령을 선출했다. 이에 따라 지난 1963년부터 5,6,7,8대
대통령을 역임해 온 박정희 대통령은 1984년 12월까지 계속 대통령직에 재
임하면서 국정의 중책을 맡게 될 예정이었다.[17]

---

16) 『조선일보』 1978.7.6; 『동아일보』 1978.7.5; 국민회의8년개관편찬위원회, 『국민회의 8년
　　개관』, 172쪽.
17) 『동아일보』 1978.7.6; 『조선일보』 1978.7.7; 국민회의8년개관편찬위원회, 『국민회의 8년
　　개관』, 172쪽.

박정희 대통령은 국민회의 의장 자격에서 개회사를 통해 유신 1기에 해당하는 지난 6년을 회고하고, 10월 유신은 구국적 일대 개혁이었고, 10월 유신으로 모든 면에서 비약적 성장을 이룩하여 총력안보의 기틀을 확고하게 다져 자신감에 가득 차 있다고 그동안의 업적을 평가했다. 또한 1970년의 8·15선언 이후 엄청나게 벌어진 남과 북의 국력 격차로 공산주의자들의 허황된 야망을 꺾어버리고 평화와 번영을 가져오는 길은 오직 총화단결에서 국력배양에 총력을 집중하는 길 뿐이라고 강조했다. 그리고 80년대의 영광된 조국의 건설을 위하여 피와 땀이 필요하고, 총화와 단결이 필요하고, 중단 없는 전진이 필요하다고 역설했다.[18]

특히 박정희 대통령은 1978년 12월 27일 제9대 대통령으로 정식 취임하면서 유신 제2기를 출범시켰다. 이날 오전 11시 서울장충체육관에서 열린 취임식전에서 박대통령은 취임사를 통해 "우리가 도전하는 80년대는 자신과 긍지에 가득 찬 웅비의 시대가 될 것"이라고 전제하면서 "80년대야말로 기필코 고도산업 국가를 이룩하여 당당히 선진국 대열에 참여하고 인정과 의리가 넘치는 복지사회를 이룩해야 할 시기"라고 다짐했다.[19]

그리하여 초대 국민회의는 10월 유신의 정비기에 있어서 헌법에 주어진 그의 막중한 대통령 선거 사명을 완수하였으며, 제2대 국민회의는 10월 유신의 제2단계인 정착기를 마무리하는 새로운 사명을 지니고 출범했다.[20]

그러나 박정희 대통령은 1979년 10월 26일의 시해사건으로 서거했다. 이후 국민회의는 1980년 2월 12일 제13차 운영위원회 회의에서 "10·26사태로 빚어진 난국 타개를 위하여 국민회의가 나아가야 할 방향을 재정립하고 지난날을 냉엄하게 성찰하면서 오로지 국민적 양심과 백의종군하는 입장에서 정치발전에 대하여 지대한 관심을 갖고 헌법 개정 논의를 예의 주시할

---

18) 『조선일보』 1978.7.7.
19) 『동아일보』 1978.12.27.
20) 갈봉근, 「통일주체국민회의의 지위와 권한」, 앞의 잡지, 23쪽.

것이며, 분단된 조국의 냉엄한 현실과 격변하는 주변정세 등에 대한 심각
한 배려가 없는 개헌논의는 국가장래를 위해 매우 우려되는바 크므로 이를
예의주시하면서 다음과 같은 결의문을 채택하여 이를 발표하기로 의결했
다.[21]

> ① 국가의 안보 없이 국가의 존립이 있을 수 없으며, 국민의 생존권과
>   안전을 보장받을 수 없기 때문에 국가안보는 현시점에 있어서 국가
>   의 지상과제가 되어야 한다는 것을 강조한다.
> ② 국가의 지상과제이며 민족적 염원인 국민적 통일의지가 보다 적극적
>   으로 규정되어야 함에도 불구하고 이 내용이 소홀히 되고 있는데 대
>   하여 통탄을 금할 수 없으며, 국가 백년대계로서 새로운 정치질서를
>   정립하는 국기(國基)인 헌법에 통일의 의지와 이를 실현하기 위한 제
>   도적 장치가 마련되어야 한다는 점을 분명히 한다.
> ③ 다만 만에 하나라도 이와 같은 우리의 주장이 국민회의 진로문제 등
>   특정목적과 연관이 있다는 오해를 배제하기 위해 앞으로 우리의 입
>   장에 어떠한 변화가 오더라도 결코 개의하지 않는다는 점을 밝혀둔
>   다.

요컨대 유신체제기 박정희 정권 하에서 단행된 대통령 직선제 폐지와 국
민회의에 의한 대통령 선거는 국민의 참정권을 박탈하여 박정희 대통령의
영구집권을 보장하기 위한 장치에 불과한 것이었다고 할 수 있다.

다. 제10대 대통령 선출

10·26사태 이후 1979년 11월 19일 서울 세종문화회관에서 열린 국민회의
대의원 안보보고회 리셉션에서 서울, 제주지구 대의원들이 최규하(崔圭夏)
국민회의 의장 권한대행과 환담하는 가운데, 이들 대의원들은 현재의 난국
을 수습하고 헌정중단 없이 국가의 계속적인 안정적 발전을 도모하는 한편

---

21) 국민회의8년개관편찬위원회, 『국민회의 8년 개관』, 306~307쪽.

장차의 민주적 정치발전을 위해서는 최대행이 이번 보궐선거에서 선출되
어 10대 대통령으로서의 막중한 책임을 맡아야 되겠다"고 주장했다. 이 같
은 움직임은 국민회의 안보보고회를 계기로 전국 대의원들 간에 확산되
어,[22] 국민회의의 곽상훈 운영위원장을 비롯한 827명의 전국 대의원들은
1979년 12월 3일 최규하 대통령 대행을 대통령 후보로 추대했다. 최대행을
대통령 후보로 추대한 대의원들은 추천문에서 "최대행을 제10대 대통령 후
보로 추천키로 뜻을 모은 것은 안정 속에서 오늘의 국가비상시국을 타개해
나가는 데 있어서 가장 적격한 분이라고 생각하고, 오늘의 이 시점에서 국
민이 바라고 있는 한결같은 염원을 받들어 이번 대통령 선거에 임할 것을
다짐한다"고 밝혔다. 이들은 이어 "최규하 후보는 풍부한 경험과 성실성으
로 그간의 난국수습 노력에 있어서도 국민적 여망을 바탕으로 한 합리적인
수습방안을 펴옴으로써 국민들에게 신뢰감을 주고 있으며, 지난 11월 10일
발표한 특별담화를 국민 앞에 성실하게 이행해 나갈 것을 믿어 의심치 않
는다"고 덧붙였다[23]

　　그러나 야당에서는 당시 최규하 대통령 권한대행의 국민회의를 통한 대
통령 선출을 반대했다. 야당인 신민당은 유신헌법의 적용은 정부에 엄청난
임의적 권력을 부여할 수 있음을 강조하면서, 즉각적 헌법 개정과 신헌법
에 준거한 총선, 대선 실시를 주장했다.[24]

　　특히 세계적 관심과 기대를 모은 한국의 민주화에 대한 전망은 1979년 11월
27일 YWCA 위장결혼식 사건을 계기로 분위기가 반전되었다. 정치적 집회
를 전면 금지하고 있던 계엄당국 하에서 재야세력 및 운동권 세력은 최규
하 문민정권이 정치일정을 명확히 제시하지 않는 입장에 대해 어떤 형식으

---

22) 『동아일보』 1979.11.19.
23) 『조선일보』 1979.12.4.
24) 신현익, 「전두환 군부정권 성립과정에서의 미국의 역할」, 고려대학교 대학원 정치외교학과
　　박사학위논문, 2006, 93쪽.

로든 항의할 방법을 모색하고 있었다. 그리하여 이러한 모색의 일환으로 재야권은 윤보선(尹潽善) 전 대통령, 김대중 및 재야인사들을 주축으로 하여 YWCA에서 위장결혼식 형식으로 반정부 집회를 강행했다.25)

즉 YWCA 강당에서 결혼식을 가장하여 「통일주체국민회의 대의원에 의한 대통령보궐선거저지국민대회사건」이 발생했던 것이다. 이 사건에서 최규하 대통령권한대행이 밝힌 「11·10시국에 관한 특별담화」를 반대하는 선언문, 국민회의 대통령선출저지를 위한 취지문, 거국민주내각구성을 촉구하는 성명서 등이 낭독되었다. 계엄당국은 이 사건의 배후조종, 주도, 연락, 동원, 참석자 등 모두 237명의 조사대상자 가운데 140명을 연행 조사했으며, 주동급 96명을 검거했다.26)

그리고 국민회의는 1979년 12월 6일 서울 장충체육관에서 제3차 전체회의를 열고 박정희 대통령 서거에 따른 제10대 대통령 보궐선거를 무기명 비밀투표로 실시하여 대통령 권한대행 최규하 국무총리를 제10대 대통령으로 선출했다. 이날 회의는 전국의 재적대의원 2천 5백 60명 중 2천 5백 49명(해외체제 2, 와병 9명 등 11명 불참)이 참석한 가운데 단독으로 입후보한 최규하 대통령 대행을 토론 없이 무기명투표로 찬성 2천 4백 65표, 무효 84표로 대통령으로 선출했다. 최대통령은 당선 인사말을 통해 "지금 우리는 매우 어려운 시국에 처해있으며, 격동하는 국제정세와 석유위기 등 국내외적으로 큰 시련에 직면해 있다"고 밝히고, "본인은 대한민국 제10대 대통령으로서 국헌을 준수하고 국가를 보위하며 국민의 자유와 복리의 증진에 노력하고 조국의 평화적 통일을 위해 맡은 바 직책을 성실히 수행할 것을 국민 여러분에게 굳게 다짐한다"고 말했다. 최대통령의 임기는 이날부터 개시되어 고박정희 대통령의 잔여임기인 1984년 12월 26일까지 계속되지만 최대통령은 이 잔여기간을 채우지 않고 빠른 시일 안에 헌법을 개정하고 11대

---

25) 같은 논문, 95쪽.
26) 『동아일보』 1979.11.26, 1979.12.27.

대통령 및 국회의원 총선거를 실시한 뒤 퇴임하겠다고 다짐했다.[27]

그리고 최규하 대통령은 1979년 12월 21일 취임사에서 개헌을 비롯한 정치일정 윤곽과 국정자문기구 구성 방침을 밝힘으로써 헌법 개정 관계기구를 1980년 초에 발족시키는 등 본격적인 개헌준비에 들어갈 예정이었다.[28]

또한 문교부는 초중고 각 급 학교 교과서에 반영되어 있는 유신이념에 관한 내용을 조사해서 1981년 신학기부터는 이를 제외시켜 가르칠 방침이라고 밝혔다. 문교부 당국자는 1979년 12월 12일 초중고교 교과서 684개 책 중 국민학교 교과서 5책, 중학교 교과서 6책, 고교 교과서 7책 등 모두 18개 책 23개 단원에 유신이념이 반영되어 있다고 지적하고, 1981년 신학기 안에 초중교 교과서를 전부 고칠 수는 없으므로 우선 교사용 지침서를 고쳐 교사들이 이에 맞춰 수업하도록 할 방침이라고 밝혔다.[29]

그리고 최규하 대통령은 1979년 12월 7일 유신헌법의 반대금지를 골자로 하는 긴급조치 제9호를 8일 해제할 방침이었다. 이에 따라 긴급조치 제9호 위반으로 복역 중인 101명의 사람들은 석방될 것으로 전해졌다.[30] 이어서 정부는 1980년 2월 29일자로 전 신민당 대통령후보 김대중 등 575명에 대해 일반복권을, 천주교 지학순(池學淳) 주교 등 112명에 대해 특별 복권조치 하는 등 모두 687명에 대해 복권조치를 내렸다.[31]

또한 최규하 대통령은 1980년 2월 18일 개헌 등 정치문제와 안보문제 등 중요 국가정책에 관한 자문을 받기 위한 국정자문회의의 자문위원으로 허정(許政), 유진오(俞鎭午), 백낙준(白樂濬), 김수환(金壽煥) 등 23명을 위촉, 이 회의를 정식으로 발족시켰다. 이는 건국 후 처음으로 원로들의 의견을

---

27) 『동아일보』 1979.12.6; 『조선일보』 1979.12.7.
28) 『동아일보』 1979.12.22.
29) 같은 신문, 1979.12.12.
30) 같은 신문, 1979.12.7.
31) 같은 신문, 1980.2.29.

국정에 반영시키려는 것이었으며, 개헌문제 자문이 당면한 가장 큰 관심사였다.[32]

그리고 신민당은 1980년 3월 15일 민주화촉진궐기대회를 열어 "조국의 민주화가 민족의 지상명령이자 역사의 도도한 흐름이며 누구도 억누를 수 없는 온 국민의 열망임을 확인하고 아직도 유신의 몽상 속에서 역사와 국민에 역행하는 어떠한 정치적 음모도 철저히 분쇄할 것"이라는 내용으로 된 6개항의 결의문을 채택했다.[33]

그리하여 10·26사태 이후 한국의 변화에 대해 외국 언론들은 박정희 대통령 서거 후 한국의 정세는 근본적으로 달라졌다고 전제 한 뒤 이 시기를 '정치 발전할 고무적 시기'라고 평했으며, 분열보다 단결로 민주성취 능력을 보이고 있다고 평하기도 했다. 예를 들어 조일신문(朝日新聞)은 "한국은 박정희 대통령 서거 후 과도기를 최규하 대통령권한 대행을 중심으로 하는 문민체제로 극복할 것 같다. 우선 현행 헌법 아래 대통령을 뽑아 그 임기 중에 유신헌법을 개정하려고 하는 방침은 격변과 혼란을 피하기 위한 선택일 것이다. 새로운 방향은 지난 10일에 발표된 최대통령 권한대행의 특별담화와 여기에 대한 여야당의 반응에서도 분명히 나타나 있다"고 평했다.[34]

그러나 1979년 12월 12일 전두환(全斗煥)을 비롯한 신군부는 박정희 대통령 시해사건과 관련하여 김재규(金載圭)의 내란 방조죄로 정승화(鄭昇和) 육군참모총장 등 5명의 장성을 연행하는 12·12사태를 일으켰다.[35] 이후 최규하 대통령은 1980년 4월 14일 전두환을 중앙정보부 부장서리와 국군보안사령부 사령관으로 겸임 발령했다. 이로써 전두환은 양대 정보기구를 장악했다. 이에 이러한 사실은 정치발전에 차질을 초래할 것이라는 비판도

---

32) 같은 신문, 1980.2.18.
33) 같은 신문, 1980.3.15.
34) 같은 신문, 1979.11.20.
35) 같은 신문, 1979.12.24.

있었다.[36] 특히 1980년 봄 학생들의 시위 및 광주민주화운동이 일어나 전두환을 비롯한 신군부세력의 권력 장악 움직임에 저항했다.

라. 제11대 대통령 선출

신군부는 광주민주화운동을 무력으로 진압하고 1980년 5월 31일 새로운 국가지배체제를 구축하는 데 5·16군사쿠데타 직후 세워진 국가재건최고회의를 토대로 국가보위비상대책위원회(이하 국보위)를 설치했으며, 이를 중심으로 정치세력을 재편하고자 했다. 국보위는 전국비상계엄 하에서 국가를 보위하기 위한 국책사항을 심의, 의결하여 대통령의 자문에 응하거나 대통령을 보좌한다는 명분으로 설치, 운영되었다.

국보위는 13개의 분과위원회가 설치된 상임위원회가 실질적인 실세 기구였으며, 전두환은 상임위원장을 맡으며 권력 인수를 명시화했다. 신군부는 "국내외 정세에 대처하여 국가안보태세를 강화하고, 국내외 경제난국의 타개에 능동적으로 대처하기 위한 합리적인 경제시책을 뒷받침하며, 사회 안정의 확보로 정치발전을 위한 내실을 다지는 한편 부정부패, 부조리 및 각종 사회악의 일소로 국가기강을 확립한다"라는 활동 목표 및 국가기강의 확립을 제시하고 이를 공표했다.[37] 그리고 정치권력의 정통성과 도덕성의 취약점을 보완하기 위해 제반 권력을 국보위 아래에 두고자 하였다.

또한 신군부는 국민들의 지지를 얻기 위해 개혁 작업을 시도했다. 즉 각 부처의 공직자 숙청, 정치활동 정화 조치, 언론 통폐합, 삼청교육대 등 초헌법적인 조처들이 국보위를 통해 이루어졌다. 이러한 개혁들은 박정희 정권 하에서 이루어진 유신이념에 따른 개혁조치들을 계승, 발전시킨 것이었다.

이러한 상황에서 최규하 대통령은 1980년 8월 16일 특별성명을 통해 "학생들의 소요와 광주사태에 대해 국정의 최고책임자로서 정치도의상의 책

---

36)『동아일보』, 1980.4.14, 1980.4.30.
37) 문화공보부,『국가보위비상대책위원회는 왜 설치되었는가』, 문화공보부, 1980, 28~29쪽.

임을 통감해 왔고, 시대적 요청에 따른 안정과 도의와 번영의 밝고 새로운 사회를 건설하는 역사적 전환기를 마련하기 위해 대국적 견지에서 임기 전에라도 사임함으로써 평화적 정권이양의 선례를 남기며, 이것이 한국정치의 발전에 기여할 수 있다고 믿기 때문에 사임한다"고 밝혔다. 최대통령의 사임에 따라 박충훈(朴忠勳) 국무총리서리가 후임대통령 선출 때까지 대통령 권한을 대행하게 됐다. 그리고 박충훈 대통령 권한대행은 특별담화문을 발표하여 국민회의를 통한 후임대통령선거를 시사했다.[38]

한편 국민회의의 이춘기(李春基) 운영위원장을 비롯한 전국의 대의원 737명은 1980년 8월 25일 전두환 국보위 상임위원장을 단독 대통령 후보로 추대했다. 이들은 추천문에서 "우리가 전장군을 제11대 대통령 후보로 추천키로 뜻을 모은 것은 오늘의 국가현실에 비추어 새 시대의 영도자로서 전장군을 옹립하여 국운을 개척하고 새 역사창조의 계기를 이룩하고자 하는 국민적인 여망과 지지에 부응하기 위한 것"이라고 밝혔다. 이들은 추천이유로 "전두환 후보는 ① 새 역사의 영도자로서 민주복지국가와 밝고 정의로운 사회, 그리고 한국의 실정에 맞는 정치풍토를 토착화시켜 중단 없는 조국근대화와 민족중흥의 대업을 계속 추진해나갈 것으로 확신되고, ② 국가의 안보를 확고히 수호하고 정통성에 입각한 조국의 평화적 통일 실현을 위해 헌신적인 노력을 다할 것을 믿어 의심치 않으며, ③ 미국을 비롯한 여러 우방과의 긴밀한 유대로써 한반도의 평화정착과 동북아의 안정 및 세계평화증진에 적극 기여함은 물론, 국제간의 원활한 경제협력확대로 인류공영에 크게 이바지할 것으로 기대되며, ④ 10·26사태로 인한 국가의 위기를 극복하고, 구국의 일념으로 안보위해요인을 제거하며, 특히 국보위 설치 이후 사회정화 및 국가기강 확립 등 대대적인 사회개혁과 과거 어느 정권도 손을 대지 못한 일대 국정쇄신을 단행하는 과정에서 과감한 결단력과 추진

---

38) 『동아일보』 1980.8.16.

력을 발휘함으로써 새 시대의 국가영도자로 국민의 부름을 받고 있고, ⑤ 청렴결백하며 투철한 국가관과 확고한 의지 및 문무겸전의 자질을 갖추어 나라의 맥락을 보전하고 새 역사창조의 대업 수행에 크게 이바지할 것"이라고 부연했다.[39]

더 나아가 전군주요지휘관들이 전두환을 대통령 후보로 추대하는 결의를 했으며, 해외 교민회(자유중국, 쿠웨이트 등)를 비롯해서 사회 각계의 지지 및 추대 움직임도 있어 전두환 위원장의 단독추천과 당선이 확실시 되었다.[40] 또한 미국의 카터(Jimmy Carter) 행정부도 한국의 이 같은 정치적 상황변화에 결코 반대하지 않기로 결정하고, 전두환이 대통령으로 추대되는 것을 지지하기로 했다고 워싱턴포스트지가 8월 17일 보도했다.[41]

그리하여 최규하 대통령은 1980년 8월 21일 특별시국성명을 발표하고 "새 지도자는 사심이 없고, 확고한 신념과 실천력을 겸비해야 할 것이며, 특히 우리나라와 같은 특수한 안보상황 하에서는 국민의 전폭적인 지지는 물론 국가보위의 주체인 군의 폭넓은 지지를 받을 수 있는 사람이어야 한다"고 강조하면서, 새 지도자에 관해 구체적인 이름을 언급하지는 않았지만 군의 지지를 비롯해서 당시 국민회의 대의원들과 각 사회단체들에 의해 추대되고 있는 전두환이 새 대통령 후보 적격자임을 분명히 했다.[42]

이후 국민회의는 1980년 8월 27일 서울 장충체육관에서 제7차 회의를 열고 단일후보인 전두환을 총 투표자 2천 5백 25명(재적 대의원 2천 5백 40명) 중 2천 5백 24표(무효 1표)로써 제11대 대통령으로 선출했다. 새로 선출되는 제11대 대통령의 임기는 당시 헌법상 박정희·최규하 전 대통령의 잔여 임기인 1984년 12월 26일까지로 되어 있으나 당시 마련 중인 개헌안이 확정

---

39) 『조선일보』 1980.8.26; 『동아일보』 1980.8.25-8.26.
40) 『조선일보』 1980.8.23, 1980.8.26.
41) 『동아일보』 1980.8.18.
42) 같은 신문, 1980.8.21.

되어 새 공화국이 출범할 때 새 대통령(제12대) 선거가 있게 되므로 그때까지만 재임한다.[43]

한편 앞으로의 개헌을 통해 국민회의의 존재가 사라질 것이 확실한 당시의 상황에서 국민회의의 진로에 대해 김종필(金鍾泌) 공화당 총재는 1980년 2월 11일 "국민회의는 국민의 지지를 얻어 통일문제를 논의하는 기능을 가지고 있는 기구이므로 어찌하든 이 유능한 능력을 통일문제에 참여시키는 것이 바람직하다"고 주장했다. 일부 유정회 의원도 "새 헌법에서 국민회의가 대통령과 국회의원을 선출하는 것을 삭제하는 것은 반대하지 않지만 국민회의를 남북대결상황 아래서 국민총의를 집약, 북괴에 대항해서 국민여론을 흡수 통합하는 기관으로 남겨두는 문제를 신중히 고려해야 한다"고 주장하기도 했다.[44]

또한 국민회의 지역회의의 대회는 대의원들의 장래 진로를 포함한 자구책 강구에 집중되었다. 심지어는 당시 추세로 보아 대의원들이 죄인시 될 사회적 여건이 조성될 가능성도 없지 않았기 때문에 '명예제대'를 희망하는 대의원들도 많았다. 그리고 차기 총선거에 입후보할 것을 희망하는 대의원들 간에 신당창당 움직임이 활발히 진행되기도 했다.[45]

이러한 상황에서 새 헌법안에 대한 찬반을 묻는 국민투표가 1980년 10월 22일 진행되었다. 그 결과 투표율 95.5%, 찬성 91.6%로 헌정사상 유례없는 최고의 찬성을 얻어 헌법개정안이 확정되었으며, 1980년 10월 27일 새 헌법인 제5공화국 헌법이 공포 발효되었다. 새 헌법이 공포 시행됨에 따라 공화당, 신민당, 통일당, 통사당 등 기존의 정당과 10대 국회는 자동 해산됐으며, 국민회의도 폐지되고 국민회의 대의원들도 자동적으로 자격을 상실하게 되었다. 그리고 국회기능은 새 국회가 구성될 때까지 국가보위입법회의

---

43) 『조선일보』 1980.8.27.-8.28; 『동아일보』 1980.8.22.
44) 『동아일보』 1980.2.11.
45) 같은 신문, 1979.12.25.

가 대행하게 되었다.[46)]

이상과 같이 국민회의에 의한 대통령 선거는 박정희 대통령 재임 시 박정희 단일후보에 대한 투표로써 대의원들의 정치적 성향이 이미 친여당계로 기울어진 상황에서 박정희 대통령의 장기집권을 위한 하나의 장식적인 선거이자 요식행위에 지나지 않았던 것이다. 또한 박정희 대통령 사후에도 유신잔당세력인 전두환을 국민회의를 통해 대통령으로 선출하여 제5공화국의 기반을 마련했던 것이다. 이로써 국민회의는 그 역사적 임무를 다하고 폐지되었다.

2) 국회의원 일부 선출
가. 제1기 유신정우회 국회의원 선출

비상국무회의는 제9대 국회의원 선출에 앞서서 1973년 2월 2일 국회법 개정안, 국회의원 수당 등에 관한 법률안, 국정감사법 폐지법안, 국회에서의 증언감정 등에 관한 법률폐지법안 등 4개조의 중요 국회관계법을 의결했다. 구체적으로 국회법 개정을 통하여 의장의 권한이 대폭 강화되었다. 즉 의장은 상임위원회 및 특별위원회 등 위원회 위원배정권, 의사일정 결정권, 의안의 본회의 직접 상정권, 관계법에 위배된 의원 발언의 취소명령권, 동일 의제에 대한 발언자 수의 제한권(2인 이내) 등을 갖게 되었다. 또한 의장은 의원이 국회법과 규칙에 위반된 행위를 징계사유로 하고, 의장은 사전 경고나 제지 없이 징계를 요구할 수 있도록 했으며, 징계에 의해 제명된 의원은 그로 인한 보궐선거에 출마할 수 없도록 했다. 정부와의 관계에 있어 이 국회개정안은 행정부를 상대로 한 대정부 질문서 제출제도를 폐지하고, 안건심사와 직접 관련된 보고와 서류는 국회나 위원회의 의결로 정부와 행정기관에 이를 이행 또는 제출하도록 요구할 수 있게 했다. 더 나

46) 같은 신문, 1980.10.23, 1980.10.27.

아가 국회운영에서 소수 야당이 여당에게 자기주장의 최종 보루로 의지하던 상임위원 선임권이 각 당 원내 총무에서 의장 권한으로 넘어갔고, 임시 국회소집요구도 야당 권한 밖으로 밀려났다. 그 뿐만 아니라 야당의 보도(寶刀) 같이 사용되던 국무위원 출석요구가 '20인 이상 서명'에서 '원(院)의 결의'로 바뀌었다.[47]

이외에도 제9대 국회는 야당견제 기능의 한계를 지니고 있었다. 즉 제도적으로 대통령에게 국회해산권이 부여되어 있고, 원내 과반수의 의석 차지가 힘들게 된 야당은 국회법상으로도 위축되어 많은 대여공세고지를 상실하게 되었던 것이다.[48] 이는 모두 야당의 권한과 기능을 축소하려는 것으로서 국회에 대한 정부의 국가적 통제였던 것이다.

이러한 국회법 개정에 이어서 1973년 2월 27일 제9대 지역구 국회의원을 선출한 결과는 전국 73개 선거구의 국회의원 정수 146명 중 민주공화당이 73석, 신민당 52석, 민주통일당 2석, 무소속이 19석을 각각 차지했다. 이러한 2·27 지역구 총선은 집권당인 공화당에서 또 다시 원내 안정 세력을 확보한 것을 의미했으며, 정부 여당으로서는 이번 총선이 단순한 국회의원 선거라기보다는 유신에 대한 국민의 반응을 재진단하는 중대한 의미를 지닌 것이었기 때문에 집권당의 2·27 승리는 정국 안정을 통한 유신체제의 구축에 자신감을 안겨준 것이 되었다.[49]

제9대 국회의원 선거는 유신헌정 아래에서 최초로 실시된 국회의원 선거로서 선거풍토를 유신하려는 첫 번째 선거였으며, 유신헌정체제의 완비를 위한 마무리 작업이었다. 즉 이번 선거로 국회가 구성되면 입법부도 정상화되어 입법·사법·행정 3부가 각각 제 기능을 갖추게 되는 것으로 유신헌정체제가 완전히 정상화되고 정비되는 의미를 지닌 것이었다. 더 나아가

47)『조선일보』 1973.2.3, 1973.3.3, 1973.3.8.;『동아일보』 1973.2.3.
48)『조선일보』 1973.3.8.
49) 같은 신문, 1973.3.1.

이번 선거는 한국적 민주주의를 정립하기 위한 가장 중요한 초석을 다지는 작업이었다. 따라서 이번 선거는 유신기반의 성패를 판가름하는 중대한 선거이자 유신선거의 전통이 세워진 선거였다.[50]

또한 선거결과 종래 선거에서 하나의 신화처럼 여겨졌던 여촌 야도 현상이 깨지고 대도시에서 여당세가 크게 진출하는 반면 농촌에서는 야당세가 크게 늘어나 표의 평준화 현상이 나타났다. 더 나아가 여당을 많이 진출시킨 국민은 시대적인 유신과업추진에 더 호응한 것으로 간주되었고, 박정희 대통령에 대한 신임과 10월 유신에 대한 지지가 전국적으로 도시, 농촌을 가릴 것 없이 평준하게 나타나고 있었다고 분석되었다.[51]

특히 국민회의에서 일괄 선출되는 73명의 국회의원을 모두 여당계로 친다면 여당은 국회의원 재적 219명의 3분의 2인 146명을 확보한 데다, 19명의 무소속 가운데 과거 공화당원이었거나, 공천을 받으려 했거나, 그 밖의 인연으로 친여당계라 할 수 있는 사람이 최소한 9명이나 됨으로써 절대 안정의석을 확보했다. 그러나 신민당은 친야당 무소속과 제휴를 해도 재적 3분의 1에 미달되어 독자적으로는 임시국회소집도 어렵게 됐다.[52]

한편 국민회의는 대통령이 일괄 추천한 국회의원 정수의 3분의 1을 선출하기 위해 1973년3월 7일 제2차 국민회의 지역회의를 개최했다. 이날 개회식에서 박정희 의장은 개회사를 통해 이번 회의는 각 도별로 개최되는 최초의 국민회의 지역회의로서 한국의 실정에 가장 알맞은 민주제도를 육성 발전시키는 데 획기적인 계기가 될 것이며, 헌법 제40조의 규정에 의하여 국회의원을 선출하는 신성한 수임주권(受任主權)의 첫 번째 행사장임을 강

---

50) 편집실, 「제9대 국회의원 선거결과 분석」, 『제주시』 23, 1973.7, 24쪽, 26쪽.
51) 편집실, 「제9대 국회의원 선거결과 분석」, 앞의 잡지, 31쪽; 김승만, 「227총선에 나타난 국민의 주권의식」, 『통일생활』 1973.4, 36쪽.
52) 『중앙일보』 1973.3.1; 『동아일보』 1973.3.1.

조했다. 그리고 이 지역회의는 민주주의를 빙자한 낭비와 파쟁, 그리고 비능률이 다시는 우리의 주변에서 횡포를 부리지 못하도록 하자는 것으로 능률을 극대화하고, 국력배양을 가속화하는 데 적극 이바지하는 유신적 헌정질서 확립과 한국적 민주주의의 뿌리를 확고히 내릴 수 있는 커다란 전기가 될 것이라고 의미를 부여했다. 더 나아가 이 지역회의는 대의원들이 그들과 함께 유신과업 수행에 있어서 호흡을 같이하고, 유신이념을 의정단상에서 구현시킬 정치적 동지이자 유신의 동지인 국회의원들을 선출하는 장임을 밝혔다.[53]

그리고 1973년 3월 7일 지역별로 개최된 제2차 국민회의는 대통령이 추천한 73명의 국회의원 후보와 14명의 예비후보를 포함하여 87명에 대해 찬반투표를 실시해 이를 그대로 선출함으로서 제9대 국회를 구성했다. 즉 재적 대의원 2천 359명 중 5명이 결석하여 출석 대의원 2,354명 중 찬성 2천 2백 51표, 반대 82표, 무효 21표로 박정희 대통령의 추천을 95.63%로 찬성하고 이들에 대한 당선이 결정되었다.[54] 이는 대통령에 대한 전폭적인 신임의 표현이었다.[55]

지역별 표결상황을 표로 나타내면 다음과 같다.[56]

지역	재적	출석	찬성	반대	무효
서울	303	301	299	2	0
부산	104	103	95	7	1
경기	280	280	274	4	2

---

53) 「제2차 통일주체국민회의 지역회의 개회식 개회사」, 『국민회의보』 창간호, 통일주체국민회의 사무처, 1973.

54) 『조선일보』 1973.3.8; 『동아일보』 1973.3.7; 박경원(통일주체국민회의 사무총장), 「유신이념 구현을 위한 대의원의 활동」, 앞의 잡지, 52쪽.

55) 이명영, 「국민회의 3년의 총괄적 평가」, 『국민회의보』 12, 통일주체국민회의 사무처, 1975, 34쪽.

56) 『조선일보』 1973.3.8.

강원	145	145	135	10	0
충북	127	127	125	2	0
충남	231	231	226	5	0
전북	200	200	187	10	3
전남	312	311	297	11	3
경북	354	353	335	13	5
경남	278	278	253	18	7
제주	25	25	25	0	0
계	2,359	2,354	2,251	82	21

국민회의 선출 케이스 국회의원은 대통령의 추천이 필수요건이고, 선출 방법이 후보자 명단 전체에 대한 찬반투표인만큼 대통령의 추천이 사실상 국회의원 당선을 의미하는 것이었다. 따라서 국민회의에 의한 국회의원 선거 역시 하나의 요식행위나 다름이 없었다. 이는 대통령의 고유 권한이므로 여당인 공화당에서도 후보추천을 대통령에게 건의하지만, 야당도 대통령에게 야당인사를 포함시키도록 건의할 수 있다고는 했다. 그러나 실제로 야당 인사가 여기에 포함될지 여부는 관심사였다.[57]

김성진(金聖鎭) 청와대 대변인이 밝힌 박정희 대통령의 추천 후보자의 선정기준은 범국민적 차원에서 여야를 초월하여 선정했고, 유신이념을 성실히 구현할 수 있고, 국가관이 투철하고 국력배양에 기여할 수 있는 각계각층의 직능대표, 각 분야별 전문지식을 대의정치에 생산적으로 활용할 수 있는 신진기예의 중견인사, 농촌개발과 지역사회 발전에 모범이 되는 새마을 지도자, 국민교육에 헌신한 교육계 지도자, 성실하고 능력 있는 각급 여성 지도자 등이라고 했다. 이들 후보 명단에서 눈에 띄는 것은 73명 중 전직의원이 22명뿐으로 전체의 30.1%에 불과한 대신 이제까지 정계와 무관하던 학계, 교육계, 예비역 장성, 언론계, 그리고 새마을지도자들이 상당수 등

---

57) 『동아일보』 1973.3.2.

장했다는 사실이다. 그리고 전직 의원 22명 중 8대 의원이 17명인데 그 가운데서도 지난 번 지역구 공천에서 탈락됐던 구태회(具泰會), 민병권(閔丙權), 김진만(金振晚), 현오봉(玄梧鳳), 김재순(金在淳) 등 당중진들이 다시 기용됐다는 점과 전 신민당 의원인 김용성(金龍星), 함종찬(咸鍾贊)이 포함되어 있었다. 지역구 공천에서 탈락된 공화당 중진의원들을 다시 기용한 것은 공화당 창당 초부터 쌓아온 과거 경험을 유신과업에 기여할 수 있게 하기 위한 것으로 설명되었다. 또한 야당 후보가 단지 2명이라는 사실은 사실상 여야를 초월한다는 명분에 따라 구색 맞추기에 불과한 것이었다. 두 사람의 추천에 대해 정부 여당 측에서는 야당 주장을 받아들여 초당파적으로 인선하려는 대통령의 의지가 담겨진 것이라고 해석했으나 야당 측의 주장은 달랐다. 두 사람의 추천은 야당과는 아무런 관계가 없다는 것이었다. 신민당은 두 사람이 2·27선거 후보공천에서 낙천되자 탈당한 사람이기 때문에 이들은 당과는 전혀 무관하며, 따라서 아는 바가 없다고 잘라 말했다. 실제로 국회의원이 된 후, 이 두 사람의 정치적 행각은 야당과는 전혀 관련이 없는 것이었다.[58]

직능별로 보면 김종필 국무총리, 백두진(白斗鎭) 전국회의장을 비롯해서 공화당 지역구 공천에서 낙천됐던 당무위원 전원 및 공화당 소속 8대의원, 사무국 간부 등 정계인사가 20명으로 가장 많고, 그밖에 학계 7명, 교육계 3명, 언론계 7명, 전·현직 공무원 16명, 예비역 장성 8명, 여성계 8명, 기타 사회 각계 인사들 4명이 광범하게 망라되었다. 학계에선 유신헌법의 산파역을 맡은 것으로 알려진 한태연(韓泰淵; 한국헌법학회 회장)과 갈봉근(중앙대 교수), 강문용(康文用; 성대 교수), 구범모(具範謨; 서울대 교수), 김명회(金明會; 연대 학장), 김태규(金兌奎; 전남대 교수), 오주환(吳周煥; 고려대 교수) 등 거의가 공법 내지 정치학 학자들이 정계로 진출했다.[59]

---

58) 『조선일보』 1973.3.6; 『동아일보』 1973.3.5; 『중앙일보』 1973.3.5; 이상우, 「유정회와 유신정치」, 『신동아』 1986.4, 315~316쪽.

이들 73명의 후보 중에는 정치에 경험 있는 인사가 27%정도이며, 나머지
는 정치 초년생들이었다. 이들 정치신인들이 대거 등장하여 앞으로 '정치유
신'에 주력 구실을 하게 될 것으로 보았다. 이들 73명과 지역구 출신 의원들
이 이원병립체제를 이룬 가운데 제9대 국회가 운영되는데, 이들 국민회의
선출 의원의 선정이 바로 '정치유신'의 일차적 포석이라는 점에서 그 의의
를 두었다.[60] 특히 국민회의에 의한 국회의원 선거는 정치적 측면에서의
유신을 완수하기 위한 1차적 체제정비작업의 성격을 띤 것이었다.[61]

국민회의 선출 의원의 연령별 분포를 보면 30대가 4명으로 전체의 5.5%,
40대가 35명으로 48%, 50대가 25명으로 34.2%, 60대가 9명으로 12.3%이다.
장년기인 40,50대가 전체의 82.2%나 차지하게 된 것은 이들 후보자 대부분
이 각계의 중견급으로 충당되었음을 반증하는 것이기도 했다. 학력 분포는
정규대학 졸업자가 73명 중 46명에 63.0%로 가장 많았다.[62]

한편 정부 여당은 1973년 3월 8일 제9대 국회의장에 정일권 전 공화당 의
장을 내정하는 한편 원내여당을 이원적으로 운영하기로 결정하고, 국민회
의에서 선출된 73명의 의원으로 공화당과는 별도의 유정회를 구성하기로
했다. 이에 따라 국민회의 선출의원 73명 가운데 공화당 당적을 가진 29명
은 이 날짜로 탈당서를 제출했다. 이로써 원내 제1교섭단체가 된 유정회 회
장에는 백두진 전국회의장이 내정됐다.[63]

이처럼 국민회의 선출의원은 주권제약의 또 다른 측면으로 대통령을 간
선으로 하는데다가 국회의원 3분의 1을 간선 대통령이 지명하는 이중 간선
을 도입한 것이다.[64]

---

59) 『조선일보』 1973.3.6; 『동아일보』 1973.3.5; 『중앙일보』 1973.3.5.

60) 『동아일보』 1973.3.6.

61) 갈봉근, 『통일주체국민회의론』, 한국헌법학회출판부, 119쪽.

62) 『조선일보』 1973.3.6; 『동아일보』 1973.3.6.

63) 『조선일보』 1973.3.9; 국민회의8년개관편찬위원회, 『국민회의 8년 개관』, 427쪽.

64) 박명림, 「박정희 시기의 헌법 정신과 내용의 해석」, 앞의 잡지, 111쪽.

이로써 국회는 유정회 73, 공화당 71, 신민당 52, 무소속 21, 통일당 2석으로 구성되어 정당이 아닌 교섭단체가 제1의석을 갖게 되었다. 이러한 의석 분포로 인해 이제부터는 종전과 같은 정당 중심의 국회운영은 지양될 것으로 보았으며, 이제까지 10년 집권해온 공화당과 전통야당인 신민당이 중심이 되어 운영되어오던 국회는 유정회를 원내 제1세력으로 하여 주도적인 견인차 역할을 하고, 유일무이한 집권당이었던 공화당은 원내 제2세력으로 격하됨으로써 새로운 바탕, 새로운 패턴으로 운영될 것이었다.[65]

유정회는 기존의 정당제도의 취약성을 시정, 보완한다는 데 그 존립근거가 있었으며, 박정희 대통령의 지도이념을 입법활동에 구현함으로써 유신 헌정체제의 수호 및 발전을 위한 원내 전위대 내지 박정희 대통령의 강력한 원내 친위세력이라는 정치적 성격을 담당했다. 이러한 성격은 유정회가 박정희 대통령의 추천으로 원내에 들어간 국회의원들의 집단이라는 단순한 사실 외에 발기인회가 청와대에서 박정희 대통령의 참석 아래 이루어졌으며, 이 자리에서 회장지명을 받은 백두진 의원이 "명문화해서 밝히지 않더라도 유정회의 총재는 박대통령"이라고 지휘계통을 분명히 한 점에서 이미 엿볼 수 있었다. 더 나아가 이러한 유정회의 성격은 1973년 3월 10일 채택된 규약에서도 한층 뚜렷이 나타났다. 유정회는 규약에 규정된 데로 "10월 유신이념을 의회정치에 구현함으로써 한국적 민주주의의 건전한 발전에 기여한다"는 목적 아래 강력한 영향력을 발휘할 것으로 기대되었다. 더구나 박정희 대통령은 유정회의 정책위원회 부의장인 구태회 의원을 무임소 장관에 임명하여 역시 무임소 장관을 겸하게 된 공화당의 정책연구실장과 함께 행정부와의 채널을 열어주는 한편(따라서 당정협의회에도 유정회, 공화당이 함께 참여하게 된다) 국회부의장 1석과 13개 상임위원장직 가운데 외무, 국방, 보사, 교통체신의 4개를 유정회에 넘겨줌으로써 원내 발판을

---

65) 『조선일보』 1973.3.9; 『동아일보』 1973.3.9.

뒷받침하고 있었다. 이리하여 유정회의 기능 중 중요한 것은 유신이념을 원내외 활동에서 국정에 반영하는 것이고, 또한 국정의 반유신적 경향을 견제하는 유신헌정의 원내 보루로서 기능하는 것이었다.[66]

특히 학원가를 중심으로 종교계 및 재야세력 등에서 1973년부터 1975년 인지사태가 발생하기 까지 반유신체제 저항운동이 거세게 전개되고,[67] 재야인사들의 시국간담회와 종교계 일각으로부터 개헌요구가 대두된 이후 정부가 유신체제에 대한 도전은 용납할 수 없다는 태도를 밝힌 것을 계기로 여야 간에 체제와 반체제의 정의를 중심으로 새로운 체제논쟁이 일기 시작했다. 이에 김종필 국무총리가 1973년 12월 19일 경제4개 단체 간담회에서 "사회불안을 조성하기 위해 체제에 정면으로 도전하는 선동적 언행은 용납할 수 없다"고 역설한 데 이어, 유정회는 20일 의원총회를 열고 결의문을 채택하여 정부의 입장을 뒷받침했다. 유정회는 결의문을 통해 "최근 사회 일각에서 일어나고 있는 유신체제에 대한 비판의 소리와 움직임을 중요시하며 이것이 만약 반체제적인 의도나 목적에서 계속된다면 좌시할 수 없을 것"이라고 밝히고, ① 유신과업의 성취만이 민족사가 요청하는 최대의 사명이며, ② 유신과업 달성을 저해하는 어떤 도전도 배격한다는 등 5개항의 결의사항을 채택했다.[68]

또한 1974년 12월 21일 공화당과 유정회 소속 의원들은 사흘 동안의 합동 세미나를 마치고 현 시국에 관한 5개항의 결의문을 채택했다. 여기에서 이들은 "신민당은 막중한 안보상 또는 경제적 난제의 해결은 아랑곳없이 북괴의 남침이 없을 것이라는 등 오직 정권욕에만 광분하는 저차원적 도당의

---

66) 『조선일보』 1973.3.11; 「유신정우회」, 『한국민족문화대백과사전』 17, 한국정신문화연구원, 1995; 유신정우회사 편찬위원회, 『유신정우회사』, 113쪽; 「그때 그 헌법, 한 사람을 노래했네」, 앞의 잡지, 81쪽; 유정회 규약의 구체적인 내용은 유신정우회사 편찬위원회, 같은 책, 103~107쪽 참고.
67) 이에 대한 구체적인 내용은 김행선, 앞의 책, 168~202쪽 참고.
68) 『동아일보』 1973.12.21.

마각을 드러냈으며, 그들이 국체와 헌법을 부정하고 파괴까지 시도함으로 써 역사발전에 역행한 것은 망국적인 난동으로서 온 국민과 더불어 이를 규탄하지 않을 수 없다"고 주장했다. 그리고 이들은 "오늘의 번영을 주도한 박정희 대통령의 지도이념을 강력히 뒷받침할 것을 재확인하고, 강력하고 안정된 유신체제의 정착을 위한 유신적 기율확립을 다짐한다"고 밝히고, "헌정의 테두리를 벗어나 비판과 반대라는 미명 아래 자행되는 일체의 언 행은 반국가적 만행"이라고 규탄했다.[69]

요컨대 유정회는 유신체제만이 한국적 상황을 풀어나가는 유일한 방법 이라는 대명제를 신봉했고, 또 이 논리에서 그 존재의의를 추구했으며, 이 논리를 앞장서 실천했다. 유정회는 이런 바탕 위에서 이른바 유신국회상의 정립을 주도하는가 하면, 나름대로의 정책활동을 통해 국력의 조직화, 총화 단결, 경제건설이라는 유신이념에 충실했다.[70] 즉 유정회는 유신체제를 유 지, 발전시키는 데 필요한 안정 세력이며, 특히 유신국회를 확립하는 데 있 어 핵심집단이었다. 더 나아가 유정회는 박정희의 통치이념과 그의 영구집 권을 보증하는 유신체제수호의 전위조직이었다.

한편 유정회는 의원총회를 최고기관으로 하고 정책위원회, 12개 분과위 원회, 원내총무, 대변인, 행정실 등의 집행부를 둠으로써 사실상 조직과 훈 련기능만 제외된 정당과 맞먹는 기구를 갖추었다. 회장이 의장을 겸하게 되는 정책위원회는 의장, 부의장, 소속국회부의장 및 무임소장관, 원내총 무, 대변인, 산하 12개 분과위원회 위원장, 정책연구실장과 기타 회장이 지 명하는 회원으로 구성되며, 회무에 관한 중요사항을 심의 결정한다. 분과위 원회는 법제사법위원회, 외무위원회, 내무위원회, 재무위원회, 경과위원회, 국방위원회, 문공위원회, 농수산위원회, 상공위원회, 보사위원회, 교체(交 遞)위원회, 건설위원회로 구성되며, 각 분과위원회 마다 위원장 1명과 간사

---

69) 『조선일보』 1974.12.22.
70) 『서울신문』 1980.3.10.

1명을 두고, 소속 위원은 국회의 같은 상임위원회로 소속토록 했다.[71]

규약상 유정회 요직은 모두 백두진 회장이 임명하도록 되어 있어 백회장
이 박대통령의 지명을 받아 선출되었다는 점을 생각하면 인적구성의 뚜렷
한 직선을 느낄 수 있었다. 이처럼 유정회는 유신체제와 유신이념을 정착
시키는 데 큰 역할을 하며, 박정희 1인의 입법부 장악을 위해 만들어진 것
이었다. 유정회 의원의 임기는 3년으로, 3년마다 1번씩 개편을 거듭하여
1980년 10월 27일 제3기까지 존속했다.[72]

나. 제2기 유신정우회 국회의원 선출

한편 제1기 유정회 국회의원의 임기가 만료됨에 따라 제2기 유정회 국회
의원 후보 73명과 예비후보 5명 등 78명의 후보자 명단이 1976년 2월 14일
발표됐다. 이들 인선기준에 대하여 청와대 임방현(林芳鉉) 대변인은 "유신
과업을 더욱 효율적으로 추진해나가기 위해 국민총화와 능률적이며 생산
적인 국회운영에 적극적으로 기여할 수 있는 인물이 선정된 것으로 안다"
고 말했다. 이 같은 인선기준을 보면 유신이념의 홍보와 국민교육에 역점
을 두고 있음을 발견할 수 있다. 박정희 대통령의 연두순시에서 강조한 '정
신무장'과 '유신이념의 교육'이라는 뚜렷한 원칙이 유정회 제2기 의원의 선
출기준에 강력히 투영된 것이었다.[73]

그리하여 제2기 유정회 소속 국회의원을 선거하기 위한 제3차 국민회의
가 1976년 2월 16일 각 시·도별로 일제히 개회되고, 헌법 제40조의 규정에
의하여 박정희 대통령이 추천한 국회의원 후보자 73인과 예비후보자 5인에

---

71) 『중앙일보』 1973.3.10; 「유신정우회」, 『한국민족문화대백과사전』 17; 유신정우회사 편찬
   위원회, 『유신정우회사』, 113쪽; 「그때 그 헌법, 한 사람을 노래했네」, 앞의 잡지, 81쪽.
72) 『조선일보』 1976.2.17; 「유신정우회」, 『한국민족문화대백과사전』 17; 유신정우회사 편찬
   위원회, 『유신정우회사』, 113쪽; 「그때 그 헌법, 한 사람을 노래했네」, 앞의 잡지, 81쪽.
73) 『동아일보』 1976.2.14.

대하여 투표했다. 재적대의원 과반수의 출석과 출석대의원 과반수의 찬성
으로 가부를 결정했다. 그 결과 재적대의원 2,303명 중 14명이 와병 등으로
불참하고 2,289명이 참석하여 투표한 결과 찬성 2,274표, 반대 8표, 무효 7표
로서 99.4%라는 절대적 찬성률로써 후보자 73인과 예비후보자 5인을 확정
했다.74)

표결결과는 문자 그대로 압도적 찬성이었다. 이는 제1기 때의 찬성률
95.6%보다 3.8%나 더 많은 찬성률이었다. 이처럼 압도적 찬성으로 표결결
과가 나타났다는 것은 10월 유신 이후 전국 각지에서 10월 유신의 기수로
서 유신이념의 정착에 헌신해 온 국민회의 대의원이 3년 동안의 경험을 통
해 얻은 행동철학인 총화단결을 실증한 것이며, 또한 10월 유신의 이념적인
동지요 실천적인 반려자를 추천해 준 박정희 대통령에 대한 전폭적인 지지
를 실증한 것이기도 했다.75)

또 한편 이해원(李海元) 공화당 대변인은 1976년 2월 16일 국민회의가 73명
의 제2기 유정회 국회의원 선출을 마친데 대해 "전원일치에 가까운 찬성은
유신한국의 창조를 위한 국민적 단합의 과시"라고 논평했다. 그리고 이대
변인은 "총화단결과 안정을 통한 국력배양이 어느 때보다도 요구되고 있는
이때, 각 분야에서 유신한국의 기틀을 공고히 하는 데 막중한 기여를 해온
유정회 의원들이 앞으로 지난날의 경험을 토대로 유신이념 실천과 유신과
업 수행에 선도적 역할을 다해줄 것을 국민과 함께 기대한다"고 덧붙였
다.76)

이는 곧 유신헌정의 기틀을 다시금 굳건히 다지고, 유신조국을 창조해
나가고자 하는 대의원들의 총화 단결된 모습을 실증함으로써 전 국민에게

74) 『동아일보』 1976.2.12; 갈봉근, 『통일주체국민회의론』, 한국헌법학회출판부, 1978, 120쪽.
75) 김광섭, 「제2기 유정회의 출범에 기대한다」, 『국민회의보』 13, 통일주체국민회의 사무처, 1976, 64쪽.
76) 『조선일보』 1976.2.17.

자신과 용기, 그리고 신념을 더욱 깊게 불어넣어 주고자 했던 것이다.[77)]
지역별 표결내용은 다음의 표와 같다.[78)]

지역	대의원수	출석	찬성	반대	무효
서울	292	289	287	0	2
부산	101	101	99	1	1
경기	272	270	269	0	1
강원	143	142	142		
충북	122	122	122		
충남	222	221	219	0	2
전북	198	196	196		
전남	305	303	301	2	
경북	350	349	348	1	
경남	274	272	267	4	1
제주	24	24	24		
계	2,303	2,289	2,274	8	7

　　국민회의 의장인 박정희 대통령은 1976년 2월 16일 제3차 국민회의 지역회의에 보낸 개회사를 통해 "조국의 평화적 통일은 우리 5천만 겨레의 지상명제인 동시에 유신헌정의 최고지표"라고 말하고, "10월 유신의 기치 아래 뭉쳐 자주·자립·자위의 총력체제를 구축, 오늘의 이 난국을 기어코 극복하자"고 강조했다. 박대통령은 "헌법 40조의 규정에 따라 앞으로 계속 유신헌정의 확립을 위해 적극적으로 헌신할 국회의원 후보를 범국민적 차원에서 각계각층의 직능을 대표하는 인사들로 선정하여 이 회의에 일괄 추천한다"고 말하고, "이들을 다 같은 10월 유신의 이념적 동지요 실천적인 반려자로써 기꺼이 맞이해줄 것을 믿는바"라고 말했다.[79)]

77) 고재철, 「국민적 총화의 결정」, 『국민회의보』 13, 통일주체국민회의 사무처, 1976, 46쪽.
78) 『조선일보』 1976.2.17.
79) 『동아일보』 1976.2.16; 『조선일보』 1976.2.17.

또한 박정희 대통령은 "이 기간 동안에 그간의 성과를 바탕으로 우리가 국력배양을 더욱 가속화하여 80년대 초에 근대적인 산업국가로 도약할 수 있는 기반을 달성해야 한다"고 말하고, "북한 공산집단은 우리가 그들보다도 월등한 국력을 확보하기 전에 무력적화통일의 마지막 기회를 초조히 붙잡아보려고 최후 발악적인 불장난을 일으킬 가능성이 크다"고 말했다. 그리고 박대통령은 "지난 3년간의 절실한 경험을 통해 현 체제가 압도적 다수 국민이 염원하는 참다운 구국의 길이요, 우리 실정에 가장 알맞은 민주제도라는 것이 현실적으로 명백하게 입증됐다"고 말하고, "앞으로도 이를 더욱 알뜰히 유지 발전시켜 나가야 하겠다"고 말했다.[80]

한편 1976년 2월 14일 발표된 국회의원 후보자 73명은 국회의원 정수의 3분의 1인 위압적인 수다. 바로 이러한 국회 제1의 교섭단체 구성을 둘러싸고 그 구성문제에 관심이 쏠리는 것은 당연하다. 그래서 교체된 새 의원의 인선기준과 특징, 탈락의원과 그 이유, 그리고 유정회 제2기 유정회 의원의 선출 후의 국회 내 역학관계 등에 갖가지 견해가 대두되고 있지만, 다만 분명한 것은 정치무색의 실무적 인물들이 대거 진출했다는 점이었다.[81]

제2기 유정회 의원은 유정회 1기 의원 가운데서 재추천된 50명과 각계에서 새로 추천된 23명으로 구성되었다. 탈락된 23명의 유정회 1기 의원 중에는 6선에 국회부의장인 김진만과 국회보사위원장 김봉환(金鳳煥), 그리고 김재순 등 3명의 구정치인이 포함됐고, 김종필 전 국무총리와 백두진 유정회 회장은 재추천됐다.[82]

탈락자는 정계 5명, 공무원 출신 4명, 교육·여성계 3명씩, 학계·언론·예비역 장성·사회 각계 출신이 각각 2명씩으로, 정계가 제일 많고, 야당 케이스로 들어간 2명 중 1명인 함종찬 의원이 탈락했다. 이는 박정희 대통

---

80) 『동아일보』 1976.2.16.
81) 같은 신문, 1976.2.14.
82) 같은 신문, 1976.2.14.

령이 이미 국내정치를 위한 순화 및 조정의 필요성을 인정하지 않은 결과
라고도 볼 수 있었다. "다만 갈아야 할 이유나 문제가 있는 사람이 있다면
갈겠다"는 박정희 대통령의 원칙이 적용되어 서정쇄신과 평소의 처신에 관
련된 잡음, 노령, 병약, 무능, 교체의 경우에 해당되는 의원들이 탈락대열에
끼게 됐다. 그러나 이들 탈락자의 공통적인 현상은 유신체제지지 및 홍보
에 대한 적극성의 결여라는 점에 있었다.[83]

또한 새로 추천된 인사에는 실력자나 거물급 정치인들은 없으나 학계 6명,
정계, 공무원, 예비역 장성이 각각 4명, 언론, 교육, 여성계가 각 1명 그리고
사회 각계가 2명으로 각계의 중견지도급 인사들이 다수 추천됐다. 특히 이
번 인선에는 교수출신이 압도적으로 많았으며, 신상초(申相超), 이정식(李
廷植), 이성근(李聖根), 백영훈(白永勳), 이승윤(李承潤) 등 사회과학 전공의
대학교수들이 6명이나 대거 진출하여 포함됐다. 전직 장관으로는 청와대
대변인을 거쳐 문공부 장관을 지낸 윤위영(尹胄榮), 신범식(申範植) 등이
추천됐고, 예비역 장성으로는 이종찬(李鍾贊), 현직 대사로는 박찬현(朴瓚
鉉) 주 인도 대사, 김동성(金東晟) 주 아르헨티나 대사, 김성용(金星鏞) 전
주 말레이시아 대사 등 3명이 포함됐으며, 정일영(鄭一永) 외교연구원장 등
이 대거 발탁됐다.[84]

학계, 대사, 전직 장관 등을 비롯해서 각계 인사 대부분이 50대의 활동적
인 세대이며, 사회에 잘 알려진 인물이었다. 또한 그들은 각 분야에서 중견
의 위치를 차지한 능력 있는 인사들이라는 점으로 미루어보아 이들의 참여
가 유정회의 비중을 높이는 데 기여할 것으로 전망했다. 이들은 유신체제
의 홍보에 큰 역할을 해왔거나 이론적으로 발전시키는 데 공헌이 크고, 반
공제도 활동에 일익을 담당해온 인사들이 대부분이었다. 이들은 말솜씨가
능숙한 것이 특징이며, 윤위영, 신범식 두 전직 장관도 모두 '정부의 입'을

---

83) 『동아일보』 1976.2.14; 『조선일보』 1976.2.15.
84) 『동아일보』 1976.2.14; 『조선일보』 1976.2.15.

지냈다.[85]

또한 사회 각계 인사로는 전국체신노조위원장인 권중동(權重東)이 최용수(崔龍洙) 대신 들어갔으며, 반공연맹사무총장인 김세배(金世培)가 포함되어 반공을 강조하는 당시 시점과 무관하지 않았다. 그리고 윤여훈(尹汝訓) 대한적십자사섭외부장 등 각계 직능대표가 고루 망라됐다.[86] 예비후보는 지난 제1기 때와는 달리 5명으로 줄었고, 새로 추천된 예비후보는 공화당 훈련원 교수인 변우량(邊禹亮) 뿐이고, 나머지 4명은 제1기 때의 예비후보들이다.[87]

그리하여 제2기 유정회는 정계가 28.8%인 21명, 전·현직 공무원이 16.4%인 12명, 교육계가 1.4%인 1명이며, 사회 각계 인사가 8.2%인 6명으로 제1기와 대차가 없으나, 학계 인사가 7명에서 15%인 11명으로, 예비역 장성이 8명에서 13.7%인 10명으로 늘어난 점이 이색적이라고 할 수 있다. 특히 14명의 예비후보를 추천했던 지난 1973년 3월과는 달리 이번에는 단 5명만을 추천한 것이 특징을 이루었다.[88]

이러한 명단의 두드러진 특징은 전·현직 대사 등 외교관, 전직 관료, 그리고 학계 인사들의 대거 진출이라는 사실이다. 무엇보다도 주목을 끄는 대목은 유신체제 등 정치적인 문제나 새마을운동에 대해 평소 활자나 전파매체를 통해 유신의 합리성을 역설해 온 학자들이 대거 새롭게 추천 발탁됐다는 사실이다.[89]

이로써 박정희 대통령의 제2기 유정회에 대한 기대는 보다 효율적인 국내외 홍보가 아닌가 전망했다. 즉 철저한 '유신홍보전사'로서 국내로는 유

---

85) 『동아일보』 1976.2.14.
86) 『동아일보』 1976.2.14; 『조선일보』 1976.2.15.
87) 『조선일보』 1976.2.15.
88) 『동아일보』 1976.2.14.
89) 『동아일보』 1976.2.14; 『조선일보』 1976.2.15.

신체제를 토착화시키고, 대외적으로는 유정회만이 갖고 있는 실력을 토대로 대외홍보 및 의회외교에 주력해갈 것으로 전망했다.[90]

제2기 유정회 의원후보를 연령별로 보면 36~40세가 6.8%인 5명, 41~45세가 17.8%인 13명, 46~50세가 26%인 19명, 51~55세가 28.8%인 21명, 56~60세가 13.7%인 10명, 61~65세가 4.1%인 3명, 66~70세, 그리고 71세 이상이 각각 1.4%인 1명씩을 차지하고 있어 반생의 체험과 지식을 바탕으로 정력적으로 일할 수 있는 40대 후반과 50대 초반이 전체의 절반이 넘는 40명으로 되어 있었다.[91]

이상과 같이 제3차 국민회의에서 행한 국회의원 선거는 단순히 국회의원 정수의 3분의 1을 선출했다는 사실 자체보다는 박정희 대통령에 대한 전 국민적 신뢰도를 실증하고, 국가영도자를 중심으로 유신조국의 새 역사를 창조하기 위한 전 국민의 총화 단결된 모습을 내외에 거듭 과시했다는 데 의의가 있다고 주장되었다.[92]

요컨대 제2기 유정회 국회의원은 사회 각 분야에서 유신한국의 기틀을 공고히 하고, 유신체제의 홍보에 큰 역할을 해 왔거나 이론적으로 발전시키는 데 공헌해 온 사람들로 구성되었고, 앞으로도 계속 유신과업을 더욱 효율적으로 추진해 나가고, 계속 유신헌정의 확립을 위해 적극적으로 헌신할 사람들로 채워졌다.

다. 제3기 유신정우회 국회의원 선출

한편 제10대 국회의원 총선거가 1978년 12월 12일에 진행되었다. 이는 유신체제 아래 치러진 두 번째 선거로서, 비록 독재정권 아래 이루어진 선거였지만 대한민국 수립 이후 정기적으로 치러진 선거였다는 점에서 민주주

---

90) 『조선일보』 1976.2.15.
91) 『동아일보』 1976.2.14.
92) 갈봉근, 『통일주체국민회의론』, 한국헌법학회출판부, 1978, 120쪽.

의의 보이지 않는 힘이 작용한 선거라는 점은 부정하기 어려운 것이었다.[93] 그 결과 의석은 공화당 68석, 신민당 61석, 통일당 3석, 무소속 22석으로 공화당이 우세한 가운데 신민당과의 분점상태를 나타냈다. 그러나 공화당은 9대 초의 73석보다 5석이 줄어든 대신, 신민당은 52석에서 9석이 늘어나 공화 퇴조, 신민 강세의 판도를 보였다. 특히 공화당은 전체 득표율이 32%로서, 신민당의 34%에 2%나 뒤졌다. 공화당이 제2당의 득표율에 미치지 못한 것은 이번이 처음이며, 이는 정부 여당 전체에 대한 신임도와 관련지어질 수 있는 것이어서 주목되었다. 공화당은 서울과 부산에서 고전한 반면 신민당은 완승을 거두는 호조를 보여 한때 퇴조하는 듯한 '여촌 야도' 현상을 다시 보였다. 즉 유권자들의 여당에 대한 지지가 감소되고, 야당에 대한 지지가 증가했다는 사실이다.[94]

특히 10대 국회의원 선거에서는 투표자들이 국회가 공화당과 유정회 의원들에 의해 무비판적으로 움직여지고 있다는 사실에 불만을 품고 있었으며, 재직의원들에 대한 불신을 표출하여 새로운 인물을 찾고 있었다.[95] 그리하여 제10대 국회의원 선거의 특징으로는 유효득표 면에서 야당이 여당보다 앞섰고, 무소속 후보가 대거 출마하여 정당보다는 인물, 지역감정 등이 크게 작용하였으며, 여야 중진을 포함한 현역의원이 30명이나 낙선되었다.[96]

연령별로는 50대가 118명으로 가장 많았고, 40대가 82명, 60대 이상이 21명, 30대 의원이 10명이었다. 제10대 국회의원의 학력은 대학교 졸업이 115명으로 가장 많았고, 대학원 졸업자가 99명, 대학교 중퇴가 2명, 전문대학교 졸

93) C. I. Eugene Kim, 「SIGNIFICANCE OF KOREA'S 10th NATIONAL ASSEMBLY ELECTION」, 『Asian Survey』 may 1979, vol XIX, number 5, University of California Press, P,523.
94) 『동아일보』 1978.12.13; 『조선일보』 1978.12.14.
95) C. I. Eugene Kim, Op.cit, P,529.
96) 대한민국 국회, 『대한민국 국회 60년사』, 국회사무처, 2008, 475쪽.

업이 7명, 고등학교 졸업이 6명, 기타 2명이었다. 여성 국회의원은 총 8명으로 1명이 지역구에서, 나머지 7명의 여성의원들은 전국구 의원으로 당선되었다.[97]

또한 투표율이 77.1%로 9대 때의 72.9%보다 4.2% 많은 것은 예상보다 총선에 대한 유권자들의 관심이 높았다는 것을 말해주는 것이었다. 특히 서울의 경우에는 9대 때의 62.0%보다 6% 이상 많은 68.1%를 나타냄으로써 정치일반에 대해 높은 관심을 보였다. 그리고 개표결과 두드러진 특징은 유권자들이 양당정치를 강력히 지지하고 있으며, 제3당이나 대거 출마한 무소속후보에 대해 상대적으로 냉담했다는 사실이다. 더 나아가 과거에는 대도시에서는 야당이 우세하고 지방에서는 여당이 우세했는데, 이번 10대 총선에서는 야당이 지방에서도 지역에 따라 우세하여 종래와 같은 소위 '여촌야도'의 경향이 현저하게 변한 사실을 보여주었다. 이러한 경향은 그동안의 국토개발과 텔레비전 등의 보급 확대로 지방의 정치의식이 상당히 변하고 있다는 사실을 말해주는 것이었다.[98]

특히 선거가 4년이 아닌 6년만의 선거라서 유권자들이 투표권을 행사해보고 싶은 정치적 욕구가 높았기 때문으로 보기도 했다. 국민들은 6년간은 너무 지루하고 4년마다 총선을 치르는 것이 좋다는 반응을 보이기도 했다. 그리하여 어느 유권자는 "선거를 통해 다듬어지는 민주주의가 6년의 세월 속에 묻힐 염려가 많다"면서, "4년제 선거를 통해 우리 주권이 보장된다는 사실을 정부와 국민들이 인식해야 할 것"이라고 말했다.[99] 그 결과 유권자들은 여당인 공화당에 대해 견제기능을 기대하면서 표를 행사함으로써 신민당에 대한 지지가 공화당을 앞질렀던 것이다. 이처럼 야당 득표율이 집권당을 누른 것은 해방 이후 대한민국 투표사상 충격적인 일이었다.[100]

---

97) 같은 책, 476쪽.
98) 『동아일보』 1978.12.13.
99) 『조선일보』 1978.12.13.

이 같은 사실은 유신체제 하 박정희 정권의 탄압과 억압에도 불구하고 점차적으로 국민들의 정치의식이 높아져 유신체제의 앞날이 밝지 않을 것이라는 전망을 제시한 것이라고 볼 수 있다.

한편 제10대 국회의원 총선거에 이어서 박정희 대통령은 국민회의에서 선거할 유정회 제3기 국회의원 후보 77명과 예비후보 8명의 명단을 1978년 12월 19일 전국 2,581명의 대의원들에게 통보한 데 이어 20일 이를 국민회의 사무처에 등록했다. 국민회의는 12월 21일 전국 11개 시·도별로 지역회의를 열어 박정희 대통령이 추천한 이들 후보자들에 대한 일괄 찬반투표를 실시했다.101)

박정희 대통령은 1978년 12월 21일 제3기 유정회 의원을 선출하기 위해 소집된 11개 국민회의 시·도별 지역회의에 보낸 개회사를 통해 "70년대에 들어 우리 앞에 겹쳐서 닥쳐왔던 세계적 경제불황과 국가안보상의 위기를 단결과 슬기로써 극복하고, 도리어 이를 약진의 발판으로 삼을 수 있었던 것은 천만다행히도 우리가 미리 국론분열과 국력낭비의 요인을 과감히 삭제하고, 국력배양에 박차를 가해온 결과"라고 설명하면서, "이 엄연한 사실은 유신헌정이야말로 난관을 극복하며 우리의 문제들을 우리 스스로 해결해나가는데 가장 효율적인 국정운영체제임을 입증하는 것"이라고 말했다. 그리고 "대망의 80년대에는 남부럽지 않은 고도산업국가를 실현하고 풍요하고 품위 있는 복지사회를 기필코 이룩해야겠다"고 말하고, "그리하여 융성하는 국운의 세를 몰아 겨레의 숙원인 조국의 평화적 통일을 성취하여 민족중흥의 찬란한 신기원을 맞이하는 일이야말로 민족사의 소명이며, 우리 세대가 추구하는 지상목표"라고 역설했다.102)

100) 같은 신문, 1978.12.14.
101) 『동아일보』 1978.12.15, 1978.12.20.
102) 같은 신문, 1978.12.21.

또한 박정희 대통령은 개회사를 통해 "이제 우리는 민족의 웅비를 위하여 희망찬 80년대를 향해 재출발하는 시점에 서 있습니다"라고 하면서, "나는 이 역사적 시점에서 헌법이 정한 바에 따라 범국민적 차원에서 각계각층을 대표할 국회의원 후보를 선정하여 대의원 여러분 앞에 일괄 추천하는 바입니다. 이들 후보가 앞으로 국회에 나가게 되면 전임자들의 훌륭한 업적을 이어받아 명실상부한 유신대열의 향도로서 각기 전문지식과 풍부한 경험을 살려 국가발전에 공헌하게 될 것입니다. 나는 대의원 여러분이 우리나라 의회정치를 창달하고 국리민복을 증진하는 차원 높은 안목으로 이들 후보를 우리와 더불어 유신과업수행에 앞장설 믿음직스러운 동지로서 기꺼이 맞이해 줄 것을 기대하는 바입니다"라고 후보 추천을 했다.[103]

박정희 대통령이 추천한 77명의 후보자들 가운데 기존의 유정회 의원은 25명이며, 나머지 52명은 신인으로서 전체의 67.5%를 차지했다. 기존의 유정회 의원 67명(공화당 당선자 6명 제외) 중 42명이 탈락, 재추천율은 37%에 지나지 않았다. 지난 2기 때 23명에 불과했던 교체 폭이 이번에 42명으로 늘었고, 신인의 기용은 52명이었다. 이 같은 신인 대폭 기용은 유정회가 지난 6년 동안 주어진 역할을 능동적으로 수행하지 못했다는 부정적 평가도 작용한 것으로 추정했다. 특히 유신정착에 기여하여 논공행상을 해야 할 대상이 많아졌다는 점도 대폭 교체의 요인이 되었다. 더 나아가 이 같은 신인 대폭 기용은 유신 2기 출범에 즈음한 박정희 대통령의 정치구상과도 관련이 있는 것으로 해석되어 주목되었다.[104]

재추천된 기존의 유정회 의원 가운데에는 백두진 의장, 이영근(李永根) 총무, 고재필(高在珌) 무임소장관, 최영희(崔榮喜), 신범식, 박동성(朴東晟) 의원 등 회직자와 중진들이 포함되어 있어 유정회 골간이나 전통이 제3기

---

103) 박정희, 「제2대 통일주체국민회의 제2차 회의 개회사」, 『국민회의보』 24, 통일주체국민회의 사무처, 1978.
104) 『동아일보』 1978.12.20; 『조선일보』 1978.12.20.

에도 대체로 승계될 것으로 분석됐다. 새로 추천된 인사로는 이석제(李錫濟) 전 감사원장, 태완선(太完善) 대한상의회장, 최경록(崔慶祿) 전 교통부장관 등 다수의 거물급 인사들이 포함되어 있고, 천병규(千炳圭) 스위스 대사, 신상철(申尚澈) 스페인 대사, 장지량(張志良) 덴마크 대사, 조상호(曺相鎬) 이탈리아 대사 등 대사 4명과 김주인(金周仁), 윤인식(尹仁植), 이해원, 오준석(吳俊碩) 의원 등 공화당 낙천자 5명, 이동원(李東元) 전 외무장관, 이경호(李坰鎬) 전 보사부장관, 송방용(宋邦鏞) 경제과학심의위원, 김성환(金聖煥) 전 한은총재도 포함되었다. 대학교수로는 박준규(朴俊圭; 서울대), 김옥렬(金玉烈; 숙대), 현기순(玄己順; 서울대 가정대), 한기춘(韓基春; 고대), 윤식(尹埴; 전 국민대), 정희채(鄭熙彩; 부산대) 등이 포함되었다. 이처럼 대학교수들을 대거 등용한 것은 이들의 전문지식을 국정에 활용하려는 뜻에서 인 것으로 보았다. 게다가 김윤환(金潤煥), 김영수(金榮洙), 김봉기(金鳳基), 박현서(朴賢緒) 등 언론계 출신이 기용된 것은 국내외 유신홍보에 역점을 둔 것임을 뜻하는 것이었다. 외교관과 국제정치학자가 많은 것은 다원화 시대에 접어든 국제정세에 대처하기 위한 의원외교팀을 보강하려는 것으로 보았다. 경제계 인사 또는 국제경제학자가 일부 끼어있는 것은 유신 2기의 역점방향을 읽는 나침반의 의미를 갖고 있지만 노동복지전문가가 거의 없는 것은 의외로 받아들여지고 있었다. 그리고 전 신민당 소속 의원인 조홍래(趙洪來)가 추천된 것은 야당계 인사를 포섭한 것이라는 점에서 주목되었다.105)

77명의 정후보들을 출신별로 보면 기존의 유정회 의원이 25명, 공화당 9명, 전현직 공직자 18명, 언론계 4명, 경제계 2명, 학계 4명, 전의원 4명, 외교관 4명, 여성 5명, 기타 2명이다.106)

이상과 같이 25명의 잔류의원과 52명의 신참 유정회 의원의 면모를 보면

---

105)『동아일보』1978.12.20;『조선일보』1978.12.20.
106)『동아일보』1978.12.20.

제10대 국회도 유신 제1기 때 다져진 유신체제를 더욱 토착화시키고, 확산
시키려는 박정희 대통령의 의도를 가늠할 수 있었다. 그것은 백두진 의장
등 현 유정회 회직자와 유신헌법을 기초한 한태연, 갈봉근 의원 등이 6년간
을 재임했음에도 불구하고 다시 발탁되어, 이른바 이들 '유신주체'들을 핵
심으로 하여 제10대 국회에서도 유정회의 성격을 계속 승계, 발전시키려는
포석으로 볼 수 있었다.107)

　특히 유신 2기 집권을 앞두고 종전보다 더욱 명실상부한 총화체제 구축
이 요청될 뿐 아니라, 그간의 경제발전상이 많은 재야인사들에게도 긍정적
인 반응을 보이고 있었기 때문에 유정회 의원 인선대상은 지난 1,2기의 거
의 도식적인 직능안배 위주의 경향을 지양하고, 관료 및 각 직능단체를 대
표한 조직엘리트 뿐만 아니라 온건노선으로 돌아선 일부 재야인사들도 그
대상에 포함될 수 있을 것으로 전망했다.108) 즉 이번 인선에서 직능별 안배
를 고려하기는 했으나 1기 때와 같이 도식적이고 산술적인 안배를 배제하
고 철저히 유정회 기능에 맞는 직능별 인선에 큰 역점을 두었던 것이다.109)

　이상과 같이 유정회 의원들은 유신이념에 투철한 인물들로써 선출되었
으며, 반유신적 경향을 견제하기 위한 유신헌정의 원내 교두보로서 여당의
원내 다수세력 확보라는 정치적 요청과 함께 공화당 집권기간 동안 형성된
여권인사의 소화처라는 역할도 하게 됨으로써 여당권으로서는 상당히 유
용한 집단이었다.110) 그리하여 유정회는 박정희 대통령의 직접적인 입법부
의 권력무기였다. 특히 유정회 의원들은 정당에 소속될 수 없지만 공화당

---

107)『조선일보』1978.12.20.
108)『동아일보』1978.12.15.
109)『조선일보』1978.12.20.
110)『경향신문』1980.10.27; 구태회, 「유정회 3년의 자부와 반성」, 『유신정우』4권 1호,
　　1976.3, 16~17쪽.

의 수장인 박정희 대통령에 의해 추천되는 것이었기 때문에 공화당은 입법부에서 유정회의 지지에 의지하게 되었다.[111]

그리하여 공화당은 집권 여당으로서 아무런 역할도 하지 못하는 수모를 당해, 정당으로서의 존재 이유 자체가 의심이 될 정도로 위축되기도 했다. 즉 공화당은 명목상의 여당으로 되고 말았다는 지적을 피하기 어려웠다. 그리고 유신이념의 홍보와 실천에서 공화당은 구조적으로 열세를 면하기 어려웠고, 이 바람에 여권 내의 역학관계에서 공화당의 입지는 축소될 수밖에 없었다.[112]

그러나 또 다른 측면에서 보았을 때 유정회는 국회가 민의의 정당이어야 하며, 국회의원은 국민의 심판을 받아야 한다는 대의정치의 원리를 위배한 것이라는 일반적인 평가를 받기도 했다. 이에 따라 유정회는 원내 3분의 1이라는 막강한 세력을 가졌으면서도 시간이 갈수록 의정의 주도권을 공화당과 신민당에 양보하지 않을 수 없었다. 전반적으로 유정회는 원내 제1세력이기는 했으나 공화당과의 관계에 있어서는 종속적인 위치에 처해 있는 경우가 많았다. 원내대책, 정책결정, 대야협상 등에 있어 거의 항상 이니시어티브는 공화당 쪽에 있었다. 더 나아가 유정회는 원천적으로 국민의 지지나 여론에 신경을 쓸 필요가 없었다. 추천권자인 박정희 대통령 한 사람의 마음에 들기만 하면 다시 추천을 받아 의원직을 유지할 수 있는 구조였기 때문에 박정희 대통령의 임명에 대한 보은의 감정이 국회의원으로서의 사명감을 앞질러 여당권의 대야 강경일변도를 재촉했고, 그들의 강경자세는 공화당을 앞질렀다. 그리하여 유정회 의원들은 개인적인 충성경쟁으로 제4공화국의 화석화를 촉진시켰다는 평가를 받았다.[113]

---

111) C. I. Eugene Kim, Op.cit, P.525.
112) 심지연, 「박정희 정부하의 정당구도 분석(2)」, 앞의 잡지, 184~187쪽.
113) 『경향신문』 1980.10.27; 이상우, 「유정회와 유신정치」, 앞의 잡지, 320쪽, 322쪽; 심지연, 「박정희 정부하의 정당구도 분석(2)」, 앞의 잡지, 186~187쪽.

특히 유정회 의원들은 국민의 의사를 수렴하기보다는 유신이념의 일방
통행적인 강요와 시비를 초월한 경직된 유신체제 옹호자세를 취함으로써
국민대표로서의 기본성격뿐만 아니라 직능대표로서의 의견의 다양성마저
스스로 포기하는 결과를 가져왔다.[114]

또한 유정회의 특징은 유신과업 추진과 생산적인 국회 운영에 기여할 수
있도록 체제를 정비 강화하고, 실무 면에서 정치유신의 정립을 뒷받침하는
데 기여하도록 구성된 것이라 할 수 있지만, 실제 국회운영에 있어서 새로
운 국회상 정립을 위해서 공화당과의 협력관계가 원활하게 잘 이루어지지
못해 뚜렷한 성과를 거두지 못했다는 비판을 받기도 했다.[115]

더 나아가 이들 유정회 의원은 수적으로 원내 제1교섭단체의 위치를 차
지하고 있으면서도 원내 활동을 주도하지 못했다는 평을 듣고 있었고, 지
역구 출신 국회의원과 달리 지역구가 없어서 지역 활동을 할 수가 없기 때
문에 국민과 직접적으로 접촉할 수 있는 기회가 흔치 않으며 떨어져 있다
는 문제점을 안고 있었다.[116]

특히 유정회 소속의원들은 국민으로부터 직접 선출된 국회의원이 아니
란 점에서 야당은 말할 것도 없고, 지역구 출신인 공화당 의원들로부터도
차별과 냉대의 차가운 눈총을 받았다. 따라서 유정회 의원들은 지역구를
가진 의원들에 대해서 열등의식이나 위축감 내지 자격지심을 갖고 있었
다.[117]

또한 유정회 의원들은 임기동안 입법 활동이 부진했다든지 정책개발능

114) 이상우, 「유정회와 유신정치」, 앞의 잡지, 329쪽.
115) 좌담, 「유정회 2기를 말한다」, 『유신정우』 4권 2호, 1976.6, 94쪽, 97쪽.
116) 『동아일보』 1978.12.20; 국민회의8년개관편찬위원회, 『국민회의 8년 개관』, 427쪽; 기념
    좌담, 「유정회 1년을 말한다」, 『유신정우』 2권 1호, 1974.3, 71쪽; 김은수, 「낙오된 자에
    희망을」, 『유신정우』 2권 4호, 1974.12, 133~134쪽.
117) 김재탁, 「전체국민의 대변인 역할」, 『유신정우』 3권 4호, 1975.12, 144쪽; 이상우, 「유정
    회와 유신정치」, 앞의 잡지, 319~320쪽.

력을 십분 발휘하지 못했다는 비판을 받기도 했다.[118] 더 나아가 유신체제
를 유지하기 위해 여권을 두 집단으로 분리해 놓고 경쟁을 유도하는 바람
에 공화당의 공천권과 유정회의 추천권을 동시에 갖고 있는 박정희 개인으
로서는 절대적인 충성을 즐길 수 있었다. 그러나 권력에 대한 충성에 몰두
한 나머지 유권자의 지지 동원 노력을 등한시하게 되는 현상이 나타나, 체
제의 내구성이 훼손되지 않을 수 없었고, 결국은 유신체제의 파탄으로 이
어졌던 것이다.[119]

한편 국회의원 정수의 3분의 1에 해당하는 국회의원들을 대통령이 일괄
추천하여 국민회의가 이들 후보자 전체에 대해 찬반투표를 하여 당선을 결
정하는 것은 국민적 권력에 대한 국가적 권력의 통제라고 하겠다.[120] 즉 대
통령이 의회를 구성함으로써 국민은 대표 및 정부를 구성하는 기본 권한인
주권을 사실상 박탈당했다. 의회를 대통령이 구성한다는 규정이야말로 대
통령으로 하여금 국회를 지배할 수 있게 하는 하나의 제도적 장치로써 대
의와 주권의 원리를 부정하는 가장 반민주적인 조항이었다. 또한 이는 한
국 역사상 최초의 권력분립 원리의 완전한 부인이자 파괴였다.[121]

특히 대통령은 여당의원들을 계산에 넣지 않더라도 대통령이 추천한 국
민회의 선출의 국회의원만 갖고도 법률안거부권을 쉽게 관철할 수 있으며,
또 국회의 대정부견제권을 약화시키고, 국회의 입법권을 제약하는 면에 있
어서도 이 정수 3분의 1의 국회의원들은 결정적인 역할을 하는 것이었다.[122]

또한 대통령이 추천한 의원은 국회에서 대통령의 지시에 따라 행동해야

---

118) 좌담, 「유정회 2기를 말한다」, 앞의 잡지, 92쪽.
119) 심지연, 「박정희 정부하의 정당구도 분석(2)」, 앞의 잡지, 188쪽.
120) 갈봉근, 「통일주체국민회의 서설」, 국회사무처, 『국회보』170, 1979.5-6, 8쪽.
121) 박명림, 「박정희 시기의 헌법 정신과 내용의 해석」, 앞의 잡지, 111쪽; 이상우, 「유정회
    와 유신정치」, 앞의 잡지, 312쪽.
122) 갈봉근, 「통일주체국민회의의 헌법상의 지위」, 앞의 잡지, 7쪽; 국민회의8년개관편찬위
    원회, 『국민회의 8년 개관』, 177쪽.

하는 법적 의무는 없으나, 사실에 있어서 대통령의 의사를 존중할 것이므로 대통령이 거부한 법률안의 국회에서의 재가결은 거의 불가능할 것이며, 대통령이 원치 않는 개헌안이 국회의 재적의원 3분의 2이상의 찬성을 얻어 통과되기는 어려울 것이며, 또 대통령에 대한 탄핵소추도 사실상 있을 수 없을 것이다.[123] 더 나아가 유정회 국회의원이 국회의원 정수의 3분의 1을 차지함으로써 입법부의 국민대표성 및 자율성이 큰 위협을 받게 되는 결과를 초래했다.[124]

요컨대 의회구성에 대통령의 권력이 직접적으로 개입하여 사실상 대통령이 의회 다수파를 독점하는 한 그것은 이미 입헌주의의 궤도를 일탈한 권위주의체제일 뿐이다.[125]

이러한 문제점들을 지닌 유정회는 결국 1979년 10월 26일 박정희의 사망으로 사실상 그 존재의의를 상실하고 활동 정지상태에 들어갔다. 유신의 기수임을 자처하며 1973년 출범한 유정회는 역사의 물결이 그들의 명운을 단축하는 방향으로 흐르고 있는 가운데 1980년 9월 10일 마지막이 될지도 모르는 창립 7주년 기념식을 가졌다. 유정회는 이날 기념을 겸해 열린 의원총회에서 임기가 만료된 최영희 의장을 다시 의장으로 선출했다. 최의장은 이날 창립 7주년 기념사를 통해 "새로운 정치체제가 확립될 때까지 사회 안정과 공공의 안녕질서가 유지되고 국민의 생존권을 지켜주는 정책개발에 유정회는 긍지와 자신을 가지고 소임을 다해야한다"고 주장하고, "그러한 소임을 다할 때 여권의 단합과 단결이 이룩되어 우리가 설정한 조국근대화와 민족중흥의 대업에 큰 기여가 될 것"이라고 말했다.[126]

10·26사태 이후 부모를 잃은 고아신세가 된 유정회는 그 동안 '자진해체

---

123) 문홍주, 「유신헌법과 국회의 기능」, 『국회보』 127, 국회사무처, 1973.3, 15쪽.
124) 「유신정우회」, 『한국민족문화대백과사전』 17; 유신정우회사 편찬위원회, 『유신정우회사』.
125) 성낙연, 「유신헌법의 역사적 평가」, 앞의 잡지, 17쪽.
126) 『동아일보』 1980.1.8, 1980.3.10.

론', '명칭변경론', '의원직 사퇴론', '공화당에의 조기입당' 내지 '단일교섭단
체구성론'이 나오는 등 새 시대의 물결에 방향감각을 잃고 흔들려왔다. 이
제 새 헌법에 의한 선거가 앞으로 실시되면 사라져야 하는 '시한부 인생'인
유정회는 엄청난 정치변화에 적응하는 좌표를 설정하느라 안간힘을 쓰고
있는가 하면, 지역연고를 가지고 있는 일부 의원들은 총선거를 통한 회생
을 위해 연고지를 왕래하고 있었다. 유정회는 최의장을 다시 의장으로 유
임시키면서 범여권의 단합과 공화당과 행정부와의 유대관계를 강조했지만
달라진 상황에 어떻게 처신해야 할지 모르는 미묘한 입장에 놓여 있었다.
공화당이 앞으로 있을 선거를 의식해서 유정회와 국민회의를 감싸고 있으
나 무소속의원 영입 등으로 복잡한 지역구 문제를 안고 있는 공화당으로서
는 유정회를 충분히 소화할 만한 여백을 마련하지 못하고 있었다. 유정회
는 공화당과 같은 배를 탄 공동운명체로서 협조관계를 유지할 수밖에 없지
만, "모든 영광은 공화당에, 잘못과 책임은 유정회에"라는 형식으로 그 여생
을 보내야만 할 것인가에 고민하고 있었다. 그리하여 박정희 사망 이후 유
정회의 상황과 진로는 실로 착잡했다.127)

　유정회 의원들은 앞으로의 개별진로와 관련하여 대체로 세 갈래의 성향
을 띠었다. 하나는 적극적인 정치참여군으로 대개는 11대 총선에 지역구에
출마해보겠다는 그룹이고, 다른 하나는 소극적인 정치참여군으로서 지역연
고는 약하나 앞으로 관계나 국영기업체 등에 진출해보겠다는 그룹이다. 나
머지 하나는 사실상 정치를 그만두겠다는 정치은퇴군으로 머지않아 연구
소나 전문직에 종사하겠다는 사람들이다.128)

　그리고 국회는 1979년 12월 7일 헌법개정심의 특별위원회 2차 회의를 열어
개헌에 관한 공화당과 신민당 등 여야의 기본입장을 제시할 예정이었는데,
여야는 유정회 케이스 국회의원 폐지 등에 대체적으로 의견을 같이 했다.129)

127) 같은 신문, 1980.1.8, 1980.3.10.
128) 『서울신문』 1980.3.10.

결국 유정회는 1980년 9월 30일 청산위원회를 구성하여 10월 1일부터 회관을 폐쇄하기로 했으며,[130] 제5공화국 헌법이 발효됨으로써 1980년 10월 27일 창립 7년 7개월 17일 만에 그 간판을 내리고 국민회의와 함께 해체되었다.

(2) 유신체제의 기수

국민회의 대의원들은 자기 개인이나 자기가 속한 어떤 집단의 이익을 접어두고, 민족과 국가의 차원에서 국가의 지도자를 받들고, 또한 비상한 국가적 문제를 의논하여 결정해 나가야 할 사명을 띠었다. 그리하여 대의원들은 국민 사이에 국가관과 민족의식을 높이고 유신정신과 역사의식을 고취하는 국가 본위의 역군이며, '유신과 통일의 기수'로서 유신과업 수행을 담당하는 민족의지의 충실한 일꾼으로서 활동하고자 했다.[131] 이들 대의원들은 유신체제의 선포는 우리나라의 대내외 정세의 위급성에 비추어 불가피한 구국정책이며, 이 구국정책의 수행에는 허다한 부작용과 반대작용이 수반된다는 것은 민주정치의 정석현상이라 할 수 있으며, 이와 같은 부작용은 어디까지나 지엽적 현상이므로 이것으로 인하여 유신과업의 전진에 지장을 주어서는 안 된다고 주장했다. 특히 자신들의 야욕을 채우기 위해 무조건 선동과 비난으로 유신체제에 도전하는 언동이 존재한다는 것은 실로 우리나라 장래를 위해서 불행한 일이기 때문에, 사사로운 이익과 당략을 떠나 아집을 버리고 유신총화대열에 참여해야 할 것을 촉구하며, 대의원들은 오직 자각과 자성과 인내와 노력으로서 과감하게 유

---

129) 『동아일보』 1979.12.6.
130) 『서울신문』 1980.10.1.
131) 박경원(통일주체국민회의 사무총장), 「유신이념 구현을 위한 대의원의 활동」, 통일주체국민회의 사무처, 『국민회의보』 1, 1973.3, 53쪽.

신과업을 이끌어가는 유신체제의 기수가 되어야 한다고 주장했다.[132]

유신체제의 기수라면 유신과업을 앞장서서 밀고 나가는 개척자적 역군을 말한다. 따라서 대의원은 유신이념에 투철한 인물이며, 그 대표적 존재였다.[133] 10월 유신은 국민회의 및 대의원을 떠나서는 목적을 달성할 수 없다고 해도 과언이 아니었다. 10월 유신과 대의원은 불가분의 관계에 있었다. 그리하여 유신과업의 그 첫 번째 실천자가 바로 국민회의 대의원이었던 것이다.[134] 즉 유신체제를 지속하기 위해 대의원들은 유신이념을 생활화하고 널리 홍보하는 데 선도자가 되어야 할 것을 요청받고 있었다.

대의원들의 유신홍보활동에 관한 사항은 1973년 12월 20일에 열린 제5차 운영위원회에서 의결되었다. 이는 국민회의가 국민의 총의에 의한 주권적 수임기관이라는 점, 대의원은 민족주체세력임과 동시에 유신의 기수이며, 새마을의 향도라는 점에서 본질적으로 유신홍보의 책임이 있는 바, 이 책임을 수행할 수 있도록 유신의 이념과 국가영도자의 영도상, 국가안보와 국민총화에 역점을 두고 안정, 번영, 통일을 향한 국력배양을 위하여 유신홍보활동을 전개하자는 것이었다.[135]

즉 대의원은 유신이념을 생활화하는 데 앞장서며, 유신에 대한 확고한 신념과 자부심을 갖고 완벽한 국가안보, 우리 민족의 정통성, 새마을정신의 함양, 기타 사회부조리의 제거 등 국민총화를 이룩하는데 역점을 두어, 안정되고 번영하는 조국을 지향, 기필코 국력배양을 성취시키며, 나아가 평화적인 조국통일을 이룩하는데 앞장설 것을 다짐했다.[136]

---

132) 윤태철, 「대의원 2년의 회고」, 『국민회의보』 8, 통일주체국민회의 사무처, 1974, 187~188쪽; 이종섭, 「금후의 유신홍보활동」, 『국민회의보』 13, 통일주체국민회의 사무처, 1976, 136쪽.

133) 윤부병(대의원·의학박사), 「새마을운동과 대의원」, 통일주체국민회의 사무처, 『국민회의보』 2, 1973.7, 196쪽.

134) 임정근, 「대의원 홍보활동의 의의」, 통일주체국민회의 사무처, 『국민회의보』 5, 1974.3, 140~141쪽.

135) 통일주체국민회의 사무처, 『통일주체국민회의』, 통일주체국민회의 사무처, 1975, 50쪽.

특히 '10월 유신이란 왜 일어났으며, 대의원이란 무엇인가'라는 그 자체를 똑바로 인식하는 데 유신홍보활동의 성패가 달려 있다고 보았다.[137] 당시 아직도 10월 유신이 무엇인지, 새마을사업이 무엇인지에 대해 잘 알지 못하는 사람들이 많았다. 대의원들은 이런 이웃들에게 유신이념과 새마을사업에 대한 홍보를 함으로써 이들을 거국적인 국민대열에 끌어들여야 한다고 보았다. 그리하여 구국의 유신대열에 한 사람이라도 더 가담하도록 주민들을 설득함으로써 온 국민이 유신이념을 받들어 하루 속히 유신과업을 앞당겨 국력을 조직화하고, 근대화하는 데 이바지하도록 했다.[138]

구체적으로 유신이념이란 우리 민족의 안정과 번영을 기약하고 평화적 자주통일을 성취하여 조국근대화를 촉진함으로써 민족중흥을 달성할 수 있는 민족의 자주자결태세를 갖추는 민족주체성의 확립을 다짐하는 것이다. 유신홍보활동은 이러한 유신이념을 국민들이 생활화하도록 하는 것이었다.[139]

대의원들의 유신홍보활동은 다양한 것으로 나타났다. 대의원들은 강연, 좌담, 세미나 등에 나가서 직접적으로 홍보활동에 임하거나, 지역사회에서 봉사·친목·공동개발 등에 참여하여 간접적으로 솔선수범하는 방법으로 임할 때도 있었다.[140] 특히 국민회의가 창설된 지 얼마 안 되어 국민적, 사회적 인식이 부족하기 때문에 이를 강화하고 대한뉴스를 비롯하여 각종 신

---

136) 국민회의8년개관편찬위원회, 『국민회의 8년 개관』, 296쪽.
137) 안상용(대의원), 「대의원 홍보활동의 방향」, 통일주체국민회의 사무처, 『국민회의보』 5, 1974.3, 147쪽.
138) 박경원(통일주체국민회의 사무총장), 「유신이념 구현을 위한 대의원의 활동」, 앞의 잡지, 55~56쪽.
139) 이종섭, 「금후의 유신홍보활동」, 앞의 잡지, 135쪽; 유신이념의 구체적인 내용은 김행선, 앞의 책 참고.
140) 박지원, 「대의원 유신홍보활동의 방향」, 『국민회의보』 6, 통일주체국민회의 사무처, 1974, 165쪽.

문, 그리고 TV 등을 통하여 홍보활동에 주력했다. 그러나 아직도 미흡한 점이 많았다. 더욱이 각 지역별로 볼 때 대의원들이 지역개발에 현저한 실적을 거두고 있었음에도 불구하고 이것이 충분하고 광범하게 보도되지 못하는 아쉬움도 있었다.[141]

그럼에도 불구하고 국민회의 5년간 2,359명의 대의원이 총 245,658회의 홍보활동을 벌림으로써 총 24,899,339명의 청중을 동원한 것으로 집계되었다. 이를 1977년 재적 2,249명의 대의원 개개인의 활동으로 환산해 보면 기간 중 대의원들은 개인당 약 100회의 홍보활동을 벌여 총 10,043명 이상의 청중을 동원한 것으로 되었다.[142]

한편 대의원들은 지역주민들이 평화통일에 대한 이해와 확고한 신념을 갖도록 유도해야 했다.[143] 그리고 국민들에게 조국통일에의 열정이 식지 않도록 불어넣어주며, 왜 민족통일은 달성되어야만 하고, 왜 조국의 평화적 통일은 앞당겨지지 않으면 안 되는 가를 국민들에게 계속 상기시킴으로써 통일에 대한 국민적 합의를 공고히 하고, 국론을 하나로 뭉치게 함으로써 통일운동을 촉진시키는 데 있었다. 또한 정부의 통일정책을 자문하고 뒷받침해야 했다.[144]

구체적으로 대의원들은 앞서 언급한 바와 같이 박정희 정권이 추구하는 평화통일정책과 그 노력을 전적으로 지지하고 뒷받침한다는 결의문을 채택한 바 있다. 또한 국민회의 운영위원회 제3차 회의에서는 6·23평화통일 외교정책에 관한 대통령특별선언의 배경과 내용에 관한 보고를 청취하고,

---

141) 통일주체국민회의 사무처, 『제1대 운영위원회회의록』, 통일주체국민회의 사무처(국가기록원 소장), 1974.
142) 이명영, 「국민회의 5년의 총괄적 평가」, 앞의 잡지, 56쪽.
143) 조성훈(대의원), 「통일한국과 대의원의 역할」, 통일주체국민회의 사무처, 『국민회의보』 25, 1979.3, 132쪽.
144) 이성근(국회의원), 「평화통일과 대의원의 역할 및 사명」, 통일주체국민회의 사무처, 『국민회의보』 30, 1980.6, 36쪽, 40쪽.

6·23대통령특별선언의 취지를 깊이 인식하며 국민에게 널리 홍보하는 데 앞장설 것을 결의했다. 또한 1974년 2월 19일 제6차 운영위원회 회의에서는 남북조절위원회 장기영(張基榮) 서울 측 공동위원장 대리로부터 그동안 남북대표 간의 회담경과와 이후의 회의전망에 관해서 구체적인 보고를 들은 다음 진지한 토의와 질의응답을 가졌다.[145]

특히 국민회의는 1972년의 7·4남북공동성명과 그에 따른 남북회담을 주도했던 박정희 대통령의 통일정책들을 전폭적으로 지지했다.[146] 그리고 국민회의는 1974년 11월 26일 제10차 운영위원회 회의에서 국민회의가 통일주체세력으로써 통일정책의 결정 또는 변경이 있을 경우 그 최종적인 심의 결정권을 가지고 있으므로 정부의 통일정책 추진상황을 정확히 파악하고 있어야 한다는 점을 고려하여 매년 1회, 정부로부터 보고를 받도록 결정했다.[147] 그리하여 대의원들은 해마다 개최된 정부 측의 통일안보보고회와 시·도정 및 시·군·구정보고회, 그리고 자체 세미나와 산업시찰행사에도 평균 90% 이상의 참석률을 보여주었다.[148]

특히 박정희 대통령은 1974년 2월 12일 전라남도청에서 전남출신 국민회의 대의원들과 만난 자리에서 "남북대화가 본격화되면 국민회의 대의원도 남북회담에 참가시킬 것이다"라고 밝혔다.[149]

국민회의가 발족한 이래 제1차 통일안보보고회는 1974년 12월 15일부터 23일까지 서울을 비롯한 부산, 대구, 광주, 대전 등 5개 도시에서 지역별로 개최됐다. 이 보고회에서는 박정희 대통령의 치사와 더불어 정부로부터 1970년의 8·15평화통일구상과 1971년 8월 12일의 남북적십자회담 제의, 1972년

---

145) 국민회의8년개관편찬위원회, 『국민회의 8년 개관』, 296~297쪽.
146) 이명영, 「국민회의 5년의 총괄적 평가」, 앞의 잡지, 55쪽.
147) 국민회의8년개관편찬위원회, 『국민회의 8년 개관』, 299쪽.
148) 이명영, 「국민회의 5년의 총괄적 평가」, 앞의 잡지, 56쪽.
149) 『동아일보』 1974.2.12.

의 7·4남북공동성명, 1973년의 6·23평화통일외교정책 등 통일정책의 추진상황과 안보상황에 관한 보고가 있었다. 여기서 박정희 대통령은 당시의 국내외 상황을 언급하면서 일부의 개헌주장에 대해 자유와 민주가 자라날 수 있는 바탕이 되는 국력배양과 법질서를 파괴하려는 행위라고 하면서, 국민 각자의 안전과 번영을 위해 유신체제는 계속 유지 발전되어 나가야 한다는 것을 강조했다. 즉 "유신체제는 한반도에서 공산주의자들의 전쟁도발을 미연에 막고, 평화정착을 한 걸음 한 걸음 다져나가면서 궁극적으로는 평화통일을 촉진하는 가장 현실적인 방법"이라고 주장했다.[150]

또한 박정희 대통령은 제1차 통일안보 보고회에서 반유신체제 저항세력들이 유신헌법을 고쳐야 한다고 주장하자, "그들은 언필칭 자유니 민주니 외치면서 그 실은 자유와 민주가 자라날 수 있는 바탕이 되는 국력배양과 법질서를 파괴하려 들고 있다"고 말하고, "헌법만 고치면 만사가 하루아침에 다 저절로 해결되는 것처럼 국민을 속이고 오도하고 있다"고 말했다. 그리고 오직 유신체제만이 우리의 살길임을 강조하면서 유신체제는 계속 유지 발전되어 나가야 한다는 것을 다시금 강조했다.[151]

이러한 통일안보보고회의 목적은 첫째, 국제사회에서 외교적 고립과 경제적 파탄에 직면하고 있는 북한의 실상을 파악하고 먼저 야기할지도 모르는 전쟁도발 위협을 재인식하며, 둘째, 소위 화해시대라고 함에도 불구하고 많은 국가가 혼미와 좌절을 거듭하는 가운데서도 한국만이 괄목할 발전을 거듭하고 있는 원인은 위대한 영도력과 체제의 우월성에서 비롯된다는 점을 인식시키며, 셋째, 유공(有功)대의원의 포상을 실시함으로써 국민회의의 보다 발전적인 장래를 지향케 함에 있었다.[152]

그리하여 제1차 통일안보보고회를 결산하면 대의원들이 정부로부터 통

---

150) 국민회의8년개관편찬위원회, 『국민회의 8년 개관』, 316~319쪽.
151) 『조선일보』 1974.12.17.
152) 통일주체국민회의, 『통일안보보고회관계철』, 통일주체국민회의 사무처(국가기록원 소장), 1976.

일과 안보문제에 관한 보고를 청취함으로써 통일의 전제인 국민적 총화 단결에 헌신할 것과 함께 유신이념과 유신체제에 관한 이론적 체계화를 기하는 계기를 마련하게 되었다.[153]

한편 1975년도 12월 4일 제2차 통일안보보고회에서도 정부로부터의 통일안보보고회가 있었으며, 박정희 대통령은 유신체제의 정당성과 그 유지 및 발전을 역설하면서, 대의원들이 유신과업수행에 계속 매진해줄 것을 당부했다.[154]

특히 1975년은 크메르공화국이 적화된 데 이어 자유월남 또한 공산화되었으며, 국내에서는 제1땅굴보다 훨씬 큰 규모의 제2땅굴이 발굴되는 등 격동의 한 해였다. 그리하여 박정희 대통령은 제2차 통일안보보고회에서 곽상훈 운영위원장이 대독한 치사를 통해 "금년은 오직 유신체제만이 오늘의 이 난국을 타개하고 조국의 평화적 번영을 촉진할 수 있는 유일한 길이라는 확고한 신념을 우리 국민의 마음 속 깊이 심어준 해"였다고 하면서, "자주·자립·자위의 확고한 기틀이 구축되고 북한 공산집단이 적화통일의 망상을 포기할 때까지 우리는 유신체제를 계속 유지, 발전시켜 나가야한다"고 역설했다. 이에 대의원들은 통일은 이론이 아니라 실천이기 때문에 국가영도자를 중심으로 통일국력조성을 위해 더욱 헌신하겠다는 다짐을 했다.[155]

이어서 제3차 통일안보보고회는 1976년 11월 25일 서울·제주지역을 시발로 12월 6일까지 6개 도시에서 차례로 열렸다. 여기에 참석한 대의원들은 정부의 보고강연을 듣고 북한의 무력남침과 간접침략의 길을 다 같이 봉쇄하는 것이야말로 평화와 그리고 통일의 유일한 보장책이라고 확신했다. 특히 이 보고회를 계기로 무보수 명예직으로 헌신해 온 대의원들에게 단체 및 개인 표창이 실시되기 시작했다.[156]

---

153) 국민회의8년개관편찬위원회, 『국민회의 8년 개관』, 319쪽, 321쪽.
154) 같은 책, 322쪽.
155) 국민회의8년개관편찬위원회, 『국민회의 8년 개관』, 316쪽, 322~323쪽, 『조선일보』 1975.12.5.

제4차 통일안보보고회는 1977년 11월 22일에서 12월 5일까지 열렸다. 여기서 박정희 대통령은 그 치사로(곽상훈 운영위원장 대독) "우리 국민이 총화 단결하고 땀 흘려 부지런히 일하여 세계가 놀라는 눈부신 성과를 이룩하는 바탕을 마련한 것은 다름 아닌 유신체제이며, 민족중흥을 앞당기기 위한 유신적 가치관을 우리 사회 각계각층의 생활 속에 뿌리박게 하기 위하여 앞장서서 실천해 온 새로운 지도자들인 대의원 동지 여러분"이라고 말했다. 그리고 보고의 요지는 유신 이후 5년간에 걸쳐 이룩한 눈부신 발전과 비약적인 국력의 신장상을 체계적으로 분석하고 통일문제를 비롯한 1980년대를 향한 조국의 미래상을 제시했으며, 그동안 유신의 선봉으로서 헌신적으로 봉사해 온 국민회의와 대의원들의 업적을 높이 평가하고 격려하면서 박정희 대통령을 중심으로 총화유신의 내일을 위해 신명을 바치자는 것이었다.[157]

제5차 통일안보보고회는 1978년 7월 7일에 있었다. 통일에 관한 정책보고 요지는 대한민국이 민족사의 정통성을 이어가고 있다는 사실을 전제로 하면서, 대한민국의 통일정책은 무엇보다 먼저 평화통일에 있으며, 무력통일을 거부하는 것이라는 점을 강조하면서, 현실에 입각하여 단계적으로 평화적 환경을 만들어가고 교류를 통하여 신뢰의 회복을 이룩하면서 궁극적으로는 국민총의에 따른 통일에 이르자는 것이었다. 또한 국력배양이 통일을 위한 가장 급무이며, 대화와 교류의 지름길이고, 공산집단의 무력도발을 막는 가장 효과적인 방안으로서 30여 년 간 이루어진 이질화된 남북 간의 동질성 회복이 가장 긴요한 것임을 주장했다.[158]

또한 제5차 통일안보보고회에서 대의원들은 박정희 정권의 평화통일정

---

156) 국민회의8년개관편찬위원회, 『국민회의 8년 개관』, 324~325쪽.
157) 같은 책, 328~329쪽.
158) 국민회의8년개관편찬위원회, 『국민회의 8년 개관』, 331~335쪽, 338쪽; 『동아일보』 1978.7.7-1978.7.8.

책에 대한 지지를 재확인하는 결의문을 채택했다. 3개항의 결의문 요지는 다음과 같다.[159)]

① 우리는 조국통일의 신성한 사명을 띤 국민의 주권적 수임기관인 통일주체국민회의의 대의원으로서 그동안 정부가 추진해온 통일정책을 지지하고, 조국의 평화적 통일을 위한 정부의 모든 노력을 뒷받침한다.

② 우리는 역사의 소명과 민족의 염원을 받드는 통일주체국민회의 대의원으로서 초대 국민회의가 이룩한 유신과업수행의 빛나는 전통을 이어받아 안보태세를 더욱 공고히 하고 안정과 번영의 기반을 다지며 조국의 평화적 통일 성취를 위한 국력배양의 초석이 된다.

③ 우리는 개인과 지역 특정계층의 이해를 초월한 민족적 주체세력임을 자부하는 통일주체국민회의 대의원으로서 투철한 사명감과 자주정신으로 민족중흥의 선봉이 된다.

이후 박정희 대통령의 서거 이후 1979년 11월 19일 제6차 통일안보보고회가 있었고, 1980년 8월 18일 제7차 통일안보보고회가 있었다. 제7차 통일안보보고회 행사의 절정을 이룬 것이 바로 전두환 국보위 상임위원장을 제11대 대통령으로 추대하기로 모든 대의원들이 뜻을 같이 했다는 것이다. 그리하여 1980년도 통일안보보고회는 전두환 대통령 시대의 역사적인 서막을 올렸다는 점에서 의의가 있었던 것이다.[160)]

한편 대의원들은 평화통일촉진대회를 개최하고, 남북대화 1천만 서명운동을 하고 평화통일을 위한 강연 및 좌담회를 개최했으며, 평화통일에 대한 국론통일을 위한 제반 역할을 하기도 했다.[161)] 이들은 평화통일촉진대

---

159) 『동아일보』 1978.7.7.

160) 국민회의8년개관편찬위원회, 『국민회의 8년 개관』, 331~335쪽, 338쪽.

161) 탁병희, 「통일실현을 위한 대의원의 사명」, 통일주체국민회의 사무처, 『국민회의보』 29, 1980.3, 51쪽.

회에서 조국의 평화통일을 앞당기기 위해서는 무엇보다도 우선 남북한 당국이 언제 어디서 어떤 수준에서든 서로 만나 터놓고 대화를 갖는 길밖에 없다면서, "남북 간의 교류와 각종 협력의 문을 열어 그간의 이질화를 줄이고 동질성을 되찾는 것이 평화통일의 급선무이기 때문에 남북 당국이 우선 이 문제를 의논토록 북한 동포들도 노력해 줄 것을 촉구한다"는 등 4개 항의 결의문을 채택했다. 대회에서는 또 "올해는 남북한 이산가족들을 꼭 만나게 하는 해로 하라", "남북한 당국은 금년 안에 서로 만나 평화통일을 위한 협의를 개시하라"는 구호도 채택했다.[162]

한편 대의원들은 반공정신의 앙양과 국가안보에 공헌하는 활동을 했다. 즉 반공 및 총력안보 정신의 함양을 위한 강연 및 좌담회를 개최하고 충효사상 계도활동을 하며, 효자와 열녀를 표창했다.[163]

특히 제1대 운영위원회 회의록에 따르면 제8차 운영위원회에서는 전후 세대들에 대한 반공사상 앙양에 관한 사항을 의결했다. 반공강연회에 나서는 대의원 연사들은 6·25전쟁의 참상을 얘기하고 그들의 부모형제가 겪은 학살로부터 앞으로 전쟁이 일어나면 그와 같은 참화를 바로 그들 자신들이 당한다는 얘기를 하였다. 그리고 연사들은 재래식의 일률적인 반공교육을 해서는 효과가 없다는 것을 지적하면서, 그들이 속한 지역사회와 기관과 구성요소에 따라 반공강연회의 내용이 다양해져야 한다고 주장했다. 그리하여 국민회의 사무처에서 전문기관이나 반공연구를 하는 분들과 연락을 하여 대학생들이나 고등교육을 받은 젊은 세대들의 성향을 살펴서 이에 맞는 가이드라인을 작성해서 대의원들에게 제시해줄 것을 제안하기도 했다.[164]

이와 아울러 동 회의록에서는 북한사회의 실상과 그 변동전망에 대한 보

---

162) 『동아일보』 1979.1.24.

163) 탁병희, 「통일실현을 위한 대의원의 사명」, 앞의 잡지, 51쪽.

164) 통일주체국민회의 사무처, 『제1대 운영위원회회의록』, 통일주체국민회의 사무처(국가기록원 소장), 1974.

고를 통해서 김일성(金日成) 지배체제의 형성과정과 북한의 실태, 북한사회체제의 변조경과, 북한사회의 특이상 및 다른 공산국가와의 비교, 북한사회의 변동에 대한 장기 및 단기 전망을 하면서 북한을 평화공존 상황으로 유도하고, 김일성의 강경노선을 철회하도록 하며, 자유민의 월등감을 인식하고 국론통일을 기함으로써 국력신장으로 남북격차를 극대화하는 것만이 북한의 교조주의적 사회구조의 붕괴를 가속화시키는 길이라고 강조했다.[165]

또한 총력안보태세를 굳게 다진다는 것은 모든 국민이 한 마음, 한 뜻으로 뭉칠 수 있는 기반이 되는 것이므로 대의원들은 대통령 긴급조치 제9호의 불가피성을 인식하고, 이에 대한 전폭적인 지지를 보내며, 전국적인 안보궐기대회에서 한결같이 멸공·구국을 다짐했다. 특히 대의원들은 크메르나 월남의 적화의 비극을 보고 유신체제만이 우리나라와 우리민족의 유일한 살길이라는 점을 강조하면서, 북한의 전쟁도발을 단호히 억지하고 한반도의 긴장완화와 평화정착을 위하여 인내와 성실을 다하여 모든 면에서 북한보다 우월한 국력을 확보하고, 자주국방의 의지로서 국토사수와 북한의 무력도발을 국민에게 계도하고, 더 나아가 총력안보체제를 저해하는 일체의 부조리를 배제하고, 국력배양과 유신과업 완수로 민족적 숙원인 조국통일에 매진할 것을 다짐했다.[166]

또한 대의원들의 국가안보에의 높은 관심은 막대한 방위성금과 군경위문에서 여실히 나타났다. 국민회의 5년 기간 중 대의원들은 총액 32억 6천 5백 53만 6천 원이란 막대한 방위성금을 냈다. 이를 대의원 1인당으로 나누어 보면 약 145만 원 꼴이 된다. 또 기간 중 연인원 5,607명의 대의원이 군경위문에 나섰다. 이는 대의원 한 사람 한 사람이 평균 2~3회씩 군경위문에

---

165) 같은 책.

166) 한근이, 「국민적 총화단결을 다짐했던 대의원 세미나」, 『국민회의보』 10, 통일주체국민회의 사무처, 1975, 91~92쪽; 김상준, 「대의원의 과제와 활동방향」, 『국민회의보』 13, 통일주체국민회의 사무처, 1976, 123쪽.

참가한 것이 된다. 또 위문금으로 내놓은 총액이 5억 7천 8백 75만 4천 원에 달했다. 이는 대의원 매 개인이 약 25만 7천 원씩 내놓은 것이 된다.[167)

　이밖에도 박정희 정권은 유신체제를 수립하면서 기존의 자유민주주의의 폐해를 지적하면서 자유민주주의를 보다 알차고 충실하게 실현시키기 위해서는 이에 필요한 여건의 조성과 이것을 뒷받침할 수 있는 힘을 갖추어야 한다고 역설했다. 그러기 위해서는 우리 사회가 자유민주주의의 체제이기 때문에 발생되는 모순과 취약점을 과단성 있게 뿌리 뽑아야 한다고 주장했다. 사회질서의 혼돈, 자유를 넘어선 방종, 퇴폐풍조의 만연 등은 자유민주주의를 좀먹고 시들게 하는 사회병폐라고 지적되었다. 그리하여 박정희 정권은 10월 유신을 단행하여 건전한 사회기풍을 진작해서 밝고 명랑한 사회를 건설하고, 자유민주주의 체제의 근본적인 모순과 취약성을 고치며, 병폐를 도려내는 대수술을 단행하고자 했다. 따라서 대의원들은 유신과업 수행을 저해하는 사회적인 병폐요인을 깨끗이 일소하고, 참신하고 진취적인 사회기풍을 고취하여 밝고 건전한 사회를 이룩해 나가는 데 앞장서고자 했다.[168)

　이상과 같이 국민회의 대의원은 유신이념에 투철한 인물들이자 그 대표적인 존재로써 유신과업을 앞장서서 밀고 나가는 유신체제와 통일의 기수로 활약하고자 했다. 그리하여 대의원들은 유신체제를 지속하기 위해 유신이념을 생활화하고 널리 홍보하는 선도자 역할을 했으며, 유신체제 하 박정희 정권이 추진하는 모든 통일정책과 남북대화를 적극 지지하고 뒷받침하여 조국의 평화적 통일을 이룩하기 위해 노력했다.

　그러나 통일에 관한 대의원들의 자세는 주체적이고 능동적인 차원이 아니라 단지 통일안보에 관한 정부의 보고를 듣고, 이에 참여 지지하는 소극

---

167) 이명영, 「국민회의 5년의 총괄적 평가」, 앞의 잡지, 56쪽.
168) 박경원(통일주체국민회의 사무총장), 「유신이념 구현을 위한 대의원의 활동」, 통일주체국민회의 사무처, 『국민회의보』 1, 1973.3, 56~57쪽.

적이고 수동적인 차원에서 유신체제의 유지와 발전을 위한 데 특색이 있었음을 알 수 있다.

(3) 지역개발과 새마을운동의 선도자

대의원은 읍, 면, 동 등 인구비례에 따라 일정하게 전국적으로 산재해 있는 지역지도자들을 망라하고 있었다. 따라서 대의원들은 자기 면, 자기 동의 개발 역원으로 새마을사업이나 지역사회 개발에 적극 참여했다.[169)]

특히 새마을운동은 유신체제의 외연을 의미하는 동시에 유신체제 그 자체의 정신적 · 사회적 기초를 의미하는 것이었다.[170)] 즉 새마을운동의 성패는 유신과업 조기달성의 열쇠로서 대의원으로서 최대 관심사의 하나가 되었다. 그러므로 대의원 신조에서도 "우리는 근면 · 자조 · 협동의 정신을 생활화하는 새마을운동의 향도임을 보람으로 생각하고, 증산 · 수출 · 건설의 국민적 대열에 앞장서서 안정과 번영의 기반을 넓히고 다져 국력배양에 이바지한다"고 다짐했던 것이다.[171)] 그리하여 대의원들은 새마을사업의 개발위원으로 참여하여 부락 내의 기능집단의 강화와 육성, 그리고 새마을운동의 토착화에 힘쓸 것을 역설했다.[172)]

구체적으로 대의원들의 지역사회 개발활동은 근검 · 절약 계도 강연 및 촉진대회를 개최하고, 새마을운동과 주민의 소득증대 계도활동, 영농개선활동, 농어촌 노력봉사활동, 노인정과 노인학교 설립 운영, 환경개선사업 지원 및 선도, 마을금고 운영, 저축 장려활동, 새마을지도자 지원, 농기구

---

169) 같은 논고, 54쪽.
170) 정윤석(대의원), 「건국 30주년과 대의원의 사명」, 통일주체국민회의 사무처, 『국민회의보』 23, 1973.9, 88쪽.
171) 박지원, 「대의원 유신홍보활동의 방향」, 『국민회의보』 6, 통일주체국민회의 사무처, 1974, 162쪽.
172) 박경원(통일주체국민회의 사무총장), 「유신이념 구현을 위한 대의원의 활동」, 앞의 잡지, 54~55쪽.

지원, 학교 설립 지원 등으로 이루어졌다.[173]

또한 대의원들은 무의촌 진료활동을 하고 무료진료를 했으며, 군경위문과 원호대상자를 위문하고, 불우학생에 대한 장학금 지원 및 장학회 설립을 운영했다. 그리고 대의원들은 영세민 구호, 고아원·양로원의 시설 및 운영보조, 불의의 재난을 당한 사람들에 대한 구조를 비롯해서 국민총화를 위한 이웃돕기운동에도 적극 참여했다.[174] 이러한 이웃돕기운동에 참여한 대의원의 연 인원수가 6,838명으로 집계되었다. 이는 대의원 매 개인이 3회 이상씩 구조 활동을 벌였던 것을 의미하며, 회사된 성금 총액이 11억 9백 38만 8천 원에 달했다. 이는 대의원 매 개인이 평균 약 49만 3천 원씩을 내놓은 것이 된다.[175]

특히 대의원들의 활동 중에서 괄목할 만한 것은 새마을운동에의 참여 또는 지원이었다. 대의원으로서 새마을 지도자로 있는 사람이 2백여 명에 달하고 있거니와 그 밖에도 연 인원 9,349명이란 많은 대의원들이 총액 28억 9천 9백 8십 1만 6천원이란 거액의 돈을 새마을 성금으로 내놓았다. 이는 대의원 매 개인이 이 기간 중에 평균 4회 이상씩, 도합 1인당 평균 약 1백 29만 원씩의 성금을 내놓은 것이 된다. 이 금액은 국방성금 매 개인당 1백만 원을 훨씬 넘는 액수이다.[176]

또한 장학활동, 체육진흥활동, 향토문화의 발굴 보존사업 등등 지역사회의 문화적 발전을 위한 사업에 발 벗고 나선 대의원들이 연 인원 7,298명에 달했으며, 그들이 회사한 성금은 총 14억 6천 3백 87만 3천원에 이르렀다. 이는 모든 대의원들이 5년의 기간 중에 3~4회씩 문화 봉사활동에 참가했으

173) 탁병희, 「통일실현을 위한 대의원의 사명」, 앞의 잡지, 51쪽.
174) 탁병희, 「통일실현을 위한 대의원의 사명」, 앞의 잡지, 51~52쪽; 이명영, 「국민회의 5년의 총괄적 평가」, 앞의 잡지, 57쪽.
175) 이명영, 「국민회의 5년의 총괄적 평가」, 통일주체국민회의 사무처, 『국민회의보』20, 1977.12, 57쪽.
176) 같은 논고, 57쪽.

며, 매인당 평균 약 65만여 원의 성금을 낸 것이 되었다.[177]

그 결과 대의원들은 각자 지역사회의 발전을 위한 각종 조직의 간부로
활동했다. 농협단위조합장, 농지개량조합장, 농촌자원지도자, 지역개발추
진위원, 상공회의소의원 등등 주민생활 향상을 위한 생산적 협동조직에 관
계하고 있는 대의원을 비롯해서 경찰자문위원, 청소년선도위원, 체신협력
회원, 지방행정자문위원 등 행정개선을 위한 협력조직에 관계하고 있는 대
의원 및 국가안보를 위한 지방조직에 관계하고 있는 대의원과 기타 각종
클럽 등 문화적 봉사운동조직에 관계하고 있는 대의원 등 모든 대의원들이
한 두가지씩 봉사적 임원직을 맡아 활동했다.[178]

(4) 세미나와 산업시찰

한편 대의원들은 여러 사람이 모여 각자 자신의 지식과 경험을 나누고,
각 분야에 있어서 권위 있는 전문가들의 의견을 듣고 이해하며, 국가시책
에 대해 보다 깊이 인식할 수 있도록 정부관계자들의 설명을 받을 수 있는
기회를 자주 갖기 위해 각 시·도별로 순차적으로 대의원 세미나를 개최했
다. 세미나는 주제발표와 더불어 산업시찰, 시청각 교육용 영화상영 등의
프로그램으로 진행되었다.[179]

특히 대의원 세미나는 대의원으로 하여금 국가의 지도이념과 국가의 기
본시책을 숙지케 하고, 동시에 통일 및 안보문제에 대한 전문적이고 구체
적인 이론을 연구하고 자료를 모집함과 아울러, 대의원의 사명감을 고양함
으로써 조국의 평화적 통일과 유신과업 수행을 위한 중추적 역할을 다하게
하는 데 그 목적을 두었다. 그리고 세미나를 통한 이해와 지식은 현지답사

---

177) 같은 논고, 57쪽.
178) 같은 논고, 57쪽.
179) 박경원(통일주체국민회의 사무총장), 「유신이념 구현을 위한 대의원의 활동」, 앞의 잡지, 57쪽.

를 통해 인식되고 확신되는데, 이것이 대의원 산업시찰이었다. 국내의 각종 산업시설과 안보시설, 그리고 새마을운동의 현장 등의 시찰을 통해, 세미나에서 논의되었던 통일국력 조성의 진척상황을 확인하고 필요한 정보를 획득함으로써 보다 발전적이고 효율적인 새로운 활동방향을 정립하고자 한 것이다.[180]

특히 전방 안보시설을 시찰하여 국가안보의 긴요성을 인식하는 한편, 국가 기간산업 시설을 현지 답사함으로써 1980년대를 향한 우리 국력의 신장상을 직접 보고 느끼면서 박정희 대통령의 조국근대화 구상인 안정과 번영 그리고 평화통일이 어떻게 추진되고 발전되었으며, 또 다져나가고 있는가를 확인하고자 했다. 그리고 모범적인 새마을부락을 보고 자조·자립·협동의 새마을정신의 정착과정을 느끼고자 했으며, 박정희 대통령을 중심으로 총 단결하여 매진한다면 우리는 민족 스스로의 힘으로 능히 민족중흥을 실현하고 나아가서 세계 속에 빛나는 한국사를 이룩할 수 있다는 가능성을 발견하고자 했다. 특히 대의원들은 산업시찰에서 얻은 생생한 자료를 소재로 하여 맡은 바 분야에서 유신총화체제 확립을 위한 선도자로서의 책임을 다하여 국민회의의 발전을 위하여 노력하고자 했다. 그리하여 산업시찰을 통해서 얻은 성과는 유신체제를 더욱 정착시켜 나가는 데 있어서 큰 힘이 되고, 또 내적으로는 국민회의 구성원 간에 일체화를 촉진시키는데 많은 성과가 있었다고 평해졌다.[181]

이와 같은 세미나와 산업시찰은 1년에 1회, 일반적으로 3박 4일 일정으로 실시하였다. 산업시찰은 세미나 일정에 포함시켜 병행 실시하거나 또는 연도별로 분리하는 방법으로 실시되었다. 국민회의 창설 이후 최초의 대의원 세미나가 1973년 4월 17일부터 6월 29일 사이에 각 시·도별로 실시된 이래

---

180) 국민회의8년개관편찬위원회, 『국민회의 8년 개관』, 295쪽, 342쪽~358쪽.
181) 통일주체국민회의 사무처, 『제1대 운영위원회회의록』, 통일주체국민회의 사무처(국가기록원 소장), 1974.

10 · 26사태 이후인 1980년 4월 1일부터 23일까지 계속되었다.[182]

이밖에도 대의원들의 국외 시찰은 조국의 평화적 통일을 추진하기 위한 국민주권의 수임자로서 견문을 넓히도록 한 박정희 대통령의 특별한 배려 하에서 개시되었다. 또한 대의원들의 국외시찰은 이를 통해 격동하는 국제 정세를 올바로 파악하고, 우리나라와 전통적인 우호관계를 맺고 있는 자유 우방들을 방문하여 그 나라 지도급 인사들과 의견을 나눔으로써 기존유대를 더욱 공고히 하는 외교적 사명도 수행하려는 취지도 내포되어 있었다. 그리하여 대의원 국외 시찰은 분단국가 및 우리나라와 여건이 비슷한 선진국의 농촌실태와 경제발전상을 시찰할 목적으로 1975년부터 11월 18일 미주반과 구주반의 출발로부터 시작되었다. 이외에도 동남아지역 등을 방문했다. 1975년부터 1979년 말까지 초대 중에는 1975년과 1976년 및 1977년 4회에 걸쳐 71명이며, 2대 중에는 20회에 걸쳐 440명에 이르렀다. 이로써 1975년부터 1979년 말까지 국외시찰단의 파견회수는 도합 24회이며, 참가 연인원 511명에 달했다.[183]

결론적으로 대의원들은 대통령과 국회의원 일부를 선출하고, 유신체제의 기수로서 활약하며, 지역개발과 새마을운동의 선도자로서 활동하는 등 유신체제의 핵심세력으로 활동을 했다. 그리하여 유신체제에 있어서 그 조직화된 힘은 국민회의 대의원에게서 찾을 수 있었다.

요컨대 국민회의 대의원들은 유신체제의 기틀을 확보하고, 유신이념을 생활화하여 유신체제를 유지하는 새로운 민족주체세력이자 사회지도층 및 유신 중심세력으로 부상하여 오늘날까지 이르고 있다고 할 수 있다.

---

182) 국민회의8년개관편찬위원회, 『국민회의 8년 개관』, 295쪽, 342쪽~358쪽.
183) 국민회의8년개관편찬위원회, 『국민회의 8년 개관』, 371~372쪽; 한두석, 앞의 논문, 169쪽.

5. 통일주체국민회의의 역사적 평가

이상과 같이 국민회의와 유정회는 유신체제와 한국적 민주주의의 제도적 상징이었다. 그리고 국민회의와 대의원들은 대통령과 국회의원 일부 선출, 그리고 유신홍보활동 및 지역사회개발과 새마을사업 등에 있어서 유신체제 및 유신이념 정착의 첨병으로 기능해왔다. 그 결과 국민회의와 유정회의 존재는 제4공화국의 새로운 지배권력의 형성을 의미했으며, 한국사회의 새로운 사회 지배층 및 유신 중심세력으로 부상하여 한국사회 보수층의 내실과 그 외연을 확대하는 역사적 의미를 지니고 있다. 이로 인해 박정희 정권의 장기집권과 유신체제의 안정화가 제도적으로 보장되고 유지되는 역사적 의미를 갖고 있다.

특히 조국의 평화적 통일 달성이라는 특수한 사명을 지니고 창설된 국민회의는 대한민국의 정치사에서 분단국가 정치라는 한계를 극복하는 다른 차원의 정치 이행과 체제 개편을 의미하기도 하며, 더 나아가 대의원이라는 통일주체세력을 형성하고 조국통일의 이념을 대중들에게 침투시키는 데 의미가 있을 뿐만 아니라, 기존의 분산적이고 미조직적인 통일에의 의지와 염원을 조직화하고, 제도화하며, 체계화한 점에서 그 역사적 의미가 있다.[1]

---

1) 이정식, 「통일주체국민회의의 정치적 사명」, 『북한』, 1973.1, 49~50쪽; 박정희, 「제1차 통일주체국민회의 개회식 개회사」, 『국민회의보』 1, 통일주체국민회의 사무처, 1973.

그러나 국민회의는 그 시험기간이 짧았을 뿐만 아니라 유신체제 자체에 대한 국민적 저항으로 인해 하나의 제도로서 뿌리를 내리고 토착화하지 못했다.[2] 그 이유는 다음과 같은 문제점에서 비롯된 것이라 할 수 있다.

첫째, 대의원들이 그들의 막중한 권한과 지위에 비해 받는 대우로부터 오는 불만에서 비롯되었다고 할 수 있다. 대의원들은 국회의원과는 달리 실비의 출석수당과 여비 이외에는 한 푼도 지급되는 것이 없는 무보수 명예직인데다 실제 임무도 개인적인 명성을 가져올만한 성질의 것이 아니었다. 즉 대의원들의 막중한 권한에 따를 만한 제도적 뒷받침이 없고, 대의원에 대한 공적 예우가 없으며, 더 나아가 보수가 따르지 않는다는 데서 불만의 원인을 찾을 수 있다. 여기서 보수라 함은 일정 액수의 화폐 지급만을 뜻하는 것이 아니라, 신분상의 특혜도 포함되는 것을 말한다. 그리하여 대의원들은 그들의 직무에 대해 긍지를 가지지 못하는 사람들이 있는가 하면, 그들의 처지가 일제시대 중추원의 참의만도 못한 대접을 받고 있다고 불평불만을 쏟아냈다.[3]

대의원들은 권리와 특전을 요구하는 것이 아니라 대의원으로서의 최소한 체면을 유지할 수 있는 선에서 대우를 해주기를 바랐다. 그리고 대의원으로서의 긍지와 권위를 지닐 수 있는 제도적인 보완조처를 해주기를 희망했던 것이다.[4]

---

2) 이한수, 「안정자적 기능의 6년」, 통일주체국민회의 사무처, 『국민회의보』21, 1978.3, 41쪽, 43쪽.

3) 정순택(대의원), 「대의원의 사회적 좌표」, 통일주체국민회의 사무처, 『국민회의보』5, 1974.3, 154쪽; 이명영, 「통일주체국민회의, 그 특유한 성격의 재인식」, 앞의 잡지, 234쪽; 홍성만, 「제2기 국민회의 대의원 선거와 그 결과」, 『시사』1978.6, 16쪽; 강성재, 「통일주체국민회의 대통령 선출의 내막」, 『신동아』1986.5, 285~289쪽; 김인득 대의원, 「통일의 지름길」, 『통일생활』4권 4호, 대공문제연구소, 1973.4, 43쪽.

4) 김원기 대의원, 「통일주체국민회의 대의원 활동을 위한 제언」, 『통일생활』4권 5호, 대공문제연구소, 1973.5, 62~63쪽.

둘째, 국민회의와 대의원에 대한 국민들의 부정적인 인식과 무관심을 지적할 수 있다. 국민들은 국민회의의 성격이라든지 대의원의 임무를 잘 모르거나 경시하기도 했으며, 무관심했다. 분명히 국민 각자가 한 표씩 던져 대의원을 선출했음에도 자기 구역 출신의 대의원의 이름조차 기억하지 못하고 있는 예가 많았다.5)

특히 대의원의 소임은 직접 국회의원들과 같이 정치활동을 하고, 입법을 하며, 국가의 예산을 심의하는 그런 기관이 아니어서 국민들의 입장에서는 아주 소극적인 입장에 처해져 있었기 때문에 국민들과 떨어져 있다는 느낌을 주었다. 따라서 국민들은 대의원에 대해 올바르게 인식하지 못하는 경향이 있었다.6)

또한 국민회의에 대한 국민적·사회적 인식이 부족하기 때문에 이를 강화하고 대한뉴스를 비롯하여 각종 신문, 그리고 TV 등을 통하여 홍보활동에 주력했으나 미흡한 점이 많았다. 더욱이 각 지역별로 볼 때 대의원들이 지역개발에 현저한 실적을 거두고 있었음에도 불구하고 이것이 충분하고 광범하게 보도되지 못하는 아쉬움도 있었다.7)

그리하여 국민회의가 무엇을 하는 기관이냐고 회의를 느끼는 국민들이 있는가 하면, 국민회의가 무엇을 하는 단체인지 선뜻 답변을 할 수 있는 사람이 많지 않았다. 1972년 말에 한번 뉴스의 각광을 받은 이후 1년에 한두번 안보보고대회란 이름으로 소집되는 각 지역회의 이외에는 이렇다 할 활동을 보이지 않았기 때문에, 이에 대해 익히 아는 사람이 많지 않았다.8) 이

5) 이명영, 「통일주체국민회의, 그 특유한 성격의 재인식」, 통일주체국민회의 사무처, 『국민회의보』 8, 1974.12, 233쪽; 임정근, 「대의원 홍보활동의 의의」, 통일주체국민회의 사무처, 『국민회의보』 5, 1974.3, 142쪽; 정순택(대의원), 「대의원의 사회적 좌표」, 통일주체국민회의 사무처, 『국민회의보』 5, 1974.3, 155쪽.
6) 이춘기(운영위원), 「총화단결과 대의원의 자세」, 『승공생활』, 1977.7, 45~46쪽.
7) 통일주체국민회의 사무처, 『제1대 운영위원회회의록』, 통일주체국민회의 사무처(국가기록원 소장), 1974.

러한 일로 인해 국민회의에 대한 국민들의 인식은 부정적인 경향을 보이게
된 것이다.

셋째, 국민회의가 설치되게 된 명분인 조국의 평화적인 통일문제에 있어
서 국민회의의 실질적 활동이 전혀 미약했다는 데 문제가 있었다. 1972년
12월 23일 대통령을 선거한 첫 집회일 이었던 이 날 처음으로 전국의 대의
원들이 한자리에 집결했다. 제1차 회의에서 박정희 대통령 영도 하에 추구
되는 조국의 평화통일 노력을 전적으로 지지하고, 이를 뒷받침하기 위하여
대의원들이 헌신할 것을 다짐하는 결의문을 만장일치로 채택한 바 있었다.
그러나 그 뒤로 전체회의는 한 번도 소집된 일이 없고, 전체회의에서 공식
으로 통일정책을 심의한 적이 없었다. 초대 국민회의는 1974년도부터 년 1회
씩 4회를 시·도별 6~8개 지역으로 나누어 통일안보보고회를 개최했지만
그것만으로는 미흡했던 것이다.[9]

국민회의는 주권적 수임기관으로서 대통령이 심의에 붙이는 통일에 관한
중요한 정책을 국론으로 확정하는 것을 중요한 기능으로 하는 것이기 때문
에 통일문제와 관련하여 보다 잦은 회의를 개최하여 통일정책을 충분히 논
의해야 했음에도 불구하고 그렇지 못했으며, 또 일단 국론으로 확정된 통
일방안을 국민들에게 널리 홍보하여 국민적 합의를 형성하는 일도 이루지
못했다.[10]

특히 박정희 대통령은 국민회의가 개회한 이래 통일에 관한 중요정책을
국민회의 심의에 붙인 일이 없었다. 이처럼 국민회의 대의원들이 통일정책
의 심의 기능을 한 번도 행사하지 못한 것은 아쉬운 일이 아닐 수 없었

---

8) 황소웅, 「통일주체국민회의」, 『세대』 174호, 세대사, 1978.1, 142쪽; 김인득 대의원, 「통일
   의 지름길」, 앞의 잡지, 43쪽.
9) 황소웅, 「통일주체국민회의」, 앞의 잡지, 157쪽; 주효민, 「통일주체국민회의 제2대 대의원
   선거결과를 보고」, 중앙선거관리위원회, 『선거관리』 20, 1978.8, 12쪽.
10) 남재희, 「제2대 국민회의의 발전방향」, 통일주체국민회의 사무처, 『국민회의보』 22,
    1978.6, 39쪽; 이명영, 「통일주체국민회의, 그 특유한 성격의 재인식」, 앞의 잡지, 233~234쪽.

다.[11] 요컨대 국민회의는 보다 주체적이고 능동적인 면에서 통일을 위한 현실적인 통일정책상의 문제를 실증할 만한 활동을 하지 못했던 것이다.[12] 따라서 국민들은 국민회의가 있으나 마나하다고 생각하며 그 존재를 잊어버릴 정도로까지 되어버렸다. 그 결과 국민회의의 가치는 점차 퇴색해지고 있었다.[13]

넷째, 국민회의는 선출한 대통령의 국민적 지지기반을 더욱 넓히고 굳혀 대통령을 초당적인 국민의 대통령으로 만들어야 했음에도 불구하고 그 역할을 다 하지 못하고, 오히려 대통령의 장기집권을 구축하는 데 기여했을 뿐이다. 더 나아가서 국민회의는 선출한 국회의원과도 밀접한 관계를 유지하는 데 실패했다. 비록 유정회 국회의원과 대의원과의 간담회가 1975년부터 1979년 말까지 3회에 걸쳐 이루어졌지만 국민회의는 유정회와의 긴밀한 협력을 통해 우선 통일에 관한 중요정책이 국회에서 논의될 수 있도록 영향력을 발휘해야 했음에도 불구하고 그러하지 못했다. 구체적으로 국민회의와 유정회와의 관계에 대해서는 헌법에 국회의원 일부를 선출한다고 명시되어 있을 뿐, 그 관계를 규정한 법조항은 없었다.[14] 그리하여 국민회의 대의원들과 유정회와의 긴밀한 유대형성에 노력을 해주기를 바라는 제언도 있었다.[15]

또한 지역구 출신 국회의원들이 선거구민과의 관계에 있어서 민의를 반영하며 국정의 개선에 힘쓰는 것과 마찬가지로 국민회의 선출 국회의원들도 대의원들과의 대화통로를 갖고 그 유기적 관련에 있어서 민의를 반영하며 국정개선의 방향을 시사 받아야 했다. 그러나 대의원들을 기반으로 하는

---

11) 국민회의8년개관편찬위원회, 『국민회의 8년 개관』, 통일주체국민회의, 1980, 313쪽.

12) 이정식, 「통일주체국민회의의 정치적 사명」, 『북한』, 1973.1, 49~50쪽.

13) 이명영, 「통일주체국민회의, 그 특유한 성격의 재인식」, 앞의 잡지, 233~234쪽.

14) 남재희, 「제2대 국민회의의 발전방향」, 앞의 잡지, 39~40쪽; 국민회의8년개관편찬위원회, 『국민회의 8년 개관』, 427쪽.

15) 좌담, 「유정회 2기를 말한다」, 『유신정우』 4권 2호, 1976.6, 89쪽.

국회의원들이 그 기반을 제대로 활용하지 못한 점은 문제로 지적되었다.[16)]

특히 직능대표적인 성격을 띠고 선출된 유정회 의원들이 원내에 들어오고 나면 자신이 소속했던 그 직능사회와는 거리가 멀어지고 출신 직업단체의 요구와 견해를 제대로 정치에 반영하지 못하고 있다는 회의도 있었다. 즉 유정회 의원들이 자기 직능 분야의 이익을 위해 얼마만큼 대변하고 있는지에 대한 의문이 제기되었다.[17)]

또한 정당에 소속되어 있지 않은 대의원들이 선출한 대통령은 선출한 뒤에 정당에 소속되어 그 정당과 의논해서 국사를 다스린다는 특유함이 있었다. 즉 대의원들이 엄격히 국민의 일반의사에 따라 찬반 토론 없이 대통령을 선출했다 해도 대통령으로 선출된 다음 순간 국민회의에 속하는 것이 아니라, 한 정당으로 빼앗긴 셈이 되는 것이었다. 특히 국민회의는 대통령을 불신임할 수도 없고, 소환할 수도 없었다. 국회의원 3분의 1의 선출에 있어서도 사정은 같았다. 선출된 다음 순간 국회의원은 국민회의에 속하지 않고, 사실상에 있어서 대통령에 속해버리고, 국민회의는 그들을 소환할 수가 없었다.[18)]

그리하여 주민들은 말하기를 "어려운 지방선거를 해서 뽑아 놓았더니 남의 자식 벼슬만 시켜 놓았지 아무 것도 아니더라", "우리와 일상생활을 같이 하고 있기 때문에 우리 민의를 반영시키는 데에도 과거의 국회의원보다도 더 정확하게 반영시키리라고 생각했는데 이장만도 못한 것이 대의원이더라", "너희들 임기동안에 대통령 선거하고 국회의원 3분의 1 선거하면 할 일 다 한 것이 아니냐"하며, 대의원들을 모멸하는 실정이었다. 또 일부 사람들은 "대의원은 일시용 박수기이다"라고 혹평하기도 했다.[19)] 즉 사람들은 대

---

16) 이명영, 「국민회의 5년의 총괄적 평가」, 앞의 잡지, 58쪽.
17) 김광섭, 「제2기 유정회의 출범에 기대한다」, 『국민회의보』 13, 통일주체국민회의 사무처, 1976, 66쪽; 좌담, 「유정회 2기를 말한다」, 『유신정우』 4권 2호, 1976.6, 90~92쪽.
18) 이명영, 「통일주체국민회의, 그 특유한 성격의 재인식」, 앞의 잡지, 234쪽.

의원을 다만 대통령과 국회의원 일부를 선거함으로써 박정희 독재권력과 유신체제를 유지하기 위한 거수기 역할만을 하는 허수아비 기관원에 불과하다고 본 것이었다.

더 나아가 대의원들 자신도 대통령을 선출하고 국회의원을 선출하는 동안은 흥미로웠지만 그 다음에 아무 것도 할 일이 없지 않느냐 하는 소외감을 느끼곤 했다.[20]

다섯째, 국민회의는 국민 저변의 조직화에 있어서 크게 성공하지 못했음이 문제점으로 지적되었다. 즉 대의원들이 전 국민을 대상으로 하는 유신 홍보활동을 했지만 실제 유신이념이 국민들의 마음속에 행동으로 이어져 생활의 변화를 가져오지 못했던 것이다. 유정회 의원들 역시 원내 활동을 통해서나 원외활동을 통해서 유신이념의 정착을 위해 많은 일을 한 의원들도 있지만, 전반적으로 볼 때 그렇지 않다는 회의도 있었다. 즉 유정회 역시 유신이념의 생활화 내지 제도화를 통해 국민의 자발적 복종을 얻거나, 국민의 정치참여 요구를 정치과정에 흡수, 소화시키는 데에는 실패함으로써 진정한 정치발전에는 장애요인이 되었다. 그 결과 국민들은 생활분야에서 유신체제 때문에 일어날 수 있는 발전적 변화를 느끼지 못했으며, 유신체제가 진정 국민들 속에 그 뿌리를 내리지 못했던 것이다.[21]

그리하여 국민회의는 국내외적으로 민주헌법 제도와 거리가 먼 장기집권을 위한 제도라는 부정적 평가를 받아오다가 제5공화국 헌법의 발효와 더불어 유신헌법과 함께 국민회의도 폐지되는 운명에 처해지게 되었던 것이다.

---

19) 정순택(대의원), 「대의원의 사회적 좌표」, 앞의 잡지, 153~154쪽.
20) 한태연, 「통일주체국민회의의 역사적 과제」, 『유신정우』 6권 2호, 유신정우회, 1978.6, 25쪽.
21) 「유신정우회」, 『한국민족문화대백과사전』 17, 한국정신문화연구원, 1995; 유신정우회사 편찬위원회, 『유신정우회사』; 이명영, 「국민회의 5년의 총괄적 평가」, 앞의 잡지, 58쪽; 김광섭, 「제2기 유정회의 출범에 기대한다」, 『국민회의보』 13, 통일주체국민회의 사무처, 1976, 66쪽.

6. 맺음말

국민회의는 1970년대 데탕트 국면이라는 새로운 국제적인 환경과 격동기에 처한 한국의 특수한 사정에 의해 정립된 유신헌법의 특이한 창설적 제도이자 유신체제의 핵심구조이며, 유신헌법의 본질로서 설치되었다.

이는 바로 국민회의가 가지고 있는 막강한 권한과 활동에서 비롯되는 것이었다. 국민회의는 조국통일의 신성한 사명을 가진 국민의 주권적 수임기관이며, 통일정책 심의결정기관이자, 대통령과 국회의원 일부를 선출하는 선거기관이고, 헌법개정안 확정기관으로서의 권한을 지니고 있었다. 이러한 국민회의의 권한은 한국의 특수한 헌법현상을 반영한 것으로 세계 헌법사상 독보적인 제도로서, 의회민주주의 본래의 이념을 제약하고 한국적 민주주의를 정착시키며, 절대권력의 대통령제를 뒷받침하는 것이었다.

그리고 이러한 권한을 행사하는 국민회의의 기관과 구성 및 그 운영은 대통령의 권한 아래 있었으며, 대통령을 선출하는 대의원들은 출마 전부터 국가권력의 통제를 받았고, 당선된 이후에도 유신체제를 옹호하는 보수적인 집단으로 등장했다. 특히 이들 대의원들은 각계각층의 저명인사나 지방유지들 및 경제적으로 여유를 가진 층이나 기업가들로 구성되어 새로운 사회 지도층이자 유신 중심세력으로 부상해서 박정희 독재정권을 전적으로 지지하는 지배집단이 되었다.

이는 대의원들의 활동에서도 드러나고 있다. 즉 대의원들은 박정희 대통령의 장기집권을 보장하는 거수기로서, 그리고 유신체제의 기수로서, 지역 개발과 새마을운동의 선도자로서 활동하는 등 유신체제의 핵심체로서 활동을 했다.

요컨대 대통령 간선제의 제도적 장치인 국민회의와 유정회의 존재는 제4공화국의 새로운 지배권력의 형성을 의미했으며, 이로 인해 박정희 정권의 장기집권과 유신체제의 안정화가 제도적으로 보장되었던 것이다. 특히 대의원들과 유정회 의원들은 유신체제의 기틀을 확립하고, 유신이념을 생활화하며 유신과업을 구현함으로써 유신체제를 유지하는 새로운 사회 지도층이자 유신 중심세력으로 활동했다.

그 결과 이들은 유신이념과 유신과업의 구현자 내지는 한국적 민주주의의 토착화를 위한 핵심 역군으로서, 한국 보수지배집단의 내실과 그 외연을 확대시키게 되었다. 그리고 이는 유신체제를 옹호하는 반민주세력과 유신체제를 비판하는 민주세력으로 양극화되는 양상을 심화시켰으며, 이러한 현상은 오늘날까지도 남아 있어서 한국사회에서 민주주의를 정착시키는 데 중요한 장애요소가 되고 있는 것이다.

한편 국민회의는 한국사회에서 그 뿌리를 내리지 못하고 유신체제의 종말과 더불어 그 역사적 의미를 상실하고 해체되고 말았다. 이는 국민회의가 지니고 있는 문제점에서 비롯된 것으로 볼 수 있다. 즉 국민회의는 그 중요한 사명인 조국의 평화적 통일문제에 있어서 주체적이고 능동적이며 실질적인 활동을 하지 못하고, 단지 박정희 대통령의 영구집권을 보장하는 거수기 역할을 하는 데 그치고 말았다.

특히 국민회의의 권한과 활동은 대통령의 국가적 권력을 현실화하려는 것으로서, 의회민주주의 본래의 정신과 삼권분립의 정신을 파괴하는 것이었으며, 대통령의 국회지배를 합리화하는 것이었다. 따라서 국민회의가 지니고 있는 가장 큰 문제점은 대통령의 국가적 독재권력을 강화하는 데 일조함으로써 진정한 민주주의 정신을 상실하고 있다는 점이었다.

또한 대의원들의 활동과는 달리 국민들은 생활분야에서 유신체제 때문에 일어날 수 있는 발전적 변화를 느끼지 못했으며, 그 결과 유신체제가 진정 국민들 속에 그 뿌리를 내리지 못했던 것이다. 따라서 국민회의의 가치는 점차 퇴색해지고 해체되는 운명에 처해진 것이었다.

그러나 국민회의는 유신헌법에 따라 단행되는 제도개혁의 과정에서 최초로 탄생된 유신제도의 하나이며, 유신체제의 제도적 기초를 의미하는 동시에 평화통일을 위한 민족주체세력의 집합체라는 역사적 의미를 갖고 있다. 특히 국민회의는 분단의 시대로부터 통일조국의 새 시대를 열어가기 위한 민족의지의 발현이자 체제개편을 의미했다. 따라서 국민회의는 기존의 분산적이고 미조직적인 통일에의 의지와 염원을 조직화하고, 제도화하며, 체계화한 점에서 그 역사적 의미가 있다고 할 수 있다.

참고문헌

■ 1차 사료

(1) 신문

경향신문, 동아일보, 서울신문, 조선일보, 중앙일보.

(2) 저서

갈봉근, 『유신헌법론』, 한국헌법학회출판부, 1977.

갈봉근, 『유신헌법해설』, 한국헌법학회출판부, 1976.

갈봉근, 『통일주체국민회의론』, 광명출판사, 1973.

갈봉근, 『통일주체국민회의론』, 한국헌법학회 출판부, 1978.

국민회의8년개관편찬위원회, 『국민회의 8년 개관』, 통일주체국민회의 사무처, 1980.

내무부, 『대통령각하 재가문서보관철』, 내무부(국가기록원 소장), 1972.

문화공보부, 『국가보위비상대책위원회는 왜 설치되었는가』, 문화공보부, 1980.

유신정우회사 편찬위원회, 『유신정우회사』, 유신정우회사 편찬위원회, 1981.

이기용 편집, 『통일주체국민회의 대의원 총람』, 한국정경사, 1973.

통일주체국민회의, 『통일안보보고회관계철』, 통일주체국민회의 사무처(국가기록원 소장), 1976.

『통일주체국민회의 대의원예우지침』, 수원지방검찰청 사무국 서무과(국가기록원 소장), 1973.

통일주체국민회의 사무처, 『제1대 운영위원회회의록』, 통일주체국민회의 사무처

(국가기록원 소장), 1974.
통일주체국민회의 사무처, 『통일주체국민회의』, 통일주체국민회의 사무처, 1975.

「Chuch'e and South Korea」, 1972.11.4., POL, 32-4, KOR 5-3-73, Box 2420, RG59, 양
　　승환·박명림·지주형 편, 『한국대통령통치사료집-박정희(4)』 7, 연세대학
　　교 국가관리연구원, 2010.
「Yi Hu Rak on Elections」, 1972.4.7. POL 14 KOR S 6/1/71, BOX 2425, RG59, 양승
　　함·박명림·지주형 편, 『한국대통령통치사료집-박정희(4)』 7, 연세대학교
　　국가관리연구원, 2010.

(3) 논고

갈봉근, 「통일주체국민회의 서설」, 국회사무처, 『국회보』 170, 1979.5-6.
갈봉근, 「통일주체국민회의의 역할론」, 통일주체국민회의 사무처, 『국민회의보』
　　1, 통일주체국민회의 사무처, 1973.3.
갈봉근, 「통일주체국민회의의 지위와 권한」, 『시사』 1978.6.
갈봉근, 「통일주체국민회의의 헌법상의 지위」, 중앙선거관리위원회, 『선거관리』
　　20, 1978.8.
고재철, 「국민적 총화의 결정」, 『국민회의보』 13, 통일주체국민회의 사무처, 1976.
구범모(국회의원), 「유신체제와 국민회의」, 『국민회의보』 15, 통일주체국민회의
　　사무처, 1976.9.
구태회, 「유정회 3년의 자부와 반성」, 『유신정우』 4권 1호, 1976.3.
기념좌담, 「유정회 1년을 말한다」, 『유신정우』 2권 1호, 1974.3.
김광섭, 「제2기 유정회의 출범에 기대한다」, 『국민회의보』 13, 통일주체국민회의
　　사무처, 1976.
김상준, 「대의원의 과제와 활동방향」, 『국민회의보』 13, 통일주체국민회의 사무처, 1976.
김승만, 「2·27총선에 나타난 국민의 주권의식」, 『통일생활』 1973.4.
김원기 대의원, 「통일주체국민회의 대의원 활동을 위한 제언」, 『통일생활』 4권 5호,
　　대공문제연구소, 1973.5.
김은수, 「낙오된 자에 희망을」, 『유신정우』 2권 4호, 1974.12.
김인득 대의원, 「통일의 지름길」, 『통일생활』 4권 4호, 대공문제연구소, 1973.4.

김재탁, 「전체국민의 대변인 역할」, 『유신정우』 3권 4호, 1975.12.

김철수, 「통일주체국민회의」, 중앙선거관리위원회, 『선거관리』 6.1, 1973.7.

김태현, 「국민총화의 길잡이」, 『국민회의보』 21, 통일주체국민회의 사무처, 1978.3.

남궁훈, 「통일주체국민회의 대의원 선거법 및 동법 시행령」, 『월간 법제』, 법제처, 1972.12.

남재희, 「제2대 국민회의의 발전방향」, 『국민회의보』 22, 통일주체국민회의 사무처, 1978.6.

문홍주, 「유신헌법과 국회의 기능」, 『국회보』 127, 국회사무처, 1973.3.

박경원(통일주체국민회의 사무총장), 「유신이념 구현을 위한 대의원의 활동」, 『국민회의보』 1, 통일주체국민회의 사무처, 1973.3.

박일경, 「통일주체국민회의의 권한과 선거방법」, 한국유신학술원, 『국민논단』 23, 1978.5.

박정희, 「제1차 통일주체국민회의 개회식 개회사(1972.12.23)」, 『국민회의보』 1, 통일주체국민회의 사무처, 1973.

박정희, 「제2대 통일주체국민회의 제2차 회의 개회사」, 『국민회의보』 24, 통일주체국민회의 사무처, 1978.

박지원, 「대의원 유신홍보활동의 방향」, 『국민회의보』 6, 통일주체국민회의 사무처, 1974.

배상오, 「대통령의 권한-유신헌법을 중심으로」, 『논문집』 13.1, 공주교육대학, 1976.12.

배상오, 「통일주체국민회의의 법적 지위」, 충남대학교 법률행정연구소, 『논문집』 6, 1979.11.

안상용(대의원), 「대의원 홍보활동의 방향」, 『국민회의보』 5, 통일주체국민회의 사무처, 1974.3.

육군본부 편집실, 「통일주체국민회의의 성격과 기능」, 『육군』 176, 육군본부, 1972.12.

윤부병(대의원·의학박사), 「새마을운동과 대의원」, 『국민회의보』 2, 통일주체국민회의 사무처, 1973.7.

윤태철, 「대의원 2년의 회고」, 『국민회의보』 8, 통일주체국민회의 사무처, 1974.

이명영, 「국민회의 3년의 총괄적 평가」, 『국민회의보』 12, 통일주체국민회의 사무처, 1975.

이명영, 「국민회의 5년의 총괄적 평가」, 『국민회의보』 20, 통일주체국민회의 사무처, 1977.12.

이명영, 「통일주체국민회의, 그 특유한 성격의 재인식」, 『국민회의보』 8, 통일주체국민회의 사무처, 1974.12.

이성근(국회의원), 「평화통일과 대의원의 역할 및 사명」, 『국민회의보』 30, 통일주체국민회의 사무처, 1980.6.

이영원, 「통일주체국민회의의 지위와 역할」, 국방부, 『정훈』 53, 1978.5.

이용승, 「제2대 대의원 선거와 한국적 민주주의」, 『국민회의보』 22, 통일주체국민회의 사무처, 1978.6.

이재근, 「제2기 국민회의 출범의 의의」, 『시사』 1978.6.

이정식, 「통일주체국민회의의 정치적 사명」, 『북한』, 1973.1.

이종섭, 「금후의 유신홍보활동」, 『국민회의보』 13, 통일주체국민회의 사무처, 1976.

이춘기(운영위원), 「총화단결과 대의원의 자세」, 『승공생활』, 1977.7.

이한수, 「안정자적 기능의 6년」, 『국민회의보』 21, 통일주체국민회의 사무처, 1978.3.

임정근, 「대의원 홍보활동의 의의」, 『국민회의보』 5, 통일주체국민회의 사무처, 1974.3.

정순택(대의원), 「대의원의 사회적 좌표」, 『국민회의보』 5, 통일주체국민회의 사무처, 1974.3.

정윤석(대의원), 「건국 30주년과 대의원의 사명」, 『국민회의보』 23, 통일주체국민회의 사무처, 1973.9.

「제2차 통일주체국민회의 지역회의 개회식 개회사」, 『국민회의보』 창간호, 통일주체국민회의 사무처, 1973.

조병득, 「제2대 대의원상과 나의 갈길」, 『국민회의보』 22, 통일주체국민회의 사무처, 1978.

조성훈(대의원), 「통일한국과 대의원의 역할」, 『국민회의보』 25, 통일주체국민회의 사무처, 1979.3.

좌담, 「유정회 2기를 말한다」, 『유신정우』 4권 2호, 1976.6.

주효민, 「통일주체국민회의 제2대 대의원 선거결과를 보고」, 중앙선거관리위원회, 『선거관리』 20, 1978.8.

탁병희, 「통일실현을 위한 대의원의 사명」, 『국민회의보』 29, 통일주체국민회의 사무처, 1980.3.

「통일주체국민회의 대의원 선거」, 『체신』 193호, 체성회, 1972.12.

「통일주체국민회의대의원선거 결과보고」, 내무부(국가기록원 소장), 1972.

편집실, 「제9대 국회의원 선거결과 분석」, 『제주시』 23, 1973.7.

한근이, 「국민적 총화단결을 다짐했던 대의원 세미나」, 『국민회의보』 10, 통일주
　　체국민회의 사무처, 1975.

한웅길, 「통일주체국민회의의 성격과 기능」, 『고시계』 192, 1973.2.

한태연, 「통일주체국민회의의 역사적 과제」, 『유신정우』 6권 2호, 유신정우회,
　　1978.6.

홍성만, 「제2기 국민회의 대의원 선거와 그 결과」, 『시사』 1978.6.

황소웅, 「통일주체국민회의」, 『세대』 174호, 세대사, 1978.1.

C. I. Eugene Kim, 「SIGNIFICANCE OF KOREA'S 10th NATIONAL ASSEMBLY
　　ELECTION」, 『Asian Survey』 may 1979, vol XIX, number 5, University of
　　California Press.

■ 2차 사료

(1) 저서

김행선, 『박정희와 유신체제』, 선인, 2006.

대한민국 국회, 『대한민국 국회 60년사』, 국회사무처, 2008.

임영태, 『대한민국 50년사』, 들녘, 1998.

(2) 논문

강성재, 「통일주체국민회의 대통령 선출의 내막」, 『신동아』 1986.5.

「그때 그 헌법, 한 사람을 노래했네」, 『한겨레 21』 제546호, 2005.2.15.

김세중, 「유신헌법과 4공 통치기반의 동력」, 『월간중앙』 1991.6.

박명림, 「박정희 시기의 헌법 정신과 내용의 해석」, 『역사비평』 96, 역사문제연구소,
　　2011 가을.

성낙연, 「유신헌법의 역사적 평가」, 『공법연구』 제31집 제2호, 한국공법학회,

2002.12.

신현익, 「전두환 군부정권 성립과정에서의 미국의 역할」, 고려대학교 대학원 정치외교학과 박사학위논문, 2006.

심지연, 「박정희 정부하의 정당구도 분석(2)」, 한국정당학회, 『한국정당학회보』, 창간호, 2002.3.

심지연·김민전, 「선거제도 변화의 전략적 의도와 결과」, 한국정치학회, 『한국정치학회보』 36, 2002.5.

「유신정우회」, 『한국민족문화대백과사전』 17, 한국정신문화연구원, 1995.

이상우, 「유정회와 유신정치」, 『신동아』 1986.4.

자하샘, 「통일주체국민회의」, blog.daum.net, 2011.4.21.

최완규, 「유신권위주의체제의 성립요인에 관한 연구」, 경희대학교 정치학 박사학위논문, 1986.

최연식, 「권력의 개인화와 유신헌법」, 『한국정치외교사논총』 제33집 제1호, 한국정치외교사학회, 2011.8.

최형익, 「입헌독재론: 칼슈미트의 주권적 독재와 한국의 유신헌법」, 서울대학교 한국정치연구소, 『한국정치연구』 제17집 제1호, 2008.

「통일주체국민회의」, 『한국민족문화대백과』 23, 한국정신문화연구원, 1975.

「통일주체국민회의와 유신정부」, blog.daum.net, 2012.4.1.

한두석, 「통일주체국민회의의 조직과 운영에 관한 제도적 고찰」, 중앙대학교 사회개발대학원 개발행정 석사학위논문, 1978.

abstract

The Authority and Activity of the National Conference for Unification in the Period of the Yushin System

The National Conference for Unification(NCU) was the particular founding system and the core frame of the Yushin Constitution, which was established by the international situation of the 1970s detente and by the specific circumstances of Korea during the turbulent period.

An enormous authority was given to the NCU as the agency for the sovereign mandate which was supposed to undertake the sacred task of unifying the fatherland. It was supposed to play many roles as the agency of deliberation and determination of national policy for unification, as the agency of election of the President and members of the National Parliament, and as the agency of right to determine changes in the Constitution.

The NCU's authority reflected the particular phenomenon of Korean Constitution, operating unique system in the constitutional history of the world. And its organization and operation was presided by the authority of the President.

The delegates of NCU were selected among local celebrities, enterprisers, and these delegates emerged as the new social leaders and acted as the central power group of Yushin System supporting the despotic regime of Park Jung Hee.

They also helped with prosperity of the Korean conservatives, thus intensifying polarization of both extremes: the anti-democratic power for the Yushin System, and the democratic power against the Yushin System. Until now the extreme conflict remained as a big obstacle to the settlement of democracy.

NCU was not radicated in the Korean society and it lost its historical meaning. And it was ultimately dissolved by the end of the Yushin System. This was caused by the inherent problem of NCU. NCU did not practically act to take the important mission for peaceful unification: it played its role only as a rubber stamp for the lasting power of Park Jung Hee.

Particularly, the authority and activity of NCU was focused on realizing the state power of the President, destroying the Parliament democracy and the separation of the three powers of government, and thus to rationalize the rule of the National Assembly by the President. Above all, the greatest problem of NCU was that it helped with the despotic power of the President, and lost the true spirit of democracy.

The historical meaning of NCU can be found only in that it organized and systematized the volition and the cherished longing for peaceful unification.

Key word: The National Conference for Unification, the Yushin System, the Yushin-Constitution, Park Jung Hee, delegates, authority, activity

부록1)

1.통일주체국민회의 대의원 신조

우리는 조국의 평화적 통일을 위하여 국민주권을 성실히 행사하는 통일주체국민회의 대의원이다. 역사의 소명과 민족의 염원을 받들어, 스스로 헌신과 봉사의 자세를 다짐한다.

국민의 주권적 수임기관의 일군임을 명예로 알고, 책임과 성실로 품위를 높이며, 대한민국의 민족사적 정통성을 지켜 통일대업 수행에 기여한다.

개인과 지역, 정당과 계층의 이해를 초월한 민족주체세력임을 긍지로 삼아, 국가의 영도자를 중심으로 굳게 뭉쳐, 국민의 총화, 국력의 조직화, 능률의 극대화를 이룩하여, 유신과업 완수에 공헌한다.

근면·자조·협동의 정신을 생활화하는 새마을운동의 향도임을 보람으로 생각하고, 증산·수출·건설의 국민적 대열에 앞장서며, 안정과 번영의 기반을 넓히고 다져, 국력배양에 이바지 한다.

스스로의 힘으로 일어서서, 스스로의 노력으로 민족중흥을 이룩하는 위대한 국민으로서, 희망과 신념을 앞세워 통일조국의 영광을 위하여 새 역사를 창조한다.

---

1) 『국민회의보』 창간호, 통일주체국민회의 사무처, 1973; 『국민회의보』 23~24, 통일주체국민회의 사무처, 1978; 갈봉근, 『통일주체국민회의론』, 한국헌법학회출판부, 1978; 갈봉근, 『유신헌법론』, 한국헌법학회 출판부, 1977.

2. 제8대 대통령 취임사(1972.12.27)

친애하는 5천만 동포 여러분!
그리고 내외 귀빈 여러분!

우리는 오늘 고난과 시련의 역사에 종지부를 찍고, 안정과 번영의 보람
찬 새 역사를 기록해 나가야 할 엄숙하고도 뜻깊은 전환점에 섰습니다. 이
자리에 모인 우리들은 이 순간을 지켜보는 역사의 증인들입니다.

나는 지금부터 우리가 기록해야 할 역사는 활기찬 창조의 새 역사이어야
하며, 민족의 자주성에 입각한 영광의 역사이어야 한다고 굳게 믿는 바입
니다.

이러한 민족사의 새로운 출발점에서 나는 국민 여러분의 절대적 지지 속
에 민족통일과 번영의 대임을 맡은 제8대 대통령으로서 헌법이 부여한 책
임과 의무를 성실히 이행할 것을 조국과 민족의 양심 앞에 엄숙히 맹세하
였습니다.

나는 우리 조국의 안정과 평화, 통일과 번영에 대한 온 겨레의 염원 속에
서 마련된 이 식전이 나에게는 막중한 책임과 숭고한 사명의 십자가를 지
게 하는 헌신의 제단이며, 우리 모두에게는 조국의 밝고 희망찬 내일을 위
해, 온 겨레의 뜻과 힘을 하나로 묶는 구국유신의 대광장이라고 믿습니다.

친애하는 동포 여러분!

지난날 우리의 5천년 역사는 영예와 오욕으로 점철된 것이었으며, 특히
우리의 현대사는 수난과 비운의 연속 바로 그것이었습니다.

그러나 5·16혁명을 기점으로 우리는 민족의 위대한 자아를 되찾기 위한
보람찬 노력을 기울이기 시작했습니다. 그리고 온갖 시련과 도전을 이겨내

면서 국력배양에 일로 매진해 왔습니다.

우리는 1,2차 경제개발 5개년 계획을 통해서 공업입국의 터전을 튼튼히 닦아 놓았으며, 이제 바야흐로 중화학 공업시대의 막을 열었습니다.

지금 이 시각에도 4대강 유역의 크고 작은 마을에서는, 번영의 꿈을 이룩하려는 우렁찬 개발의 고동이 메아리치고 있습니다.

새마을운동은 근면, 자조, 협동의 정신을 일깨우면서 도시와 농촌 간의 격차를 착실히 좁혀 나가고 있습니다. 그리고 새마을정신은 새로운 정신혁명의 원동력이 되어, 전국에 요원의 불길처럼 타오르고 있으며, 우리의 정신문화와 정치제도는 이제 떳떳하게 그 국적을 되찾게 되었습니다.

또한 우리는 27년 동안 단절되었던 남북 간의 대화의 문을 열어, 조국의 평화적 통일을 달성할 수 있는 전망을 갖게 하였습니다.

이제 우리는 분단의 논리가 지배하던 냉전의 대결구조에서 벗어나, 서로 번영을 추구하는 평화와 조화의 기구로 전환하고 있습니다.

나는 지난 10년간의 우리 역사가 비단 고난과 역경만의 연속은 아니었으며, 오히려 시련을 극복하는 용기와 잘 살 수 있다는 자신을 안겨 준 보람찬 긍지의 기록이라고 자부하고자 합니다.

다시 말해서 우리는 남들이 수백 년 걸려서 이룩한 정신적 자아의 발견을 불과 10년이란 짧은 기간에 이룩했다고 할 수 있습니다.

이것은 바로 우리 민족의 위대한 저력을 실증한 것이며, 불굴의 용기로 새 역사를 창조해 나가는 무한의 가능성을 보여준 것이라고 나는 확신합니다.

친애하는 국민 여러분!

우리는 지금 우리가 되찾은 민족의 위대한 자아와 자주, 자립의 역량을 한 차원 더 높이 승화시켜, 이를 세계사의 진운(進運) 속에 드높이 발양해야 할 새 역사의 관문에 이르렀습니다.

나는 이 같은 일대 전환점에서 우리 민족이 나가야 할 길은 오직 하나, 그것은 국력배양의 가속화를 통해 통일조국을 구현하는 것뿐이라는 것을 강조하고자 합니다.

전쟁 없는 평화 속에 5천만 동포가 다 함께 행복과 번영을 누리며, 세계 평화와 인류공영에 이바지하여 민족의 영광을 드높이는 것이야말로 오늘에 사는 우리 세대가 반드시 이룩해야 할 엄숙한 소명인 것입니다.

그러나 우리가 앞으로 나아가야 할 길은 결코 평탄한 대로만은 아닙니다.

우리 눈앞에는 국제 권력정치의 거센 파도가 휘몰아치고 있으며, 그 속을 헤치며 나가야 할 통일과 번영의 길은 아직도 시련과 도전의 연속이라고 해야 할 것입니다.

우리는 용감하게 이 시련을 극복해야 합니다. 우리는 슬기롭게 이 도전을 이겨내야 합니다. 그러기 위해 나는 또 다시 국민 여러분에게 촉구합니다.

우리는 앞으로 더 많은 땀과 더 많은 정열을 우리 조국에 바쳐야 하겠습니다. 그리하여 조국의 번영과 통일을 위해 불철주야 노력하는 총화전진의 시대를 열어야 하겠습니다.

국민 여러분!

동서를 막론하고 모든 국가가 시대와 환경에 따라 그들 나름대로 생존을 유지하고 번영을 누리기 위한 이념과 제도를 가져야만 했던 것은 역사발전의 엄연한 법칙입니다.

우리도 오늘의 현실에 대처하고 시대적 사명을 완수할 수 있는 우리 자신의 생산적인 이념과 제도를 마땅히 가져야만 합니다.

그 이념이 바로 10월 유신의 기본정신이며, 그 제도가 지금 유신적 대개혁을 통해 정립되고 있는 것입니다.

10월 유신은 되찾은 우리 민족의 위대한 자아를 바탕으로 하여 안정과 번영, 그리고 통일의 새 역사를 창조해 나가기 위한 민족의지의 창조적 발현입니다.

이 유신은 우리의 운명을 우리 스스로의 힘으로 개척해 나가려는 위대한 한국인의 사상과 철학의 확립이며 그 실천인 것입니다.

따라서 나는 이 숭고한 유신이념을 구현하기 위해 전 국민의 절대적인 지지 속에 국정 전반에 걸친 일대 개혁을 단행해 나갈 것입니다. 이 개혁을 통해 이루어지는 유신질서는 번영과 통일을 위한 새 질서이며, 도의와 협동과 능률과 생산을 위한 새 질서일 것입니다.

나는 앞으로 한반도에서 다시는 전쟁이 발생하지 않도록 이를 미연에 방지하고, 남북이 서로 하나의 민족으로서 평화와 번영을 추구해 나갈 수 있도록 하기 위하여 북한 공산주의자들과 대화를 계속하고 이를 더욱 넓혀 나갈 것입니다.

또한 우리의 역사와 전통, 그리고 현실에 가장 알맞은 정치제도를 육성 발전시켜서 생산적인 민주주의의 기틀을 마련하고 정치의 진실과 능률을 극대화해 나갈 것입니다.

농공병진에 의하여 균형 있게 배양되는 국력이 국민 개개인의 행복과 직결될 수 있도록, 모든 국민에게 일터가 보장되는 탄력성 있는 정책을 집중적으로 펴나갈 것입니다.

그리고 땀 흘려 일하는 근로와 창의, 생산과 능률의 미덕을 사회윤리의 기본으로 삼고 일하는 국민에게는 안정 속에 보람 있는 생활을 누리게 할 수 있도록 사회보장제도를 더욱 확충해 나갈 것입니다.

또한 기업의 공개와 근로자의 지주제(持株制)를 실시함으로써 근로자의 이익과 복지를 증진시키는 복지체제를 갖추어 나갈 것입니다.

사회지도층에서는 검약과 봉사로써 스스로 사회복지의 균점(均霑)에 이바지하도록 하는 사회기풍을 크게 진작시킬 것입니다.

친애하는 동포 여러분!

나는 이러한 혁신적인 유신작업을 추진함에 있어서, 정부와 국민이 그 어느 때보다도 혼연일체가 되어 서로 신뢰의 유대를 더욱 강화하고 이를 뒷받침해야 한다는 것을 강조합니다.

그래야만 유신의 열매도 더욱 알차게 맺을 수 있다고 믿기 때문입니다.

특히 나는 민족의 사활과도 직결된 이번 유신과업은 1차적으로 공직을 맡은 사람들의 자세와 태도에 그 성패가 달려있다고 보고, 이제부터 나 자신을 포함한 모든 공직자는 막중한 책임과 숭고한 사명을 더욱 절감하고, 공인으로서의 마음가짐을 다시 한번 가다듬고, 유신대열에 앞장서서 솔선수범할 것을 다짐하는 바입니다.

이 길만이 국민의 절대적 지지에 보답하며, 겨레의 소망에 부응하는 길이라 믿습니다.

공직자들이 맡은 바 책무를 성실히 수행하고, 모든 국민들이 유신과업에 자발적으로 적극 참여할 때, 국가발전을 위한 위대한 전진은 힘차게 계속될 것이며, 유신의 보람찬 열매는 반드시 맺어질 것입니다.

나는 조국에 대한 사랑, 국가에 대한 충성심이 없는 사람은 자기의 가정에서도 진정한 화목과 우애를 이룰 수 없다고 믿는 것입니다.

따라서 이 애국심, 이 조국애가 곧 우리들이 정립해 나가야 할 국민기강의 근본이라고 강조해 두고자 합니다.

나는 국민 한 사람 한 사람이 나와 국가를 하나로 알고, 국력배양을 위해 총력을 기울일 때, 비로소 그 국력은 국민 각자의 안정과 번영에 직결될 수 있으며, 행복하고 명랑한, 그리고 도의가 지배하는 사회를 건설할 수 있게 된다고 믿는 것입니다.

우리는 안으로 근면과 검소, 정직과 성실의 기풍을 크게 일으키고, 조국을 위한 사랑, 국가에 대한 충성을 굳게 다짐하면서, 국력증강을 위해 더욱 힘차게 매진해야 하겠습니다.

밖으로는, 민족의 진취적인 기상과 슬기로운 자주성을 더욱 드높여 우방과의 친선, 협력관계를 증진하여 세계평화와 인류공영에 이바지하도록 해야 할 것입니다.

이것이 곧, 민족의 대웅비를 기약하는 발판이 되며, 민족사의 진운을 영예롭게 개척해 나가는 새 이정표가 될 것으로 확신합니다.

친애하는 국민 여러분!

우리는 서로 이 강토 위에서 영원토록 사랑을 가꾸어 나가야 할 한 핏줄의 아들딸들입니다.

서로 힘을 합쳐서 비능률과 부조리, 퇴폐와 낭비가 스스로 자취를 감추고, 합리와 능률, 성실과 근면이 뿌리를 박는 아름다운 생활풍토를 이룩해 나갑시다.

그리고 다시는 전쟁의 포성이 울리지 않게 하고, 그 대신 번영과 정의의 꽃이 만발하는 희망과 행복의 통일조국, 위대한 한국을 건설합시다.

그날의 영광을 앞당기기 위해, 다 같이 이 보람찬 유신의 대행진에 참여합시다.

그리고 힘차게 끈기 있게 전진합시다.

그리하여 이 위대한 유신의 횃불을 무궁한 조국의 영광과 더불어, 길이 우리 후손들에게 물려줍시다.

1972년 12월 27일
대통령 박정희

3. 제1차 통일주체국민회의 개회식 개회사(1972.12.23)

친애하는 통일주체국민회의 대의원, 그리고 국민 여러분!

우리 조국의 산하가 남북으로 분단된 지도 어언 27년!

그 동안 5천만 겨레가 몽매에도 잊지 못할 한결같은 소망이 있었다면, 그 것은 다름 아닌 갈라진 국토를 재결합하고 조국을 평화적으로 통일하려는 것, 바로 그것뿐이었을 것입니다.

우리는 오늘 이 민족의 절실한 염원과 5천만 민족사의 엄숙한 소명을 받 들어, 분단의 시대로부터 통일조국의 보람찬 새 시대를 개막하기 위하여 지금 이 자리에 모였습니다.

대의원 여러분!

한마디로, 분단이 제 손으로 자기 뼈를 깎고 자기 살을 저미는 아픔이라 면, 통일-이것은 강요된 운명을 극복하고 민족의 생존권과 조국의 영광을 되찾으려는 우렁찬 민족의지의 발현이라 하겠습니다.

불행히도 지난날의 남과 북은 극단적인 체제의 예리한 대립으로, 쌍방에 가로막힌 두꺼운 장벽은 세월이 흐를수록 더욱 더 굳어만 가고 있었습니다.

말할 것도 없이 국토의 분단은 우리가 원해서 된 것은 결코 아닙니다. 제 2차 세계대전이 끝날 때 전후 처리의 일환으로서 열강들에 의하여 강요된 굴욕적인 유산이며, 동서 냉전체제가 낳은 기형아에 불과한 것입니다.

그렇기 때문에 우리 민족의 현대사는 여기에서 다시 한 번 그 비극을 강 요당하고 만 것입니다.

그러나 이제 와서 새삼스럽게 어느 누구를 원망할 것도 없고, 냉전시대 이고 해빙의 시대를 따질 것도 없이, 우리에게 주어진 운명은 우리 스스로의 힘으로 개척하고 해결해 나가야할 뿐, 또 다른 길은 없는 것입니다.

회교 성서에도 "그 민족의 운명은 그 민족 스스로가 아니고는 아무도 해결해 줄 사람이 없다"는 격언이 있습니다. 이것은 너무도 엄연한 역사의 진리이며 교훈입니다.

분단된 국가가 스스로의 힘으로 분단의 논리를 극복하지 못하는 한, 통일을 성취할 가능성은 없어지고 말 것이며, 또한 분단국가의 존재 그 속에 분단의 논리를 극복할 수 있는 강력한 의지가 굳건히 자리 잡고 있다는 사실을 인식하지 못할 때, 그 의지를 행동화할 수는 없는 것입니다.

우리가 분단을 자초하지 않은 이상, 하나로 통일되어야겠다는 강력한 민족사적 요청을 거부할 수 없을 것이며, 또한 하나의 국가로서 발전해야겠다는 강력한 우리들의 의지를 결코 저버릴 수 없을 것입니다. 따라서 이 요청과 의지가 곧 우리 민족이 생존해 나가고 번영해 나가는 저력이 되는 것이라고 믿습니다.

친애하는 대의원 여러분!

지난 27년 동안 우리의 혈맥 속에 맥맥히 흘러온 통일의 열망은 이미 강력한 통일의 의지로 응결되고 승화되었습니다. 그리고 이제 우리는 우리 스스로의 힘으로 남북의 굳은 장벽을 뚫고 대화를 시작했습니다.

나는 이 남북대화야말로 이제는 그 누구도 저해할 수 없으며, 또한 중단되어서도 안 되는 민족의 지상명령이라고 굳게 믿는 바입니다.

그렇기 때문에 나는 이 민족의 지상명령에 따라 남북대화를 적극 전개하고, 나아가서는 통일과업을 효과적으로 수행하기 위해서는 무엇보다도 먼저 제도와 체제의 재정비가 선행되어야 한다고 믿었던 것입니다.

이것이 바로 10월 유신의 당위성이며 민족사적 요청인 것입니다.

다시 말하면 10월 유신은 올바른 역사관과 주체적 민족사관에 입각하여 우리 민족의 안정과 번영, 그리고 통일조국을 우리 스스로의 힘과 예지로써 쟁취하고 건설하자는 데에, 그 궁극적인 목적이 있는 것입니다.

이 10월 유신의 이념을 반영한 헌법안은 전체 국민의 열렬한 지지 속에 채택되었으며, 조국의 평화통일은 이제 우리 스스로의 힘으로 주체성을 갖고 추진해 나가야 할 우리의 국시요, 헌정의 지표로 확립되었습니다.

친애하는 대의원 여러분!

유신헌법에 따라 지금 광범위한 제도 개혁을 단행하는 과정에서, 최초로 탄생된 유신제도의 하나가 바로 지금 이 자리에서 그 역사적인 개막을 본 통일주체국민회의입니다.

나는 10월 유신을 계기로 우리가 새 역사를 창조해 나가는 데 있어서, 이 통일주체국민회의처럼 중대한 국가기관이 그 어느 때보다도 공명정대하고 질서정연한 선거를 통해 발족하게 된 것은, 앞으로 계속해서 추진될 모든 유신과업의 발전적 전개를 위해서도 경하스러운 일이며, 커다란 의의를 지니는 것이라고 믿는 바입니다.

지금 이 자리에 자리를 같이 하고 있는 대의원 여러분들은, 우리나라의 정계 원로를 비롯하여 덕망 있는 새마을지도자 그리고 성실 근면한 경제인 등 멸사봉공하는 각계각층의 저명인사들로서, 새 시대를 상징하는 새로운 민족의 양심들이라고 우리 국민들은 믿고 있습니다.

따라서 이 국민회의는 평화통일을 위한 민족주체세력의 집합체이며, 우리가 하나의 민족으로서 통일되어야 한다는 민족사적 염원과, 또한 우리가 하나의 국가로서 떳떳하게 발전해 나가야 한다는 국민사적 요청을 서로 효과적으로 결합시키는 국가 최고의 주권적 수임기관인 것입니다.

앞으로 대의원 여러분들은 새 역사를 주도해 나갈 영도자로서 대통령을 선출하고, 유신이념에 투철한 국회의원의 일부를 일괄 선출하며, 통일에 대한 중요정책을 심의하고, 국회 발의의 개헌안을 최종적으로 의결 확정하는 등, 중요한 국정을 다루게 되는 것입니다. 따라서 여러분의 책임과 영예는 그 어느 기구의 대의원들보다도 무겁고 또한 크다는 것을 자각해야 할 것입니다.

그러나 우리가 비록 통일의 의지를 제도화하여 여기 통일주체국민회의를 구성하였다고 해서 그것만으로 통일과업이 달성되는 것은 결코 아닙니다.

여러분 한 사람 한 사람이 통일의 주체이며, 민족주체세력의 핵심이라는 긍지를 갖고, 통일의지를 집약화하고 조직화하여 이를 꾸준히 실천해 나갈 때 비로소 통일의 전망은 밝아질 수 있는 것입니다.

우리 국민은 여러분이 오직 민족적 양심과 역사적 사명감에 투철하고, 통일성업(聖業) 달성을 위해 앞장서서 헌신해 줄 것을 굳게 믿는 까닭에 국민의 총의를 모아 여러분에게 신성한 주권을 위임하였습니다.

그러기에 나는 이와 같은 국민의 간절한 여망에 따라 여러분에게 당부합니다.

여러분은 각자가 개인과 지역, 특정 정당과 계층의 이해를 초월하여, 오직 범국민적 차원에서 신의와 성실로써 국민의 총화와 국민적 일체감을 정립하고 넓혀 나가는 구심점이 되어서, 국력을 조직화하는 데 있어 영예로운 봉사자가 되어야 할 것입니다.

그리고 우리 민족의 생존권을 수호 발전시켜 나가는 데 있어 오늘의 어려운 내외 정세를 전화위복의 계기로 만들어서 우리의 앞날에 안정과 번영 그리고 통일의 영광을 가져오게 하는 새 역사 창조에 기수가 되어야 할 것입니다.

친애하는 대의원 여러분!

나는 분단의 비극이 결코 우리의 숙명이 될 수 없다는 것을 다시 한 번 강조하면서, 자신과 용기를 가지고 우리 스스로의 힘으로 민족사의 진운을 개척해 나갈 것을 강력히 촉구합니다.

"자기 운명을 극복한 자가 가장 강한 자이며, 최후의 승리자"라는 말이 있습니다.

나는 지금 힘차게 추진되는 우리의 민족지상과업이 여러분의 성실한 노력과 온 국민의 적극적인 참여로써 멀지 않아 성취될 수 있다는 것을 굳게 믿는 바입니다.

그날이 오면 이것은 비단 우리 겨레의 기쁨과 영광일 뿐 아니라, 이 지구상에 아직도 분단의 고통에서 벗어나려고 몸부림치는 다른 분단국가 국민에게도 새로운 희망과 무한한 격려가 될 것입니다.

그때에는 우리도 자기 운명을 스스로의 힘으로 극복한 위대한 민족국가로서, 또 최후의 승리자로서 세계사의 주류에 떳떳이 등장할 수 있을 것입니다.

우리 모두 불굴의 투지와 굳은 단결로서 조국의 안정과 번영, 그리고 평화통일을 위해 용감하게 전진합시다.

그리하여 민족의 정통성에 뿌리박은 통일한국을 구현함으로써 위대한 민족의 보람찬 영광을 길이 빛냅시다.

끝으로 대의원 여러분의 오늘의 영예가 무궁한 조국의 발전과 더불어 길이 빛나기를 축원하는 바입니다.

1972년 12월 23일
의장 박정희

4. 제2차 통일주체국민회의 지역회의 개회식 개회사(1973.3.7)

친애하는 대의원 여러분!

오늘 통일주체국민회의의 제2차 회의를 개최하는 데 즈음하여, 나는 그동안 유신이념 구현에 헌신적 노력을 기울여 온 대의원 여러분들의 노고에 대하여 진심으로 치하하는 바입니다.

우리는 범국민적인 유신의 결의가 점차 열화처럼 솟구쳐 오르는 가운데 10월 유신 제1차 년도의 첫 발을 내딛었습니다.

나는 이 제1차 년도에 들어 처음으로 개최되는 이번 국민회의는 헌정사상 커다란 의의를 지니고 있다는 점을 강조하면서, 특히 이번 회의가 우리의 실정에 가장 알맞은 민주제도를 육성 발전시키는 데 획기적인 계기가 될 것이라고 믿는 바입니다.

여기서 새삼 설명할 필요도 없이, 이번 제2차 회의는 중앙에서가 아니라 각 도별로 개최되는 최초의 국민회의 지역회의입니다.

또한 이 회의는 헌법 제40조의 규정에 의하여 국회의원을 선출하는 신성한 수임주권의 첫 번째 행사장인 것입니다. 그렇기 때문에 나는 이번 회의가 지니는 그 의의는 지극히 크다는 것을 강조하여 두고자 합니다.

그리고 이번 회의의 의의가 크면 클수록 여기 참석하신 대의원 여러분들의 사명 또한 무겁고 크다는 것을 지적하지 않을 수 없습니다.

우리는 10월 유신의 국민적 결단을 내리면서 다 함께 굳게 다짐한 것이 있습니다.

그것은 민주주의를 빙자한 낭비와 파쟁, 그리고 비능률이 다시는 우리의 주변에서 횡포를 부리지 못하도록 하자는 것이었습니다.

우리에게는 물론 민주주의가 중요합니다. 그러나 민주주의가 소중한 것만큼 이에 못지않게 중요한 것은 곧 국력의 배양입니다. 이 국력배양이 이

록되어야만 비로소 민주제도의 발전도 가능한 것입니다.

그 실증이 지금 이 시각부터 바로 이 장소에서 이루어져가고 있습니다. 그것도 다름 아닌 바로 지역회의에 참석한 대의원 여러분에 의해서 떳떳하게, 그리고 영예롭게 실증되고 있습니다.

그렇기 때문에 나는 이번 지역회의가 능률을 극대화하고 국력배양을 가속화하는 데 적극 이바지하는 유신적 헌정질서 확립에 커다란 전기가 될 것으로 믿어 마지않는 것입니다.

또한 대의원 여러분!

여러분은 지금부터 헌법절차에 따라 유신이념을 의정단상에서 구현시킬 여러분의 정치적 동지들을 선출하게 됩니다.

나는 여러분들과 손을 맞잡고 이 땅 위에 10월 유신의 꽃을 만개시키고자 헌신적인 노력을 아끼지 않을 국회의원 후보를 범국민적 차원에서 선정하여, 이를 이 회의에 일괄 추천합니다.

이들은 여러분과 다를 바 없는 유신의 동지이며, 각계각층의 직능을 대표하는 인사들입니다.

나는 국민의 주권적 수임기관인 이 모임에서 선출되는 이들 국회의원은 유신과업 수행에 있어서 여러분들과 호흡을 같이 하면서 우리의 대의제도를 성실하게, 그리고 능률적으로 운영할 수 있도록 새 바람을 불러일으킬 것으로 믿어 의심치 않습니다.

그리하여 우리의 실정에 가장 알맞은 생산적인 민주제도, 즉 한국적 민주주의의 뿌리를 확고히 박을 수 있도록 앞장서 헌신할 것으로 확신합니다.

물론 우리의 정치제도가 구각을 탈피하여 진실하고 생산적인 것으로 발전하는 데 있어서는 정치일선에 종사하고 있는 정치인들의 힘만으로는 어려운 일입니다.

여기에는 국민 모두의 노력과 지원협조가 절대로 필요한 것입니다.

그러한 뜻에서 나는 오늘 대의원 여러분들이 우리의 정치제도를 보다 더 생산적이며 능률적인 것으로 발전시켜야겠다는 사명감을 가지고 이들 후보자들을 여러분의 동지로 맞이하여 줄 것을 믿어 의심치 않습니다.

그렇기 때문에 나는 오늘 이 자리가 우리의 대의제도를 더욱 알차게 발전시키겠다는 굳은 국민적 결의가 명백하게 천명되는 중요하고도 보람찬 순간이라는 것을 다시 한 번 강조하고자 합니다.

우리 모두 유신의 결의를 다시 한 번 굳게 가다듬고 유신과업 수행에 더욱 힘차게 매진합시다. 그리하여 유신 제1차 년도를 성공적으로 마무리하고 안정과 번영의 터전을 굳게 다져 나아갑시다.

1973년 3월 7일
의장 박정희

5. 제9대 대통령 취임사(1978.12.27)

친애하는 5천만 동포 여러분, 그리고 내외 귀빈 여러분

대망의 80년대를 눈앞에 바라보면서 역사의 새 장이 펼쳐지는 이 순간에 우리는 민족웅비의 부푼 꿈과 새로운 결의를 다짐하며 오늘 이 자리에 모였습니다.

온 국민의 집념과 땀이 어린 이 보람찬 중흥의 창업도정에서, 개발의 60년대와 약진의 70년대에 쌓아올린 빛나는 금자탑이 있기에 내일의 우리에게는 부강한 선진한국의 웅장하고도 자랑스러운 모습이 뚜렷이 떠오르고 있습니다. 그러므로 지금부터 우리가 도전하는 80년대는 새 역사창조를 향한 자신과 긍지에 가득 찬 웅비의 시대가 될 것입니다.

다가오는 년대야말로 기필코 고도산업국가를 이룩하여 당당히 선진국 대열에 참여하고, 번영과 풍요 속에서도 인정과 의리가 넘치는 복지사회를 이룩해야 할 시기입니다.

이제까지 축적된 민족의 힘과 슬기를 유감없이 발휘하여 우리 역사상 다시 한 번 민족문화의 개화기를 맞이하는 위대한 년대가 되어야 하겠습니다.

그리하여 우리의 숙원인 조국의 평화적 통일에 획기적인 진전을 성취함으로써 유구한 역사 속에 면면히 이어온 민족사의 정통성을 드높이고 평화와 안정과 번영을 향한 인류역사의 진운에 적극 기여해야 하겠습니다.

이처럼 장엄한 민족사의 분수령에서 제9대 대통령의 무거운 책무를 맡게 된 나는, 이 시대를 함께 사는 온 국민과 더불어 항상 고락을 같이 하면서, 우리 세대에게 주어진 엄숙한 소명을 받들어 헌신할 것을 조국과 민족 앞에 굳게 맹세하는 바입니다.

국민 여러분

어느 국가든, 그 국가가 지향하는 목표가 뚜렷하고 이상이 위대하며, 이를 성취하겠다는 국민의 강인한 의지와 단결된 힘이 있어야만 융성할 수 있습니다.

이것은 엄연한 역사의 진리입니다.

돌이켜 보면 6·25동란 후 빈곤과 침체, 체념과 무기력 속에서 헤어나지 못하고 있던 우리는 60년대 초 용약(勇躍) 기사회생의 전기를 잡고 일어났습니다. 국정의 모든 면에서 차츰 활기와 질서를 되찾으면서 자력갱생의 뚜렷한 목표를 세워 힘찬 발걸음을 재촉해 왔습니다. 우리도 남부럽지 않게 떳떳이 잘 살아 보겠다는 불굴의 집념과 의지, 그리고 사랑하는 후손들에게 길이 보람된 유산을 물려주어야겠다는 투철한 사명감으로 우리는 땀 흘려 일하고 또 일해 왔습니다.

지난 10여 년 동안에 우리 사회에는 엄청난 변혁을 가져왔습니다.

상전벽해(桑田碧海)의 기적이 일어났습니다. 남들은 1세기 또는 수세기에 걸쳐서 이룩한 일들을 우리는 불과 15, 6년 만에 성취했습니다. 조국근대화를 위한 민족의 대행진은 지금 이 순간에도 힘차게 계속되고 있습니다.

60년대 초까지만 하더라도 전통적인 농경사회였던 우리나라가 이제 중화학 공업국가로부터 다시 고도산업사회로 이행해 가고 있습니다.

일상생활용품까지 우방의 원조에만 의존하던 우리 경제가 이제 거의 자립단계에 도달했고, 소총 한 자루 우리 손으로 만들지 못하던 우리나라 방위산업이 이제 국산장거리유도탄시대의 막을 열게 되었습니다. 70년대 초부터 우리나라 농촌에서 바람이 불기 시작한 새마을운동은 그동안 온 국민이 근면·자조·협동의 정신혁명을 수행하고, 유신적 국정개혁으로 국민총화와 능률의 극대화를 이룩하여 국력배양을 가속화할 수 있는 확고한 기틀을 마련하였습니다.

우리 대한민국은 한민족의 엄청난 저력을 바탕으로 세계에서 그 유례를 찾아보기 어려운 고도성장을 거듭하여 자립경제와 자주국방의 터전을 굳게 다지면서 바야흐로 세계 속의 한국으로 등장하게 된 것입니다.

이제 우리의 국력은 북한을 제압하게 되었습니다.

조용히 오늘이 있기까지 우리들이 걸어온 고난과 시련의 도정을 뒤돌아볼 때에 참으로 만강의 감회를 누를 수가 없습니다.

이 위대한 한민족의 발자취에 대하여 나는 무한한 긍지를 느끼면서 국민 여러분에게 뜨거운 치하와 감사를 드리고자 합니다.

국민 여러분

지금부터 우리가 가야 할 앞길도 결코 순탄한 것만은 아닐 것입니다.

열강의 움직임은 더욱 다양하고 복잡한 국제권력정치의 유동성을 드러내고 있습니다. 세계 여러 곳에서는 새로운 분규와 충돌의 불씨가 가시지 않고 있으며, 한반도의 주변정세에도 미묘한 변화와 더불어 새로운 시련을 예감케 하는 바 있습니다. 또한 국제경제질서의 불안정 속에서 치열한 경쟁은 날이 갈수록 더해 갈 것입니다.

우리의 국제적 지위가 높아지고 국력이 세계로 뻗어감에 따라 무역, 자원문제 등 국제경쟁면에서 새로운 장벽과 도전이 우리 앞에 나타날 것입니다.

뿐만 아니라 국민생활이 향상될수록 국민들의 기대수준은 이에 비례하여 급속히 상승할 것입니다.

그러나 우리는 스스로 이를 조절할 줄 알아야 하고, 우리 마음속에 싹트기 쉬운 자만과 안일과 사치와 낭비 등 우리 내부의 도전에도 과감하게 싸워서 이길 수 있는 슬기와 용기가 있어야 하겠습니다. 우리에게는 잠시의 방심도 허락될 수 없으며, 하물며 주변정세에 대한 아전인수 격인 안이한 관측은 금물입니다. 그 어떤 변화의 소용돌이 속에서도 필경 우리의 운명을 결정할 주인은 바로 우리들 자신이란 것, 이것을 잊지 맙시다.

의젓한 한국민의 자주성과 국력을 바탕으로 내외정세의 어떠한 변화와 도전에도 능동적으로 적응하고 여유 있게 대처해 나가면서, 세계 모든 나라들과 평화와 번영을 추구하는 데 그들과 더불어 협력해 나갈 것입니다.

돌이켜 보면 우리 선조들은 거듭된 국난에도 굴하지 않고 도리어 이를 분발과 약진의 발판으로 삼아 불사조처럼 떨치고 일어났습니다. 통일신라나 세종대왕 때와 같이 국운이 융성하고 민족의 기상이 드높았던 시대를 자랑스러이 회상할 수 있습니다. 우리에게는 역사와 전통과 문화의 뿌리가 있습니다.

지금 우리는 민족중흥을 구현하기 위하여 이 시대를 살고 있는 것입니다.

그러므로 나는 우리의 중요 정책 지표를 앞으로도 계속 완전 자립경제의 달성, 자주국방 태세의 확립, 사회개발의 확충, 정신문화의 계발에 두고 온 국민과 더불어 총력을 기울여 나가고자 합니다. 또한 나는 분단된 국토를 평화적으로 통일하여 민족중흥의 새 역사를 창조하는 데 신명을 바칠 것입니다.

국민 여러분

이제 우리는 그동안 이룩한 발전의 여세를 몰아 하루빨리 부국강병의 기틀을 반석같이 다져야 하겠습니다. 자립경제와 자주국방은 자주성 확립의 기초인 동시에 평화와 번영의 기반입니다.

우리는 중화학 공업을 바탕으로 한 고도산업사회를 건설하고 과학기술을 세계 수준으로 끌어올리기 위하여 고급두뇌배출을 위한 교육에 가일층 힘을 쏟는 한편 도시와 농촌이 균형 있게 발전할 수 있도록 박차를 가해 나갈 것입니다.

또한 온 국민의 투철한 호국정신과 적극적인 협조로 철통같은 총력안보 태세를 확립하고, 날로 발전하는 방위산업으로 명실 공히 자주국방을 실현할 것입니다. 전래의 미풍인 근면협동을 바탕으로 부지런하고 성실하게 사는 사람이 우대를 받고 보람을 누릴 수 있게 하며, 저마다 자질과 능력을 살릴 수 있도록 사회개발정책을 계속 확충해 나갈 것입니다.

그리하여 모든 국민이 밝고 보람찬 생활환경에서 고루 잘 살 수 있게 만드는 것이야말로 우리가 추구하고 있는 국민생활의 미래상입니다.

건전한 국가와 건전한 사회의 기본이 되는 것은 역시 건전한 국민정신과 사회기강의 확립입니다. 조상이 물려준 문화전통과 정신유산을 알뜰히 보전하고 창조적으로 계발하여 격조 높은 민족문화를 꽃피우는 데도 역시 건전한 사회가 바탕이 되어야 하겠습니다.

수려한 금수강산의 보금자리에서 우리 모두가 풍요하고 품위 있는 사회를 건설하는 것은 후손대대에 물려줄 자랑스러운 유산일 뿐 아니라 인류공영에도 이바지하는 길이 되는 것입니다.

이 벅찬 과업들을 성공적으로 추진해 나가기 위해서는 질서 있는 자유의 바탕 위에 우리 문제 해결에 효율적인 정치제도를 착실하게 다지면서 발전시켜 나가야 합니다. 각계각층의 국민들이 저마다 창의와 헌신으로 국가발전에 적극 참여하는 깨끗하고 생산적인 민주정치가 국민생활 속에 뿌리내리도록 더욱 힘써야 하겠습니다.

내외 동포 여러분

우리의 국력이 모든 분야에서 이만큼 신장했고, 또한 앞으로 중단 없이 전진할 방향과 목표가 뚜렷한 이상 민족적 숙원인 조국의 통일문제도 필연코 새로운 국면을 맞이하게 될 것을 나는 믿어 의심치 않습니다.

결국은 북한 측이 우리의 제의를 받아들여 대화의 자리에 나오지 않을 수 없을 것입니다. 도도히 흐르는 민족사의 주류에서 볼 때, 한때의 외래적 이단에 불과한 북한 공산주의자들이 언제까지나 5천만 겨레의 한결같은 소망을 거역하고 방해할 수는 없을 것입니다.

우리가 그동안 참기 어려운 일들을 수없이 견뎌내면서 와신상담 힘을 길러온 것도 벌써 30여 년을 남북으로 분단된 채 살아온 겨레의 한을 하루라도 앞당겨 풀어보자는 일념에서입니다. 나는 북한 측에 대화의 문을 언제나 열어 놓고 기다리면서, 한편으로는 우리의 막강한 국력배양만이 평화통일의 지름길임을 확신하고, 이를 위해 앞으로도 온갖 노력을 꾸준히 기울여 나갈 것을 거듭 다짐하는 바입니다.

친애하는 국민 여러분

나는 유구한 민족사에서 오늘이 차지하는 위치를 지켜보면서, 영광된 민족의 대행진을 이끌어 나갈 엄숙하고도 막중한 책임을 절감하며, 다시금 온 국민의 아낌없는 협조와 분발을 당부하고자 합니다. 불과 수년전 우리가 체제를 정비하여 세계적인 유류파동과 인도지나반도가 적화된 직후의 위기를 슬기롭게 극복했던 굳센 단결의 교훈을 결코 잊어서는 안 됩니다.

우리 모두 방방곡곡에 세차게 메아리치는 개혁과 창조와 전진의 우렁찬 발걸음을 더욱 재촉하면서, 격동과 시련을 겪고 있는 오늘의 세계 속에서 한민족의 찬연한 횃불을 밝힙시다.

1978년 12월 27일
대통령 박정희

6. 제2대 통일주체국민회의 제1차 회의 개회사(1978.7.6)

친애하는 대의원 여러분

오늘 제2대 통일주체국민회의 개회식에 즈음하여 나는 먼저 많은 국민들의 지지를 얻고 제2대 대의원으로 당선된 여러분에게 충심으로 축하를 드리는 바입니다.

이제 제2대 대의원 여러분은 유신한국의 새 역사창조의 기수로서, 또한 통일대업 달성을 위한 민족주체세력으로서 막중한 소임을 맡게 되었습니다.

대의원 여러분

돌이켜 보면 1972년, 우리가 10월 유신을 단행한 지도 어언 6년이란 세월이 흘렀습니다. 그 당시 국제사회는 기존 국제질서가 몹시 흔들렸으며, 그 불안정한 상황 속에서 우리나라를 포함한 많은 나라들이 주변정세의 격변에 대응하면서 제가끔 활로를 개척하고자 진통을 겪었습니다.

또한 남북 간에는 27년간의 긴 단절의 장벽을 뚫고 남북대화가 막 시작되어 모처럼 통일에 대한 일루의 희망과 부푼 꿈이 온 겨레의 가슴 속에 싹트기 시작했던 때이기도 합니다.

이처럼 급변하는 내외정세에 직면한 그 당시 우리 사회의 양상은 어떠하였는가. 이런 문제는 아랑곳도 없이 여전히 낭비와 비능률과 무질서가 만연하고 있었고, 정파 간의 극한투쟁과 편동정치의 폐풍 속에, 무책임한 인기전술 등으로 국론은 분열되고 내일의 진로도 정립 못한 채 목전의 이익에만 급급하는 풍조가 사회 구석구석에 가득 차 있던 때이었습니다.

이러한 국보간난(國步艱難)의 시기에 국정의 능률을 극대화해서 국력을 조직화하고 내외정세의 변화에 능동적으로 대처해 나가면서 우리가 안고 있는 문제들을 우리 스스로의 힘으로 해결해 나가고자 우리는 마침내 구국적 일대개혁을 단행했던 것입니다. 그것이 10월 유신이었습니다.

그로부터 지난 6년 동안 우리는 온 국민이 총화 단결하여 유신이념을 생활 속에 실천하면서 국력배양에 박차를 가해 왔습니다.

그 결과 이제 우리는 안정된 바탕 위에 정치·경제·사회·문화 등 모든 면에서 비약적 성장을 이룩함으로써 총력안보의 기틀을 확고부동하게 구축하고 자신에 가득 차 있습니다.

지난날 우리가 하나에서 열까지 남에게만 의존하고 살던 시기를 생각하면 참으로 격세지감을 금할 수 없는 동시에 떳떳하고 자랑스러운 일이 아닐 수 없습니다.

이러한 모든 분야에서 비약적인 성장과 발전을 가져오고 안정을 이룩한 원인이 무엇이겠습니까.

이것은 유신헌정의 덕택이요, 성과라고 해야 할 것입니다. 5천년 민족사를 통해서 축적된 민족의 저력과 슬기가 이제 바야흐로 총화와 단결의 힘으로, 협동과 근면의 정신으로 나타나서 실천과 행동에 옮겨지고 있는 것입니다.

대의원 여러분

오늘의 세계는 치열한 생존경쟁의 시대입니다.

이 냉엄한 국제정치의 소용돌이 속에서 우리가 북한공산주의자들의 허황된 야망을 꺾어버리고 이 땅에 평화와 번영을 가져오는 길은 오직 한 가지 총화 단결해서 국력배양에 총력을 집중하는 길뿐이라고 확신합니다.

그것은 또한 조국의 평화적 통일을 앞당기는 유일한 길이기도 합니다.

나는 일찍이 1970년 광복절 경축사에서 남과 북이 각기 국민을 더 잘 살게 하기 위해서 어느 쪽이 우월한 체제인가, 선의의 경쟁을 하자고 제의한 바 있습니다.

그로부터 8년이 지난 오늘, 남과 북 사이에는 국력에 있어서 엄청난 격차
가 생겼습니다. 이것을 부인할 사람은 아무도 없습니다.

이것은 남북통일을 그만큼 앞당겨 놓은 결과가 될 것입니다.

대의원 여러분

오늘의 우리 세대는 민족사상 그 어느 때보다도 보람찬 사명의 시대에
살고 있습니다. 우리는 지금 80년대 후반의 고도산업국가시대의 문턱에 와
있습니다. 우리가 지향하는 복지사회 구현을 위하여 우리는 앞으로도 휴식
없는 전진을 계속해 나가야 합니다.

여러분의 임기 동안, 우리는 그간의 자립경제, 자주국방 건설의 토대 위
에 자주국민의 기상을 뚜렷이 드높이고 국민도의를 진작하며, 민족문화의
개화를 기필코 실현해야 하겠습니다.

이 과업을 성취하기 위해서 이제부터 여러분들은 사회 모든 분야에서 제
가끔 훌륭한 지도력을 발휘해 주셔야 하겠습니다.

80년대 영광된 조국의 건설을 위하여 전진하는 우리에게는 강인한 민족
의 의지가 필요합니다.

피와 땀이 필요합니다.

총화와 단결이 필요합니다.

중단 없는 전진이 필요합니다.

제2대 통일주체국민회의 대의원 여러분의 전도에 조국의 영광과 더불어
무궁한 발전이 있기를 기원합니다.

1978년 7월 6일

통일주체국민회의 의장 박정희

7. 제2대 통일주체국민회의 제2차 회의 개회사(1978.12.21)

친애하는 통일주체국민회의 대의원 여러분!

제2대 통일주체국민회의 제2차 회의에 즈음하여, 나는 그동안 각 지역에서 유신과업수행에 앞장서고 조국통일의 대업달성을 위하여 헌신해온 대의원 여러분의 노고를 충심으로 치하하는 바입니다.

오늘 대의원 여러분은 주권자인 국민으로부터 위임받은 국회의원 선거의 신성한 대임을 수행하게 되었습니다.

국민회의는 우리 사회 각계를 대표하는 인사들을 그동안 두 차례 선출하여 입법부에 보낸 바 있습니다.

그들이 국가이익과 국민의 권익을 신장하기 위하여 많은 활동을 해 왔음을 나는 매우 흐뭇하게 생각합니다.

돌이켜 보면 1972년, 사회의 여러 분야에 만연했던 비능률과 무질서를 바로 잡고자 유신적 국정개혁을 단행한 지 벌써 6년이 지났습니다.

그동안 온 국민이 구국유신의 일념으로 굳게 뭉쳐 각기 맡은 바 직분에서 더욱 땀 흘려 일하는 가운데 새로운 가치관으로 사회기강을 바로 세우고 국력배양의 가속화에 총력을 기울여 왔습니다.

그 덕분에 우리는 내외의 모진 시련을 훌륭히 헤쳐 왔으며, 모든 분야의 비약적 성장으로 자주국방과 자립경제의 기반을 튼튼히 다질 수 있었습니다.

우리는 중화학공업의 괄목할 발전을 이룩하였고 머지않아 고도산업사회 실현단계를 맞이하게 되었습니다. 국토의 효율적 개발과 과학영농의 추진으로 도시와 농촌이 다 같이 눈부신 발전을 거듭하고 있습니다.

그리하여 80년 중반에 가면 우리나라는 주요산업분야에서 당당히 경제강대국으로 등장하게 될 것입니다.

그러나 부강한 복지국가건설에의 앞길도 결코 순탄한 것만은 아닐 것입니다.

한반도 주변정세의 유동적 상황으로 보나, 자원문제를 포함하여 국제사회의 치열한 경쟁과 냉혹한 장애요인 등은 우리 앞길에 새로운 도전으로 나타날 것입니다.

뿐만 아니라, 시대착오적인 무력남침의 헛된 꿈에서 아직도 깨어나지 못하고 있는 북한 공산주의자들이 우리와의 국력차가 더욱 크게 벌어져 가고 있는 데 초조한 나머지 최후 발악적인 모험을 저지를 위험성을 우리는 계속 엄중히 경계해야 하겠습니다.

대의원 여러분!

민족사상 또 하나의 국난기를 헤치며 이 시대를 살고 있는 우리 세대에게는 그 어느 때보다도 강인한 구국의지와 민족중흥의 웅대한 이상이 있으며, 또 이 의지와 이상을 끈질기게 펴나온 확신과 긍지가 있습니다.

대망의 80년대에는 남부럽지 않은 고도산업국가를 실현하고 풍요하고 품위 있는 복지사회를 기필코 이룩해야 하겠습니다.

70년대에 들어 우리 앞에 겹쳐서 닥쳐왔던 세계적 경제불황과 국가안보상의 위기를 단결과 슬기로써 극복하고 도리어 이를 약진의 발판으로 삼을 수 있었던 것은 천만다행히도 우리가 미리 국론분열과 국력낭비의 요인들을 과감히 삼제(芟除)하고 국력배양에 박차를 가해 온 결과인 것입니다.

이 엄연한 사실은 유신헌정이야말로 난관을 극복하며 우리의 문제들을 우리 스스로 해결해 나가는 데 가장 효율적인 국정운영체제임을 입증하는 것입니다.

이제 우리는 민족의 웅비를 위하여 희망찬 80년대를 향해 재출발하는 시점에 서 있습니다.

나는 이 역사적 시점에서 헌법이 정한 바에 따라 범국민적 차원에서 각 계각층을 대표할 국회의원 후보를 선정하여 대의원 여러분 앞에 일괄 추천 하는 바입니다.

이들 후보가 앞으로 국회에 나가게 되면 전임자들의 훌륭한 업적을 이어 받아 명실상부한 유신대열의 향도로서 각기 전문지식과 풍부한 경험을 살려 국가발전에 공헌하게 될 것입니다.

나는 대의원 여러분이 우리나라 의회정치를 창달하고 국리민복을 증진 하는 차원 높은 안목으로 이들 후보를 우리와 더불어 유신과업 수행에 앞 장설 믿음직스러운 동지로서 기꺼이 맞이해 줄 것을 기대하는 바입니다.

친애하는 대의원 여러분!

우리에게 민족중흥을 향한 불퇴전의 결의가 있고 굳건한 총화단결이 있는 한 다가오는 80년대는 기필코 우리들의 위대한 년대가 될 것을 나는 확신합니다.

새해에도 통일주체국민회의 대의원 여러분에게 끊임없는 발전이 있고 여러분의 가정마다 만복이 깃들기를 기원하는 바입니다.

1978년 12월 21일
통일주체국민회의 의장 박정희

8. 대한민국헌법(유신헌법; 1972.11.24)

전문

유구한 역사와 전통에 빛나는 우리 대한민국은 3·1운동의 숭고한 독립
정신과 4·19의거 및 5·16혁명의 이념을 계승하고 조국의 평화적 통일의
역사적 사명에 입각하여 자유민주적 기본질서를 더욱 공고히 하는 새로운
민주공화국을 건설함에 있어서, 정치·경제·사회·문화의 모든 영역에 있
어서 각인의 기회를 균등히 하고, 능력을 최고도로 발휘하게 하며, 책임과
의무를 완수하게 하여, 안으로는 국민생활의 균등한 향상을 기하고 밖으로
는 항구적인 세계평화에 이바지함으로써 우리들과 우리들의 자손의 안전
과 자유와 행복을 영원히 확보할 것을 다짐하면서, 1948년 7월 12일에 제정
되고, 1962년 12월 26일에 개정된 헌법을 이제 국민투표에 의하여 개정한다.

1972년 11월 24일

제1장 총강

제1조 ① 대한민국은 민주공화국이다.

② 대한민국의 주권은 국민에게 있고, 국민은 그 대표자나 국민투
표에 의하여 주권을 행사한다.

제2조 대한민국의 국민의 요건은 법률로 정한다.

제3조 대한민국의 영토는 한반도와 부속도서로 한다.

제4조 대한민국은 국제평화의 유지에 노력하고 침략적 전쟁을 부인한다.

제5조 ① 이 헌법에 의하여 체결·공포된 조약과 일반적으로 승인된 국
제법규는 국내법과 같은 효력을 가진다.

② 외국인에 대하여는 국제법과 조약에 정한 바에 의하여 그 지위를 보장한다.

제6조 ① 공무원은 국민 전체에 대한 봉사자이며, 국민에 대하여 책임을 진다.

② 공무원의 신분과 정치적 중립성은 법률이 정하는 바에 의하여 보장된다.

제7조 ① 정당의 설립은 자유이며, 복수정당제는 보장된다.

② 정당은 그 조직과 활동이 민주적이어야 하며, 국민의 정치적 의사형성에 참여하는 데 필요한 조직을 가져야 한다.

③ 정당은 법률이 정하는 바에 의하여 국가의 보호를 받는다. 다만 정당의 목적이나 활동이 민주적 기본질서에 위배되거나 국가의 존립에 위해가 될 때에는 정부는 헌법위원회에 그 해산을 제소할 수 있고, 정당은 헌법위원회의 결정에 의하여 해산된다.

제2장 국민의 권리와 의무

제8조 모든 국민은 인간으로서의 존엄과 가치를 가지며, 이를 위하여 국가는 국민의 기본적 인권을 최대한으로 보장할 의무를 진다.

제9조 ① 모든 국민은 법 앞에 평등하다. 누구든지 성별·종교 또는 사회적 신분에 의하여 정치적·경제적·사회적·문화적 생활의 모든 영역에 있어서 차별을 받지 아니한다.

② 사회적 특수계급의 제도는 인정되지 아니하며, 어떠한 형태로도 이를 창설할 수 없다.

③ 훈장 등의 영전은 이를 받은 자에게만 효력이 있고, 어떠한 특권도 이에 따르지 아니한다.

제10조 ① 모든 국민은 신체의 자유를 가진다. 누구든지 법률에 의하지 아니하고는 체포 · 구금 · 압수 · 수색 · 심문 · 처벌 · 강제 노역 과 보안처분을 받지 아니한다.

② 모든 국민은 고문을 받지 아니하며, 형사상 자기에게 불리한 진술을 강요당하지 아니한다.

③ 체포 · 구금 · 압수 · 수색에는 검사의 요구에 의하여 법관이 발 부한 영장을 제시하여야 한다. 다만 현행범인인 경우와 죄를 범하고 도피 또는 증거인멸의 염려가 있을 때에는 사후에 영 장을 요구할 수 있다.

④ 누구든지 체포 · 구금을 받은 때에는 즉시 변호인의 조력을 받을 권리를 가진다. 다만, 법률이 정하는 경우에 형사피고인이 스 스로 변호인을 구할 수 없을 때에는 국가가 변호인을 붙인다.

제11조 ① 모든 국민은 행위 시의 법률에 의하여 범죄를 구성하지 아니하 는 행위로 소추되지 아니하며, 동일한 범죄에 대하여 거듭 처 벌받지 아니한다.

② 모든 국민은 소급입법에 의하여 참정권의 제한 또는 재산권의 박탈을 받지 아니한다.

제12조 모든 국민은 법률에 의하지 아니하고는 거주 · 이전의 자유를 제 한받지 아니한다.

제13조 모든 국민은 법률에 의하지 아니하고는 직업선택의 자유를 제한 받지 아니한다.

제14조 모든 국민은 법률에 의하지 아니하고는 거주의 자유를 침해받지 아니한다. 거주에 대한 압수나 수색에는 검사의 요구에 의하여 법관이 발부한 영장을 제시하여야 한다.

제15조 모든 국민은 법률에 의하지 아니하고는 통신의 비밀을 침해받지 아니한다.

제16조 ① 모든 국민은 종교의 자유를 가진다.

② 국교는 인정되지 아니하며, 종교와 정치는 분리된다.

제17조 모든 국민은 양심의 자유를 가진다.

제18조 모든 국민은 법률에 의하지 아니하고는 언론 · 출판 · 집회 · 결사의 자유를 제한받지 아니한다.

제19조 ① 모든 국민은 학문과 예술의 자유를 가진다.

② 저작자 · 발명가와 예술가의 권리는 법률로써 보호한다.

제20조 ① 모든 국민의 재산권은 보장된다. 그 내용과 한계는 법률로 정한다.

② 재산권의 행사는 공공복리에 적합하도록 하여야 한다.

③ 공공필요에 의한 재산권의 수용 · 사용 또는 제한 및 그 보상의 기준과 방법은 법률로 정한다.

제21조 모든 국민은 20세가 되면 법률이 정하는 바에 의하여 선거권을 가진다.

제22조 모든 국민은 법률이 정하는 바에 의하여 공무담임권을 가진다.

제23조 ① 모든 국민은 법률이 정하는 바에 의하여 국가기관에 문서로 청원할 권리를 가진다.

② 국가는 청원에 대하여 심사할 의무를 진다.

제24조 ① 모든 국민은 헌법과 법률에 정한 법관에 의하여 법률에 의한 재판을 받을 권리를 가진다.

② 군인 또는 군속이 아닌 국민은 대한민국의 영토 안에서는 군사에 관한 간첩죄의 경우와, 초병 · 초소 · 유해음식물공급 · 포로에 관한 죄 중 법률에 정한 경우 및 비상계엄이 선포되거나 대통령이 법원의 권한에 관하여 긴급조치를 한 경우를 제외하고는 군법회의의 재판을 받지 아니한다.

③ 모든 국민은 신속한 재판을 받을 권리를 가진다. 형사피고인은

상당한 이유가 없는 한 지체 없이 공개재판을 받을 권리를 가
진다.

제25조 형사피고인으로서 구금되었던 자가 무죄판결을 받은 때에는 법
률이 정하는 바에 의하여 국가에 보상을 청구할 수 있다.

제26조 ① 공무원의 직무상 불법행위로 손해를 받은 국민은 법률이 정하
는 바에 의하여 국가 또는 공공기관에 배상을 청구할 수 있다.
그러나 공무원 자신의 책임은 면제되지 아니한다.

② 군인·군속·경찰공무원 기타 법률로 정한 자가 전투·훈련 등
직무집행과 관련하여 받은 손해에 대하여는 법률이 정한 보상
이외에 국가나 공공단체에 공무원의 직무상 불법행위로 인한
배상은 청구할 수 없다.

제27조 ① 모든 국민은 능력에 따라 균등하게 교육을 받을 권리를 가진다.

② 모든 국민은 그 보호하는 자녀에게 적어도 초등교육과 법률이
정하는 교육을 받게 할 의무를 진다.

③ 의무교육은 무상으로 한다.

④ 교육의 자주성과 정치적 중립성은 보장되어야 한다.

⑤ 교육제도와 그 운영에 관한 기본적인 사항은 법률로 정한다.

제28조 ① 모든 국민은 근로의 권리를 가진다. 국가는 사회적 경제적 방
법으로 근로자의 고용의 증진에 노력하여야 한다.

② 모든 국민은 근로의 의무를 진다. 국가는 근로의 의무의 내용
과 조건을 민주주의 원칙에 따라 법률로 정한다.

③ 근로조건의 기준은 법률로 정한다.

④ 여자와 소년의 근로는 특별한 보호를 받는다.

제29조 ① 근로자의 단결권·단체교섭권 및 단체행동권은 법률이 정하는
범위 안에서 보장된다.

② 공무원인 근로자는 법률로 인정된 자를 제외하고는 단결권·단

체교섭권 또는 단체행동권을 가질 수 없다.

③ 공무원과 국가·지방자치단체·국영기업체·공익사업체 또는 국민경제에 중대한 영향을 미치는 사업체에 종사하는 근로자의 단체행동권은 법률이 정하는 바에 의하여 이를 제한하거나 인정하지 아니할 수 있다.

제30조 ① 모든 국민은 인간다운 생활을 할 권리를 가진다.

② 국가는 사회보장의 증진에 노력해야 한다.

③ 생활능력이 없는 국민은 법률이 정하는 바에 의하여 국가의 보호를 받는다.

제31조 모든 국민은 혼인의 순결과 보건에 관하여 국가의 보호를 받는다.

제32조 ① 국민의 자유와 권리는 헌법에 열거되지 아니한 이유로 경시되지 아니한다.

② 국민의 자유와 권리를 제한하는 법률의 제정은 국가안전보장·질서유지 또는 공공복리를 위하여 필요한 경우에 한한다.

제33조 모든 국민은 법률이 정하는 바에 의하여 납세의 의무를 진다.

제34조 모든 국민은 법률이 정하는 바에 의하여 국방의 의무를 진다.

제3장 통일주체국민회의

제35조 통일주체국민회의는 조국의 평화적 통일을 추진하기 위한 온 국민의 총의에 의한 국민적 조직체로서 조국통일의 신성한 사명을 가진 국민의 주권적 수임기관이다.

제36조 ① 통일주체국민회의는 국민의 직접선거에 의하여 선출된 대의원으로 구성한다.

② 통일주체국민회의 대의원의 수는 2,000인 이상 5,000인 이하의 범위 안에서 법률로 정한다.

③ 대통령은 통일주체국민회의의 의장이 된다.

④ 통일주체국민회의 대의원의 선거에 관한 사항은 법률로 정한다.

제37조 ① 통일주체국민회의 대의원으로 선거될 수 있는 자는 국회의원의 피선거권이 있고 선거일 현재 30세에 달한 자로서 조국의 평화적 통일을 위하여 국민주권을 성실히 행사할 수 있는 자라야 한다.

② 통일주체국민회의 대의원으로 선거될 수 있는 자의 자격에 관하여는 법률로 정한다.

③ 통일주체국민회의 대의원은 정당에 가입할 수 없으며, 국회의원과 법률이 정하는 공직을 겸할 수 없다.

④ 통일주체국민회의 대의원의 임기는 6년으로 한다.

제38조 ① 대통령은 통일에 관한 중요정책을 결정하거나 변경함에 있어서, 국론통일을 위하여 필요하다고 인정할 때에는 통일주체국민회의의 심의에 붙일 수 있다.

② 제1항의 경우에 통일주체국민회의에서 재적대의원 과반수의 찬성을 얻은 통일정책은 국민의 총의로 본다.

제39조 ① 대통령은 통일주체국민회의에서 토론 없이 무기명투표로 선거한다.

② 통일주체국민회의에서 재적대의원 과반수의 찬성을 얻은 자를 대통령 당선자로 한다.

③ 제2항의 득표자가 없는 때에는 2차 투표를 하고, 2차 투표에도 제2항의 득표자가 없는 때에는 최고득표자가 1인이면 최고득표자와 차점자에 대하여 최고득표자가 2인 이상이면 최고득표자에 대하여 결선투표를 함으로써 다수득표자를 대통령 당선자로 한다.

제40조 ① 통일주체국민회의는 국회의원 정수의 3분의 1에 해당하는 수

의 국회의원을 선거한다.

② 제1항의 국회의원의 후보자는 대통령이 일괄 추천하며, 후보자 전체에 대한 찬반을 투표에 붙여 재적대의원 과반수의 출석과 출석대의원 과반수의 찬성으로 당선을 결정한다.

③ 제2항의 찬성을 얻지 못한 때에는 대통령은 당선의 결정이 있을 때까지 계속하여 후보자의 전부 또는 일부를 변경한 후보자명부를 다시 작성하여 통일주체국민회의에 제출하고 그 선거를 요구하여야 한다.

④ 대통령이 제2항의 후보자를 추천하는 경우에 통일주체국민회의에서 선거할 국회의원 정수의 5분의 1의 범위 안에서 순위를 정한 예비후보자명부를 제출하여 제2항의 의결을 얻으면, 예비후보자는 명부에 기재된 순위에 따라 궐위된 통일주체국민회의 선출 국회의원의 직을 승계한다.

제41조 ① 통일주체국민회의는 국회가 발의·의결한 헌법개정안을 최종적으로 의결·확정한다.

② 제1항의 의결은 재적대의원 과반수의 찬성을 얻어야 한다.

제42조 통일주체국민회의의 조직·운영, 기타 필요한 사항은 법률로 정한다.

제4장 대통령

제43조 ① 대통령은 국가의 원수이며, 외국에 대하여 국가를 대표한다.

② 대통령은 국가의 독립, 영토의 보전, 국가의 계속성과 헌법을 수호할 책무를 진다.

③ 대통령은 조국의 평화적 통일을 위한 성실한 의무를 진다.

④ 행정권은 대통령을 수반으로 하는 정부에 속한다.

제44조 대통령으로 선거될 수 있는 자는 국회의원의 피선거권이 있고, 선거일 현재 계속하여 5년 이상 국내에 거주하고 40세에 달하여야 한다. 이 경우에 공무로 외국에 파견된 기간은 국내거주기간으로 본다.

제45조 ① 대통령의 임기가 만료되는 때에는 통일주체국민회의는 늦어도 임기만료 30일 전에 후임자를 선거한다.

② 대통령이 궐위된 때에는 통일주체국민회의는 3월 이내에 후임자를 선거한다. 다만 잔임 기간이 1년에 미만인 때에는 후임자를 선거하지 아니한다.

③ 대통령이 궐위된 경우의 후임자는 전임자의 잔임 기간 중 재임한다.

제46조 대통령은 취임에 즈음하여 다음의 선서를 한다. "나는 국헌을 준수하고 국가를 보위하며 국민의 자유와 권리의 증진에 노력하고 조국의 평화적 통일을 위하여 대통령으로서의 직책을 성실히 수행할 것을 국민 앞에 엄숙히 선서합니다."

제47조 대통령의 임기는 6년으로 한다.

제48조 대통령이 궐위되거나 사고로 인하여 직무를 수행할 수 없을 때에는 국무총리, 법률에 정한 국무위원의 순위로 그 권한을 대행한다.

제49조 대통령은 필요하다고 인정할 때에는 국가의 중요한 정책을 국민투표에 붙일 수 있다.

제50조 대통령은 조약을 체결·비준하고 외교사절을 신임·접수 또는 파견하며, 선전포고와 강화를 한다.

제51조 ① 대통령은 헌법과 법률이 정하는 바에 의하여 국군을 통수한다.

② 국군의 조직과 편성은 법률로 정한다.

제52조 대통령은 법률에서 구체적으로 범위를 정하여 위임받은 사항과 법률을 집행하기 위하여 필요한 사항에 관하여 대통령령을 발할

수 있다.

제53조 ① 대통령은 천재·지변 또는 중대한 재정 경제상의 위기에 처하
거나, 국가의 안전보장 또는 공공의 안녕질서가 중대한 위협을
받거나 받을 우려가 있어, 신속한 조치를 할 필요가 있다고 판
단할 때에는 내정·외교·국방·재정·사법 등 국정전반에 걸
쳐 필요한 긴급조치를 할 수 있다.

② 대통령은 제1항의 경우에 필요하다고 인정할 때에는 이 헌법
에 규정되어 있는 국민의 자유와 권리를 잠정적으로 정지하는
긴급조치를 할 수 있고, 정부나 법원의 권한에 관하여 긴급조
치를 할 수 있다.

③ 제1항과 제2항의 긴급조치를 한 때에는 대통령은 지체 없이 국
회에 통고하여야 한다.

④ 제1항과 제2항의 긴급조치는 사법적 심사의 대상이 되지 아니
한다.

⑤ 긴급조치의 원인이 소멸한 때에는 대통령은 지체 없이 이를 해
제하여야 한다.

⑥ 국회는 재적의원 과반수의 찬성으로 긴급조치의 해제를 대통
령에게 건의할 수 있으며, 대통령은 특별한 사유가 없는 한 이
에 응하여야 한다.

제54조 ① 대통령은 전시·사변 또는 이에 준하는 국가비상사태에 있어
서 병력으로써 군사상의 필요 또는 공공의 안녕질서를 유지할
필요가 있을 때에는 법률이 정하는 바에 의하여 계엄을 선포
할 수 있다.

② 계엄은 비상계엄과 경비계엄으로 한다.

③ 비상계엄이 선포된 때에는 법률이 정하는 바에 의하여 영장제
도, 언론·출판·집회·결사의 자유, 정부나 법원의 권한에 관

하여 특별한 조치를 할 수 있다.

④ 계엄을 선포한 때에는 대통령은 지체 없이 국회에 통고하여야
한다.

⑤ 국회가 재적의원 과반수의 찬성으로 계엄의 해제를 요구한 때
에는 대통령은 이를 해제하여야 한다.

제55조 대통령은 헌법과 법률이 정하는 바에 의하여 공무원을 임명한다.

제56조 ① 대통령은 법률이 정하는 바에 의하여 사면·감형·복권을 명
할 수 있다.

② 일반사면을 명하려면 국회의 동의를 얻어야 한다.

③ 사면·감형·복권에 관한 사항은 법률로 정한다.

제57조 대통령은 법률이 정하는 바에 의하여 훈장 기타의 영전을 수여한다.

제58조 대통령은 국회에 출석하여 발언하거나 서한으로 의견을 표시할
수 있다.

제59조 ① 대통령은 국회를 해산할 수 있다.

② 국회가 해산된 경우 국회의원 총선거는 해산된 날로부터 30일
이후 60일 이전에 실시한다.

제60조 대통령의 국법상 행위는 문서로써 하며, 이 문서에는 국무총리와
관계국무위원이 부서한다. 군사에 관한 것도 또한 같다.

제61조 대통령은 국무총리·국무위원·행정 각부의 장, 기타 법률이 정하
는 공사의 직을 겸할 수 없다.

제62조 대통령은 내란 또는 외환의 죄를 범한 경우를 제외하고는 재직 중
형사상의 소추를 받지 아니한다.

제5장 정부

제1절 국무총리와 국무위원

제63조 ① 국무총리는 국회의 동의를 얻어 대통령이 임명한다.

　　　② 국무총리는 대통령을 보좌하고 행정에 관하여 대통령의 명을 받아 행정 각부를 통할한다.

　　　③ 군인은 현역을 면한 자가 아니면 국무총리로 임명될 수 없다.

제64조 ① 국무위원은 국무총리의 제청으로 대통령이 임명한다.

　　　② 국무위원은 국정에 관하여 대통령을 보좌하며 국무회의의 구성원으로서 국정을 심의한다.

　　　③ 국무총리는 국무위원의 해임을 대통령에게 건의할 수 있다.

　　　④ 군인은 현역을 면한 자가 아니면 국무위원으로 임명될 수 없다.

제2절 국무회의

제65조 ① 국무회의는 정부의 권한에 속하는 중요한 정책을 심의한다.

　　　② 국무회의는 대통령 국무총리와 15인 이상 25인 이하의 국무위원으로 구성한다.

　　　③ 대통령은 국무회의의 의장이 되고, 국무총리는 부의장이 된다.

제66조 다음 사항은 국무회의의 심의를 거쳐야 한다.

　　1. 국정의 기본적 계획과 정부의 일반정책

　　2. 선전·강화 기타 중요한 대외정책

　　3. 헌법개정안·국민투표안·조약안·법률안과 대통령안

　　4. 예산안·결산·국유재산처분의 기본계획, 국가의 부담이 될 계약 기타 재정에 관한 중요사항

5. 대통령의 긴급조치 또는 계엄과 그 해제
6. 군사에 관한 중요사항
7. 국회의 해산
8. 국회의 임시회 집회의 요구
9. 영전수여
10. 사면 · 감형과 복권
11. 행정 각부 간의 권한의 획정
12. 정부 안의 권한의 위임 또는 배정에 관한 기본계획
13. 국정처리상황의 평가 · 분석
14. 행정 각부의 중요한 정책의 수립과 조정
15. 정당해산의 제소
16. 정부에 제출 또는 회부된 정부의 정책에 관계되는 청원의 심사
17. 검찰총장 · 국립대학교총장 · 대사 · 각군참모총장 · 해병사령관, 기타 법률에 정한 공무원과 국영기업체 관리자의 임명
18. 기타 대통령 · 국무총리 또는 국무위원이 제출한 사항

제67조 ① 국가안전보장에 관련되는 대외정책 · 군사정책과 국내정책의 수립에 관하여 국무회의의 심의에 앞서 대통령의 자문에 응하기 위하여 국가안전보장회의를 둔다.

② 국가안전보장회의는 대통령이 주재한다.

③ 국가안전보장회의의 조직 · 직무범위, 기타 필요한 사항은 법률로 정한다.

제3절 행정 각부

제68조 행정 각부의 장은 국무위원 중에서 국무총리의 제청으로 대통령이 임명한다.

제69조 국무총리 또는 행정각부의 장은 소관사무에 관하여 법률이나 대통령령의 위임 또는 직권으로 총리령 또는 부령(部令)을 발할 수 있다.

제70조 행정 각부의 설치·조직과 직무범위는 법률로 정한다.

제4절 감사원

제71조 국가의 세입·세출의 결산, 국가 및 법률에 정한 단체의 회계감사와 행정기관 및 공무원의 직무에 관한 감찰을 하기 위하여 대통령 소속 하에 감사원을 둔다.

제72조 ① 감사원은 원장을 포함한 5인 이상 11인 이하의 감사위원으로 구성한다.

② 원장은 국회의 동의를 얻어 대통령이 임명하며, 그 임기는 4년으로 한다.

③ 원장이 궐위된 경우에 이명된 후임자의 임기는 전임자의 잔임기간으로 한다.

④ 감사위원은 원장의 제청으로 대통령이 임명하며, 그 임기는 4년으로 한다.

제73조 감사원은 세입·세출의 결산을 매년 검사하여 대통령과 차년도 국회에 그 결과를 보고하여야 한다.

제74조 감사원의 조직·직무범위·감사위원의 자격·감사대상 공무원의 범위, 기타 필요한 사항은 법률로 정한다.

제6장 국회

제75조 입법권은 국회에 속한다.

제76조 ① 국회는 국민의 보통·평등·직접·비밀선거에 의하여 선출된
　　　　의원 및 통일주체국민회의가 선거하는 의원으로 구성한다.
　　　② 국회의원의 수는 법률로 정한다.
　　　③ 국회의원의 선거에 관한 사항은 법률로 정한다.
제77조 국회의원의 임기는 6년으로 한다. 다만 통일주체국민회의가 선거
　　　　한 국회의원의 임기는 3년으로 한다.
제78조 국회의원은 법률이 정하는 공사의 직을 겸할 수 없다.
제79조 ① 국회의원은 현행범인인 경우를 제외하고는 회기 중 국회의 동
　　　　의 없이 체포 또는 구금되지 아니한다.
　　　② 국회의원이 회기 전에 체포 또는 구금된 때에는 현행범인이 아
　　　　닌 한 국회의 동의가 있으면 회기 중 석방된다.
제80조 국회의원은 국회에서 직무상 행한 발언과 표결에 관하여 국회 외
　　　　에서 책임을 지지 아니한다.
제81조 국회의원은 그 지위와 특권을 남용하여서는 아니 된다.
제82조 ① 국회의 정기회는 법률이 정하는 바에 의하여 매년 1회 집회하
　　　　며, 국회의 임시회는 대통령 또는 국회의원 재적 3분의 1이상
　　　　의 요구에 의하여 집회된다.
　　　② 정기회의 회기는 90일을, 임시회의 회기는 30일을 초과할 수
　　　　없다.
　　　③ 국회는 정기회·임시회를 합하여 년 150일을 초과하여 개회할
　　　　수 없다. 다만 대통령이 집회를 요구한 임시회의 일수는 이에
　　　　편입하지 아니 한다.
　　　④ 대통령이 임시회의 집회를 요구할 때에는 기간과 집회요구의
　　　　이유를 명시하여야 한다.
　　　⑤ 대통령의 요구에 의하여 집회된 임시회에서는 정부가 제출한
　　　　의안에 한하여 처리하며, 국회는 대통령이 집회요구 시에 정한

기간에 한하여 개회한다,

제83조 국회는 의장 1인과 부의장 2인을 선거한다.

제84조 국회는 헌법 또는 법률에 특별한 규정이 없는 한 그 재적의원 과반수의 출석과 출석의원 과반수의 찬성으로 의결한다.

제85조 ① 국회의 회의는 공개한다. 다만 출석의원 과반수의 찬성이 있거나, 의장이 국가의 안전보장을 위하여 필요하다고 인정할 때에는 공개하지 아니할 수 있다.

　　　② 공개하지 아니한 회의의 내용은 공표되어서는 아니 된다.

제86조 국회에 제출된 법률안 기타의 의안은 회기 중에 의결되지 못한 이유로 폐기되지 아니한다. 다만 통일주체국민회의에서 선거되지 아니한 국회의원의 임기가 만료되거나 국회가 해산된 때에는 예외로 한다.

제87조 국회의원과 정부는 법률안을 제출할 수 있다.

제88조 ① 국회에서 의결된 법률안은 정부에 이송되어 15일 이내에 대통령이 공포한다.

　　　② 법률안에 이의가 있을 때에는 대통령은 제1항의 기간 안에 이의서를 붙여 국회로 회부하고 그 재의(再議)를 요구할 수 있다. 국회의 폐회 중에도 또한 같다.

　　　③ 대통령은 법률안의 일부에 대하여 또는 법률안을 수정하여 재의를 요구할 수 없다.

　　　④ 재의의 요구가 있을 때에는 국회는 재의에 붙이고 재적의원 과반수의 출석과 출석의원 3분의 2이상의 찬성으로 전과 같은 의결을 하면 그 법률안은 법률로서 확정된다.

　　　⑤ 대통령이 제1항의 기간 안에 공포나 재의의 요구를 하지 아니한 때에도 그 법률안은 법률로서 확정된다.

　　　⑥ 대통령은 제4항과 제5항의 규정에 의하여 확정된 법률을 지체

없이 공포하여야 한다. 제5항에 의하여 법률이 확정된 후에는 제4항에 의한 확정법률이 정부에 이송된 후 5일 이내에 대통령이 공포하지 아니할 때에는 국회의장이 이를 공포한다.

⑦ 법률은 특별한 규정이 없는 한 공포한 날로부터 20일을 경과함으로써 효력을 발생한다.

제89조 ① 국회는 국가의 예산안을 심의 확정한다.

② 정부는 회계연도마다 예산안을 편성하여 회계연도 개시 90일 전까지 국회에 제출하고, 국회는 회계연도 개시 30일 전까지 이를 의결하여야 한다.

③ 제2항의 기간 안에 예산안이 의결되지 못한 때에는 정부는 국회에서 예산안이 의결될 때까지 다음 각 호의 경비를 세입의 범위 안에서 전년도 예산에 준하여 지출할 수 있다.

1. 공무원의 보수와 사무처리에 필요한 기본경비

2. 헌법이나 법률에 의하여 설치된 기관 또는 시설의 유지비와 법률상 지출의 의무가 있는 경비

3. 이미 예산상 승인된 계속비

제90조 ① 한 회계연도를 넘어 계속하여 지출할 필요가 있을 때에는 정부는 연한을 정하여 계속비로서 국회의 의결을 얻어야 한다.

② 예측할 수 없는 예산 외의 지출 또는 예산초과지출에 충당하기 위한 예비비는 미리 국회의 의결을 얻어야 한다. 예비비의 지출은 차기 국회의 승인을 얻어야 한다.

제91조 예산 성립 후에 생긴 사유로 인하여 예산에 변경을 가할 필요가 있을 때에는 정부는 추가경정예산안을 편성하여 국회에 제출할 수 있다.

제92조 국회는 정부의 동의 없이 정부가 제출한 지출예산 각 항의 금액을 증가하거나 새 비목을 설치할 수 없다.

제93조 국채를 모집하거나 예산 외에 국가의 부담이 될 계약을 체결하려
　　　할 때에는 정부는 미리 국회의 의결을 얻어야 한다.

제94조 조세의 종목과 세율은 법률로 정한다.

제95조 ① 국회는 상호원조 또는 안전보장에 관한 조약, 국제조직에 관한
　　　조약, 통상조약, 어업조약, 강화조약, 국가나 국민에게 재정적
　　　부담을 지우는 조약, 외국군대의 지위에 관한 조약 또는 입법
　　　사항에 관한 조약의 체결·비준에 대한 동의권을 가진다.

　　　② 선전포고, 국군의 외국에의 파견 또는 외국군대의 대한민국 영
　　　역 안에서의 주류에 대하여도 국회는 동의권을 가진다.

제96조 ① 국무총리, 국무위원 또는 정부위원은 국회나 그 위원회에 출석
　　　하여 국정처리상황을 보고하거나 의견을 진술하고 질문에 응
　　　답할 수 있다.

　　　② 국회나 그 위원회의 요구가 있을 때에는 국무총리·국무위원
　　　또는 정부위원은 출석·답변하여야 하며, 국무총리 또는 국무
　　　위원이 출석요구를 받은 때에는 국무위원 또는 정부위원으로
　　　하여금 출석·답변하게 할 수 있다.

제97조 ① 국회는 국무총리 또는 국무위원에 대하여 개별적으로 그 해임
　　　을 의결할 수 있다.

　　　② 제1항의 해임 의결은 국회재적의원 3분의 1이상의 발의에 의
　　　하여 국회 재적의원 과반수의 찬성이 있어야 한다.

　　　③ 제2항의 의결이 있을 때에는 대통령은 국무총리 또는 당해 국
　　　무위원을 해임하여야 한다. 다만 국무총리에 대한 해임의결이
　　　있을 때에는 대통령은 국무총리 및 국무위원 전원을 해임하여
　　　야 한다.

제98조 ① 국회는 법률에 저촉되지 아니하는 범위 안에서 의사와 내부규
　　　율에 관한 규칙을 제정할 수 있다.

② 국회는 의원의 자격을 심사하여 의원을 징계할 수 있다.

③ 의원을 제명하려면 국회 재적의원 3분의 2 이상의 찬성이 있어야 한다.

④ 제2항과 제3항의 처분에 대하여는 법원에 제소할 수 없다.

제99조 ① 대통령·국무총리·국무위원·행정 각부의 장·헌법위원회위원·법관·중앙선거관리위원회위원·감사위원, 기타 법률에 정한 공무원이 그 직무집행에 있어서 헌법이나 법률을 위배한 때에는 국회는 탄핵의 소추를 의결할 수 있다.

② 제1항의 탄핵소추는 국회 재적의원 3분의 1 이상의 발의가 있어야 하며, 그 의결은 국회 재적의원 과반수의 찬성이 있어야 한다. 다만 대통령에 대한 탄핵소추는 국회재적의원 과반수의 발의와 국회 재적의원 3분의 2 이상의 찬성이 있어야 한다.

③ 탄핵소추의 의결을 받은 자는 탄핵결정이 있을 때까지 그 권한 행사가 정지된다.

④ 탄핵결정은 공직으로부터 파면함에 그친다. 그러나 이에 의하여 민사상이나 형사상의 책임이 면제되지는 아니한다.

제7장 법원

제100조 ① 사법권은 법관으로 구성된 법원에 속한다.

② 법원은 최고법원인 대법원과 각급 법원으로 조직된다.

③ 법관의 자격은 법률로 정한다.

제101조 ① 대법원에 부(部)를 둘 수 있다.

② 대법원의 법관의 수는 16인 이하로 한다.

③ 대법원과 각급 법원의 조직은 법률로 정한다.

제102조 법관은 이 헌법과 법률에 의하여 그 양심에 따라 독립하여 심판

한다.

제103조 ① 대법원장인 법관은 대통령이 국회의 동의를 얻어 임명한다.

② 대법원장이 아닌 법관은 대법원장의 제청에 의하여 대통령이
임명한다.

③ 대법원장인 법관의 임기는 6년으로 한다.

④ 대법원장이 아닌 법관의 임기는 10년으로 한다.

⑤ 법관은 법률이 정하는 바에 의하여 연임될 수 있다.

⑥ 법관은 법률이 정하는 연령에 달한 때에는 퇴직한다.

제104조 ① 법관은 탄핵·형벌 또는 징계처분에 의하지 아니하고는 파
면·정직·감봉되거나 불리한 처분을 받지 아니한다.

② 법관이 중대한 심신상의 장애로 직무를 수행할 수 없을 때에
는 법률이 정하는 바에 의하여 퇴직하게 할 수 있다.

제105조 ① 법률이 헌법에 위반되는 여부가 재판의 전제가 된 때에는 법
원은 헌법위원회에 제청하여 그 결정에 의하여 재판한다.

② 명령·규칙·처분이 헌법이나 법률에 위반되는 여부가 재판
의 전제가 된 때에는 대법원은 이를 최종적으로 심사할 권한
을 가진다.

제106조 대법원은 법률에 저촉되지 아니하는 범위 안에서 소송에 관한
절차, 법원의 내부규율과 사무처리에 관한 규칙을 제정할 수 있다.

제107조 재판의 심리와 판결은 공개한다. 다만 심리는 국가의 안전보장
또는 안녕질서를 방해하거나 선량한 풍속을 해할 염려가 있을
때에는 법원의 결정으로 공개하지 아니할 수 있다.

제108조 ① 군사재판을 관할하기 위하여 특별법원으로서 군법회의를 둘
수 있다.

② 군법회의의 상고심은 대법원에서 관할한다.

③ 비상계엄 하의 군사재판은 군인·군속의 범죄나 군사에 관한

간첩죄의 경우와 초병 · 초소 · 유해음식물공급 · 포로에 관한
죄 중 법률에 정한 경우에 한하여 단심(單審)으로 할 수 있다.

제8장 헌법위원회

제109조 ① 헌법위원회는 다음 사항을 심판한다.

    1. 법원의 제청에 의한 법률의 위헌여부

    2. 탄핵

    3. 정당의 해산

  ② 헌법위원회는 9인의 위원으로 구성하며, 대통령이 임명한다.

  ③ 제2항의 위원 중 3인은 국회에서 선출하는 자를, 3인은 대법
원장이 지명하는 자를 임명한다.

  ④ 헌법위원회의 위원장은 위원 중에서 대통령이 임명한다.

제110조 ① 헌법위원회 위원의 임기는 6년으로 한다.

  ② 헌법위원회 위원은 정당에 가입하거나 정치에 관여할 수 없다.

  ③ 헌법위원회 위원은 탄핵 또는 형벌에 의하지 아니하고는 파
면되지 아니한다.

  ④ 헌법위원회 위원의 자격은 법률로 정한다.

제111조 ① 헌법위원회에서 법률의 위헌결정, 탄핵의 결정 또는 정당해
산의 결정을 할 때에는 위원 6인 이상의 찬성이 있어야 한다.

  ② 헌법위원회의 조직과 운영 기타 필요한 사항은 법률로 정한다.

제9장 선거관리

제112조 ① 선거와 국민투표의 공정한 관리 및 정당에 관한 사무를 처리
하기 위하여 선거관리위원회를 둔다.

② 중앙선거관리위원회는 9인의 위원으로 구성하며, 대통령이 임
  명한다.

③ 제1항의 위원 중 3인은 국회에서 선출하는 자를, 3인은 대법
  원장이 지명하는 자를 임명한다.

④ 중앙선거관리위원회의 위원장은 위원 중에서 대통령이 임명
  한다.

⑤ 위원의 임기는 5년으로 한다.

⑥ 위원은 정당에 가입하거나 정치에 관여할 수 없다.

⑦ 위원은 탄핵 또는 형벌에 의하지 아니하고는 파면되지 아니
  한다.

⑧ 중앙선거관리위원회는 법령의 범위 안에서 선거관리 · 국민
  투표관리 또는 정당사무에 관한 규칙을 제정할 수 있다.

⑨ 각급 선거관리위원회의 조직 · 직무범위, 기타 필요한 사항은
  법률로 정한다.

제113조 ① 선거관리는 각급 선거관리위원회의 관리 하에 법률에 정한
  범위 안에서 하되 균등한 기회가 보장되어야 한다.

② 선거에 관한 경비는 법률이 정하는 경우를 제외하고는 정당
  또는 후보자에게 부담시킬 수 없다.

제10장 지방자치

제114조 ① 지방자치단체는 주민의 복리에 관한 사무를 처리하고 재산을
  관리하며 법령의 범위 안에서 자치에 관한 규정을 제정할 수
  있다.

② 지방자치단체의 종류는 법률로 정한다.

제115조 ① 지방자치단체에는 의회를 둔다.

② 지방의회의 조직·권한·의원선거와 지방자치단체의 장의 선임방법, 기타 지방자치단체의 조직과 운영에 관한 사항은 법률로 정한다.

제11장 경제

제116조 ① 대한민국의 경제질서는 개인의 경제상의 자유와 창의를 존중함을 기본으로 한다.

② 국가는 모든 국민에게 생활의 기본적 수요를 충족시키는 사회정의의 실현과 균형 있는 국민경제의 발전을 위하여 필요한 범위 안에서 경제에 관한 규제와 조정을 한다.

제117조 ① 광물, 기타 중요한 지하자원, 수산자원, 수력과 경제상 이용할 수 있는 자연력은 법률이 정하는 바에 의하여 일정한 기간 그 채취, 개발 또는 이용을 특허할 수 있다.

② 국토와 자원은 국가의 보호를 받으며 국가는 그 균형 있는 개발과 이용을 위한 계획을 수립한다.

제118조 농지의 소작제도는 법률이 정하는 바에 의하여 금지된다.

제119조 국가는 농지와 산지, 기타 국토의 효율적인 이용·개발과 보전을 위하여 법률이 정하는 바에 의하여 그에 관한 필요한 제한과 의무를 과할 수 있다.

제120조 ① 국가는 농민·어민의 자조를 기반으로 하는 농어촌개발을 위하여 계획을 수립하며, 지역사회의 균형 있는 발전을 기한다.

② 농민·어민과 중소기업자의 자조조직은 육성된다.

제121조 국가는 대외무역을 육성하며, 이를 규제·조정할 수 있다.

제122조 국방상 또는 국민경제상 긴절한 필요로 인하여 법률에 정한 경우를 제외하고는, 사영기업을 국유 또는 공유로 이전하거나 그

경영을 통제 또는 관리할 수 없다.

제123조 ① 국민경제의 발전과 이를 위한 과학기술은 창달·진흥되어야
한다.

② 대통령은 경제·과학기술의 창달·진흥을 위하여 필요한 자
문기구를 둘 수 있다.

제12장 헌법개정

제124조 ① 헌법의 개정은 대통령 또는 국회재적의원 과반수의 발의로
제안된다.

② 대통령이 제안한 헌법개정안은 국민투표로 확정되며, 국회의
원이 제안한 헌법개정안은 국회의 의결을 거쳐 통일주체국민
회의 의결로 확정된다.

③ 헌법 개정이 확정되면 대통령은 즉시 이를 공포하여야 한다.

제125조 ① 국회에 제안된 헌법개정안은 20일 이상의 기간 이를 공고하
여야 하며, 공고된 날로부터 60일 이내에 의결하여야 한다.

② 헌법개정안에 대한 국회의 의결은 재적의원 3분의 2이상의
찬성을 얻어야 한다.

③ 제2항의 의결을 거친 헌법개정안은 지체 없이 통일주체국민
회의에 회부되고 그 의결로 헌법 개정이 확정된다. 통일주체
국민회의에 회부된 헌법개정안은 회부된 날로부터 20일 이내
에 의결되어야 한다.

제126조 ① 대통령이 제안한 헌법개정안은 20일 이상의 기간 이를 공고
하여야 하며, 공고된 날로부터 60일 이내에 국민투표에 붙여
야 한다.

② 국민투표에 붙여진 헌법개정안은 국회의원 선거권자 과반수의

투표와 투표자 과반수의 찬성을 얻어 헌법 개정이 확정된다.

부칙

제1조 이 헌법은 공포한 날로부터 시행한다. 다만 이 헌법을 시행하기
위하여 필요한 법률의 제정과 이 헌법에 의한 대통령 · 통일주체
국민회의 대의원 및 국회의원의 선거와 기타 이 헌법시행에 관한
준비는 이 헌법시행 전에 할 수 있다.

제2조 ① 이 헌법에 의하여 통일주체국민회의에서 선거된 최초의 대통
령의 임기는 이 헌법시행일로부터 개시된다.

② 이 헌법에 의하여 선거된 최초의 통일주체국민회의 대의원의
임기는 통일주체국민회의, 최초의 집회일로부터 개시되고,
1978년 6월 30일에 종료된다.

제3조 이 헌법에 의한 최초의 국회의원 총선거는 이 헌법시행일로부터
6월 이내에 실시한다.

제4조 1972년 10월 17일부터 이 헌법에 의한 국회의 최초의 집회 일까지
비상국무회의가 대행한 국회의 권한은 이 헌법시행 당시의 헌법
과 이 헌법에 의한 국회가 행한 것으로 본다.

제5조 이 헌법시행 당시의 공무원과 정부가 임명한 기업체의 임원은 이
헌법에 의하여 임명된 것으로 본다. 다만, 이 헌법에 의하여 선임
방법이나 임명권자가 변경된 공무원은 이 헌법에 의하여 후임자
가 선임될 때까지 그 직무를 행하여, 이 경우 전임자인 공무원의
임기는 후임자가 선임되는 전일까지로 한다.

제6조 ① 이 헌법시행 당시의 법령과 조약은 이 헌법에 위배되지 아니하
는 한 그 효력을 지속한다.

② 이 헌법시행 당시의 대통령령 · 국무원령과 각령(閣令)은 이 헌

법에 의한 대통령령으로 본다.

제7조　비상국무회의에서 제정한 법령과 이에 따라 행하여진 재판과 예산 기타 처분 등은 그 효력을 지속하며, 이 헌법, 기타의 이유로 제소하거나 이의를 할 수 없다.

제8조　이 헌법시행 당시에 이 헌법에 의하여 새로 설치될 기관의 권한에 속하는 직무를 행하고 있는 기관은 이 헌법에 의하여 새로운 기관이 설치될 때까지 계속하여 그 직무를 행한다.

제9조　1972년 10월 17일부터 이 헌법시행일까지 대통령이 행한 특별선언과 이에 따른 비상조치에 대하여는 제소하거나 이의를 할 수 없다.

제10조　이 헌법에 의한 지방의회는 조국통일이 이루어질 때까지 구성하지 아니한다.

제11조 ① 특수범죄처벌에 관한 특별법·부정선거관련자처벌법·정치활동정화법 및 부정축재처리법과 이에 관련되는 법률은 그 효력을 지속하며 이에 대하여 이의를 할 수 없다.

② 정치활동정화법 및 부정축재처리법과 이에 관련되는 법률은 이를 개폐할 수 없다.

9. 통일주체국민회의법(1972년 12월 6일 법률 제2353호)

제1장 총칙

제1조(목적) 이 법은 조국의 평화적 통일을 추진하기 위한 온 국민의 총
　　　　　의에 의한 국민적 조직체로서 조국통일의 신성한 사명을 가
　　　　　진 국민의 주권적 수임기관인 통일주체국민회의의 조직과
　　　　　운영 기타 필요한 사항을 정함을 목적으로 한다.

제2조(등록) 통일주체국민회의대의원(이하 대의원이라 한다)으로 당선된
　　　　　자는 당선 후 즉시 통일주체국민회의 사무처에 당선증서를
　　　　　제시하고 등록하여야 한다. 다만 의장은 대통령령의 정하는
　　　　　바에 의하여 사무처의 업무를 대행하는 국가기관에 등록하
　　　　　게 할 수 있다.

제3조(의석배정) 대의원의 의석은 집회시마다 당해 대의원이 선출된 지
　　　　　역과 질서유지를 감안하여 통일주체국민회의 사무총장이
　　　　　정한다.

제2장 집회

제4조(집회) 통일주체국민회의(이하 국민회의라 한다)의 집회는 의장이
　　　　　소집하며 의장은 늦어도 집회기일전 5일에 집회의 일시 · 장
　　　　　소 및 의안의 제목을 정하여 공고한다.

제5조(개회 · 폐회 등) ① 국민회의는 집회일에 개회식을 행한다.
　　　　　　　　　　② 국민회의는 의장의 개회선포로 개회하고 폐회선
　　　　　　　　　　포로 폐회한다.
　　　　　　　　　　③ 국민회의에 부의한 안건의 의사가 끝났을 때에

는 의장은 산회를 선포한다.

④ 의장은 집회기간 중 기간을 정하여 휴회를 선포
할 수 있다.

제3장 기관과 경비

제6조(의장의 직무) ① 의장은 의안을 부의하여 국민회의를 주재하고 질
서를 유지하며, 국민회의의 사무를 통리하고 국
민회의를 대표한다.

② 의장은 국민회의의 질서를 유지하기 위하여 경호
권을 행한다.

③ 의장은 필요하다고 인정할 때에는 집회시마다 운
영위원 중 약간 인을 지명하여 교대로 의장을 대
리하여 국민회의를 주재하게 할 수 있다.

제7조(운영위원회) ① 의장은 대의원의 자격심사·징계, 기타 필요한 사
항을 심의하기 위하여 의장이 지명하는 20인 이
상 50인 이하의 대의원으로 구성되는 운영위원회
를 둘 수 있다.

② 운영위원회 위원은 집회마다 의장이 지명하여 다
음 집회일 기일까지 그 직을 가지되 의장은 그 전
에라도 해직할 수 있다.

③ 운영위원회의 조직·직무범위·운영절차, 기타 필
요한 사항은 대통령령으로 정한다.

제8조(사무처) ① 국민회의의 사무를 처리하기 위하여 통일주체국민회의
사무처(이하 사무처라 한다)를 둔다.

② 사무처에 사무총장 1인과 기타 필요한 공무원을 두되,

사무총장은 별정직으로 하고 의장이 임면한다.

③ 사무총장은 의장의 감독을 받아 국민회의의 사무를 장리하며 소속 공무원을 지휘·감독한다.

④ 의장은 필요하다고 인정할 때에는 대통령령의 정하는 바에 의하여 다른 국가기관의 소속 공무원으로 하여금 사무처 소속 공무원의 직을 겸하게 할 수 있고, 사무처 업무의 일부를 다른 국가기관에 대행하거나 위촉하여 처리하게 할 수 있다.

⑤ 제4항에 의하여 사무처의 업무를 대행하거나 위촉받아 처리하는 다른 국가기관의 장은 국민회의에 관한 사무의 처리에 있어서는 의장의 지휘·감독을 받는다.

⑥ 사무처의 조직·직무범위·사무처에 두는 공무원의 종류·정원·보수, 기타 필요한 사항은 대통령령으로 정한다.

제9조(경비) 국민회의의 경비는 독립하여 국가예산에 계상한다.

제4장 대의원

제10조(선서) 대의원은 임기개시 후 처음으로 집회되는 국민회의에서 다음의 선거를 행한다.

"본대의원은 국헌을 준수하고 조국의 평화적 통일을 위하여 국민의 총의를 받들어 수임된 신성한 사명을 성실히 수행할 것을 엄숙히 선서합니다."

제11조(겸직제한) 대의원은 다음 각 호의 1에 해당하는 직을 겸할 수 없다.

1. 국회의원.

2. 공무원(지방공무원법 제2조 제2항 제2호에 정한 자를 제외한다) 및 선거관리위원회위원.

3. 다른 법령에 의하여 공무원(선거직공무원을 포함한다)의 직을 겸할 수 없는 직.

4. 다른 법령에 의하여 정치활동이나 정치관여가 금지되어 있는 직.

제12조(정치관여금지) ① 대의원은 정당에 가입할 수 없으며, 그 직무 이외에는 정치에 관여하지 못한다.

② 대의원은 그 직을 상실한 후 2년을 경과하지 아니하면 국회의원에 입후보할 수 없다.

제13조(수당과 여비) ① 대의원은 국민회의에 출석하는 일수에 따른 수당과 여비를 받는다.

② 제1항이 수당과 여비에 관한 사항은 대통령령으로 정한다.

제14조(사직 및 퇴직) ① 대의원은 의장의 허가를 받아 사직할 수 있다.

② 대의원이 헌법 및 법률에 의하여 겸할 수 없는 직에 취임하거나 피선거권이 없게 된 때에는 퇴직된다.

제15조(자격심사) ① 대의원이 다른 대의원의 자격에 대하여 이의가 있을 때에는 50인 이상의 연서로 의장에게 자격심사를 청구할 수 있다.

② 의장은 제1항의 청구가 있는 때에는 운영위원회의 심의를 거쳐 국민회의의 의결로 그 자격의 유무를 결정한다.

제16조(징계) ① 대의원이 법령을 위반하거나 대의원으로서의 위신을 손상하는 행위를 한 때에는 다른 대의원 50인 이상의 연서로 의장에게 제명을 청구할 수 있다.

② 의장은 제1항의 청구가 있는 때에는 운영위원회의 심의를 거쳐 국민회의의 의결로 제명한다.

제17조(직위남용금지 등) ① 대의원은 대의원으로서 품위를 유지하여야
한다.

② 대의원은 직위를 남용하여 국가·지방자치
단체 등 공공단체·정부투자기업체·금융
기관 등에 대하여 청탁, 기타 이권운동을
하여서는 아니 된다.

③ 대의원은 형법 기타 법률이 정한 벌칙의 적
용에 있어서는 공무원으로 본다.

제5장 대통령 선거

제18조(대통령 후보자의 등록) ① 대통령후보자(이하 후보자라 한다)를 추
천하고자 하는 대의원은 국회의원의 피선거권이 있고 선거일 현재 계속
하여 5년 이상 국내에 거주하고 40세에 달한 자를 대의원 200인 이상의
후보자 추천장과 후보자가 되려는 자의 승낙서를 첨부하여 대통령선거
를 위한 국민회의 집회 공고일로부터 선거일 전일까지 사무처에 등록을
신청하여야 한다.

② 제1항의 추천장은 추천인이 기명날인(捺印은 허용하지 아니한다)하여야
날인

하며, 추천장은 추천인별로 또는 추천인이 연명하여 작성하되 간인(間
印)은 요하지 아니한다.

③ 대의원이 후보자를 추천하고자 하는 경우에는 후보자 1인에 한하여 추
천할 수 있으며, 대의원 2인 이상의 후보자를 추천한 경우에는 그 대의
원이 행한 추천은 모두 무효로 한다. 추천의 취소는 등록에 영향을 미치
지 아니한다.

④ 대의원은 후보자 등록 후에 등록된 후보자의 추천을 취소하거나 변경할
수 없다.

⑤ 후보자 등록신청서의 접수는 공휴일에 불구하고 매일 상오 9시부터 하오 5시까지 행한다.

⑥ 제1항의 등록신청이 있는 때에는 사무총장은 후보자의 피선거권의 유무와 추천서류의 내용을 조사하여 적법한 때에는 이를 수리하여야 한다.

제19조(등록무효) ① 후보자 등록 후에 피선거권이 없는 것이 발견되거나 적법한 추천을 받지 못한 것이 발견된 때에는 그 등록은 무효로 한다,

② 등록이 무효로 된 때에는 사무총장은 지체 없이 후보자와 그 후보자를 추천하여 등록을 신청한 대의원에게 그 사유를 명시하여 등록무효의 뜻을 통지하여야 한다.

제20조(후보자 사퇴의 신고) 후보자가 사퇴하고자 할 때에는 사무총장에게 서면으로 신고하여야 한다.

제21조(후보자에 관한 공고) 사무총장은 후보자의 등록이 있거나 후보자가 사퇴 또는 사망하였거나, 그 등록이 무효로 된 때에는 지체 없이 이를 공고하여야 한다.

제6장 회의

제22조(의사·의결 정족수) 국민회의의 회의는 헌법 또는 이 법에 특별한 규정이 있는 경우를 제외하고는 재적대의원 과반수의 출석으로 개의하고, 출석대의원 과반수의 찬성으로 의결한다.

제23조(회의의 공개) ① 국민회의의 회의는 공개한다. 다만 의장이 국가의 안전보장 기타 이유로 필요하다고 인정할 때에는 공개하지 아니할 수 있다.

② 공개하지 아니한 회의의 내용은 공표되어서는 아니 된다.

제24조(의장의 질서유지) ① 대의원이 회의 중에 법령 또는 의장의 명령에 위배하여 회의장의 질서를 문란하게 하거나 국민회의의 위신을 손상하

게 하는 언동을 할 때에는 의장은 이를 경고 또는 제지하거나 그 발언
의 취소를 명할 수 있다. 그 명령에 응하지 아니한 때에는 의장은 당일
의 회의에서 발언을 금지하거나 퇴장시킬 수 있다.

② 의장은 회의장이 소란하여 질서를 유지하기 곤란하다고 인정할 때에는
회의를 중지하거나 산회를 선포할 수 있다.

제25조(발언) 대의원이 발언하고자 할 때에는 미리 발언할 내용의 요지와
소요시간을 정하여 의장의 허가를 받아야 한다.

제26조(의견진술) 국무총리, 국무위원 기타 심의중의 안건과 관계있는 자는
의장의 허가를 받아 국민회의에 출석하여 의견을 진술할 수 있다.

제27조(표결방법) ① 국민회의에서 대통령을 선거할 때에는 등록된 후보자
에 대하여 토론 없이 무기명으로 투표용지에 후보자 1인의 성명을 기재
하는 방법으로 투표하여 표결한다.

② 국민회의에서 국회의원의 선거, 헌법개정안의 의결 확정, 대의원의 징계
또는 자격심사를 할 때에는 무기명투표로 표결한다.

③ 제1항과 제2항에 정하여진 이외의 의안의 표결은 의장이 대의원으로 하
여금 기립하게 하여 가부를 결정하거나, 이의의 유무를 물어서 이의가
없다고 인정한 때에는 가결되었음을 선포할 수 있다. 그러나 이의가 있
을 때에는 의장은 기명 또는 무기명 투표로 표결하거나 대의원으로 하
여금 기립하게 하여 가부를 결정한다.

제28조(투표절차) ① 투표할 때에는 사무총장은 투표의 질서를 유지하기
위하여 대의원의 의석배열에 따라 회의장 내에 19개 이상 20개 이하의
범위 안에서 명패함·투표함 및 기표소를 각각 설치하여야 한다.

② 대의원은 명패와 투표용지를 받아 지정된 기표소에서 투표용지에 소정
사항을 기표 또는 기재한 후 명패와 투표용지를 각각 지정된 명패함과
투표함에 투입한다.

③ 투표할 때에는 의장은 대의원 중에서 약간인의 감표(監票)위원을 지명

하고, 그 위원의 참여 하에 직원으로 하여금 명패와 투표의 수를 점검, 계산하게 한다.

④ 투표의 수가 명패의 수보다 많을 때에는 재투표를 한다. 다만 투표의 결과에 영향을 미치지 아니할 때에는 그러하지 아니한다.

제29조(표결결과 선포) 국민회의의 회의에서 표결이 끝났을 때에는 의장은 그 결과를 선포한다.

제30조(의사에 관한 위임규정) 이 법에 규정된 사항을 제외하고는 국민회의의 의사진행에 관하여 필요한 사항은 대통령령으로 정한다.

제31조(회의록) ① 국민회의는 회의록을 작성하고 다음 사항을 기재한다.

1. 개의·회의중지와 산회의 일시

2. 의사일정

3. 출석대의원의 수

4. 개회식에 관한 사항

5. 대의원의 이동(異動)

6. 의석의 배정과 변동

7. 출석한 국무총리·국무위원 및 기타 관계자의 성명

8. 부의안건과 그 내용

9. 의사(議事)

10. 표결수

11. 기타 의장이 필요하다고 인정한 사항

② 회의록에는 속기법에 의하여 모든 의사를 기재하여야 한다.

③ 회의록은 의장의 지명을 받아 국민회의를 주재한 대의원과 사무총장 또는 그 대리자가 서명 날인하여 보존한다.

제32조(회의록의 배부·반포) 회의록은 대의원 또는 일반에게 배부하거나 반포할 수 있다. 그러나 공개하지 아니한 국민회의의 회의록은 그러하지 아니한다.

제33조(지역회의에 관한 특례) ① 국민회의를 동시에 동일 장소에서 집회하기 곤란한 부득이한 사유가 있고 국민회의를 지연할 수 없을 때에는 의장은 대통령령의 정하는 바에 의하여 서울특별시 부산시 및 각 도별로 그 관할 지역 내의 대의원만으로 지역별회의(이하 지역회의라 한다)를 집회하여 회의하게 할 수 있다.

② 제1항의 경우에는 의장이 운영위원 중에서 지명하는 대의원이 그 지역회의를 주재한다.

③ 지역회의는 그 지역 내에서 선출된 대의원 재적과반수의 출석으로 개의한다.

④ 지역회의를 집회하여 표결을 한 경우에는 의장은 대통령령이 정하는 바에 의하여 모든 지역회의의 표결결과를 보고받아 합산하거나 모든 지역회의에서 명패함과 투표함을 인도받아 개표한 후 그 의안에 대한 의결정족수에 따라 가결 또는 부결을 결정하여 선포한다.

⑤ 지역회의의 운영절차·표결방법, 기타 필요한 사항은 대통령령으로 정한다.

제34조(의사절차의 결정) ① 국민회의의 의사절차·표결·투표·개표 등의 절차와 방법, 기타 회의의 운영이나 의사진행 등에 관한 모든 절차는 이 법과 이 법에 의한 대통령령에 특별한 규정이 있는 경우를 제외하고는 의장이 정한 바에 의한다.

② 제1항의 결정에 대하여는 누구든지 이의를 제기하거나 의견을 진술할 수 없다.

제7장 보칙

제35조(방청) ① 의장은 방청권을 발행하여 방청을 허가할 수 있다.

② 누구든지 회의장 안에서는 의장의 허가 없이 녹음·녹화·촬영·중계방

송 등 행위를 하지 못한다.

③ 의장은 회의장 안의 질서를 방해하는 방청인의 퇴장을 명할 수 있다.

제36조(관계기관의 협조) ① 의장은 필요하다고 인정할 때에는 다른 국가
　기관의 장에게 소속 공무원의 파견, 기타 필요한 협조를 요청할 수 있
　다.

② 제1항의 요청을 받은 국가기관의 장은 특별한 사유가 없는 한 이에 응하
　여야 한다.

제37조(시행령) 이 법의 시행에 관하여 필요한 사항은 대통령령으로 정한
　다.

부칙

① (시행일) 이 법은 공포한 날로부터 시행한다.

② (경과조치) 이 법 시행일로부터 이 법 시행 후 최초의 통일주체국민회의
　에서 선거된 대통령의 임기가 개시될 때까지 이 법 시행 당시의 대통령
　은 이 법에 의한 통일주체국민회의 의장의 직무를 행한다.

③ (집회공고기간의 특례) 이 법 시행 후 최초의 통일주체국민회의의 집회
　공고에 있어서는 이 법 제4조에 정한 기간의 제한을 받지 아니한다.

④ (폐지법률) 법률 제1262호 대통령선거법은 이를 폐지한다. 다만 이 법
　시행 당시 동법에 규정된 죄를 범하여 그 사건이 계속(係屬) 중에 있거
　나 처벌을 받은 자에게는 영향을 미치지 아니한다.

10. 통일주체국민회의법 시행령(1972년 12월 6일 대통령령 제6392호, 개정 1973.2.7. 령6488호)

제1장 총칙

제1조 (목적) 이 영은 통일주체국민회의법(이하 법이라 한다)에 의하여 위임된 사항과 시행에 관하여 필요한 사항을 정함을 목적으로 한다.

제2조 (등록) ① 통일주체국민회의 대의원(이하 대의원이라 한다)으로 당선된 자가 법 제2조의 규정에 의하여 통일주체국민회의 사무처(이하 사무처라 한다) 또는 그 임무를 대행하는 기관에 등록을 하고자 하는 때에는 등록신청에 다음 각 호의 서류를 첨부하여야 한다.

1. 이력서 1통

2. 호적등본 1통

3. 사진 5매(명함판 4매 증명판 1매)

② 제1항의 등록은 본인이 행하거나 대리인으로 하여금 행하게 할 수 있다.

제3조 (사무처업무대행기관에의 등록) 법 제2조 단서의 규정에 의하여 대의원으로 당선된 자를 사무처의 업무를 대행하는 기관에 등록하게 할 때에는 통일주체국민회의 의장(이하 의장이라 한다)은 미리 등록할 국가기관의 명칭과 소재지를 공고하여야 한다.

제4조 (의석배정) 대의원의 의석은 집회시마다 사무총장이 의장의 명을 받아 당해 대의원이 선출된 지역을 기준으로 하여 정한다. 다만, 회의장의 질서유지를 위하여 필요한 때에는 연령순, 등록순 기타 사항을 참작하여 정할 수 있다.

제2장 질서와 경호

제5조 (모욕 등 언론의 금지 등) ① 대의원은 의장이나 다른 대의원을 모욕하거나 의장이나 다른 대의원의 사생활에 대한 언론을 할 수 없다.

② 대의원은 회의 중 함부로 발언하거나 소란한 행위를 하여 타인의 발언을 방해하여서는 아니 된다.

제6조 (회의장 출입의 제한) 국민회의의 회의장에는 의장, 대의원과 허가받은 자 이외에는 출입할 수 없다.

제7조 (징계대상 대의원 등의 회의장 출입금지) 의장은 회의장의 질서유지를 위하여 특히 필요하다고 인정한 때에는 징계의 청구 또는 자격심사의 청구가 있는 대의원의 회의장 출입을 일시 제한할 수 있다.

제8조 (물품반입의 금지) 대의원은 회의장 내에 모자·외투·단장 등 회의에 관계없는 물품을 반입할 수 없다. 다만 의장이 특히 허가한 때에는 그러하지 아니하다.

제9조 (경호요원의 파견요청) ① 의장의 명을 받은 사무총장은 집회시마다 경호에 필요한 요원의 파견을 관계 국가기관에 대하여 파견기관과 파견인원을 정하여 요청할 수 있다.

② 제1항의 요청에 의하여 사무처에 파견되어 온 경호원은 사무총장의 명을 받아 회의장 내외를 경호한다.

제3장 운영위원회

제10조 (구성) ① 운영위원회(이하 위원회라 한다)는 의장이 대의원이 선출된 지역을 참작하여 지명하는 20인 이상 50인 이하의 대의원으로 구성한다.

② 위원회에 위원장 1인과 간사 약간 인을 두며, 각각 의장이 지명한다.

③ 위원장은 의장의 명을 받아 위원회의 의사를 정리하고 질서를 유지하며 의사일정과 개회일시를 정한다.

④ 위원장이 사고가 있을 때에는 위원장이 지명하는 간사가 그 직무를 대행한다.

제11조 (집회) 위원회의 집회는 통일주체국민회의(이하 국민회의라 한다)의 집회 중 의장이 필요에 따라 이를 행한다. 다만 의장은 특히 필요하다고 인정할 때에는 국민회의 폐회 중이라도 이를 행할 수 있다.

제12조 (직무) 위원회는 다음 사항을 심의한다.

  1. 대의원의 자격심사

  2. 대의원의 징계심사

  3. 국민회의의 운영에 관한 사항으로 의장이 부의한 사항

제13조 (소위원회) 위원장은 의장의 승인을 얻어 특히 필요하다고 인정할 때에는 안건을 예비심사하게 하기 위하여 위원회에 소위원회를 둘 수 있다.

제14조 (회의) ① 위원회의 의사는 재적의원 과반수의 출석과 출석위원 과반수의 찬성으로 의결한다.

② 위원회의 회의는 공개하지 아니한다. 다만 위원회의 의결로 공개할 수 있다.

③ 위원장은 회의가 끝난 때에는 의장에게 회의결과를 보고한다.

④ 의장은 위원회가 심사한 안건이 국민회의의 회의 의제가 된 때에는 위원장 또는 위원으로 하여금 위원회의 심사경과와 결과를 보고하게 할 수 있다.

제15조 (회의록) 위원회는 회의록을 작성하고 의사에 관한 사항을 기재하여야 한다.

제4장 수당과 여비

제16조 (수당과 여비) 대의원이 국민회의에 출석하는 일수에 따라 지급받는 수당과 여비는 별표와 같다.

제5장 의사

제17조 (발언허가신청) ① 법 제25조의 규정에 의한 대의원의 발언허가 신청은 당해 안건을 심의하는 회의 개시 전일까지 신청하여야 한다. 다만 의장은 회의 당일에도 발언허가신청을 하게 할 수 있다.

② 대의원이 회의에 상정된 안건에 대하여 반대 또는 찬성의 발언을 하고자 할 때에는 발언허가신청서에 발언 요지 중에 반대 또는 찬성의 뜻을 명시하여야 한다.

제18조 (발언중지조치) 대의원은 신청한 발언내용과 발언시간의 범위 안에서 발언하여야 하며, 이를 위반한 때에는 의장은 그 대의원의 발언을 중지시킬 수 있다.

제19조 (발언종결선포) 발언허가를 받은 대의원 전원의 발언이 끝난 때에는 의장은 발언종결을 선포한다. 다만 의장은 의사진행을 위하여 특히 필요한 때에는 발언허가 받은 대의원 전원의 발언이 끝나기 전이라도 발언종결을 선포할 수 있다.

제20조 (개표) 국민회의의 투표결과의 개표는 투표가 전부 끝난 뒤에 투표함 별로 하되, 동시에 개함하는 투표함은 2개를 초과할 수 없다.

제6장 지역회의

제21조 (집회) 법 제33조 제1항의 규정에 의한 지역별회의(이하 지역회의라

한다)의 집회공고는 의장이 늦어도 집회기일 전 5일에 지역회의를 개최
한다는 뜻을 기재하고 집회일시·각 지역별 집회장소 및 의안의 제목을
정하여 행한다.

제22조 (의사) ① 지역회의는 의장이 정하는 의사일정, 의사진행순서 및 회
의시간에 따라 회의한다.

② 의장은 지역회의에 상정된 의안에 대한 보고를 그 회의를 주재하는 운
영위원으로 하여금 하게 할 수 있다.

③ 지역회의의 의사에 대하여는 법 제3조·법 제5조·법 제6조 제1항 및 제
2항·법 제23조 내지 법 제26조·법 제28조·법 제34조 내지 법 제36조
와 이 영 제4조 내지 제9조·제17조 내지 제20조·제28조 및 제29조를
준용하되, 법 제3조·법 제28조 제1항 및 이 영 제4조·제9조·제28조
제2항 및 제29조의 사무총장은 그 지역에서 지역회의의 의사에 관하여
사무처의 업무를 대행하는 국가기관의 장으로 하고, 법 제28조의 투표함
수는 10개 이하로 한다.

제23조 (표결방법 등) ① 지역회의에서의 표결방법은 법 제27조의 규정을
준용하되 표결결과의 수만을 계산하여 발표한다.

② 그 지역회의를 주재한 운영위원은 지역회의의 표결결과를 지체 없이 의
장에게 서면으로 보고하여야 하며, 회의록을 첨부하여야 한다.

제24조 (투표함의 봉쇄·봉인과 송치) ① 지역회의에서 투표를 한 경우에는
의장이 일괄 개표하는 것이 특히 필요하다고 인정하여 명한 경우에는
제23조의 규정에 불구하고 투표가 끝난 후 그 회의를 주재한 운영위원
과 그가 지명하는 대의원 3인이 투표함과 명패함 및 그 자물쇠를 봉
쇄·봉인하여야 한다.

② 지역회의를 주재한 운영위원은 제1항의 투표함과 명패함 및 그 열쇠를
회의록과 함께 지체 없이 의장에게 직접 운반·인도하여야 한다. 이 경
우에는 그가 지명하는 대의원 3인과 정복을 한 경찰관을 동반한다.

제25조 (지역회의 결과의 종합) ① 의장은 모든 지역회의에서 표결결과를 보고받은 때에는 그 결과를 합산하여 그 의안에 대한 의결 정족수에 따라 가결 또는 부결을 결정하여 선포한다.

② 의장은 제24조 제2항의 경우에 모든 지역회의에서 투표함이 도착한 때에는 지체 없이 운영위원 중에서 약간 인을 감표위원으로 지명하고 법 제28조 제3항 및 제4항과 이 영 제20조의 규정에 따라 개표를 한 뒤에 그 결과를 선포한다. 이 경우 표결에는 대법원 판사·중앙선거관리위원회 위원·헌법위원회 위원과 학식과 덕망이 있는 자 중 의장이 지명하는 약간 인으로 하여금 개표를 참관하게 할 수 있다.

제26조 (회의록) ① 지역회의의 의사에 관하여는 회의록을 작성하고 다음 사항을 기재한다.

1. 개의·회의 중지와 산회의 일시
2. 의사일정
3. 출석대의원수
4. 의석의 배정
5. 대의원 이외의 출석자
6. 부의안건과 그 내용
7. 의사
8. 표결수
9. 회의를 주재한 운영위원이 필요하다고 인정한 사항

② 회의록에는 그 회의를 주재한 운영위원과 회의의 사무에 관하여 사무처의 업무를 대행한 국가기관의 장이 서명·날인한다.

제27조 (폐회) 지역회의는 각 지역회의 별로 그 회의를 주재한 운영위원의 폐회선언으로 폐회한다. 다만 대통령선거를 위한 회의는 대통령 당선자가 결정될 때까지 폐회되지 아니한다.

제7장 방청

제28조 (방청의 금지와 신체검사) ① 흉기를 휴대한 자, 주기 있는 자, 정신
에 이상이 있는 자, 기타 행동이 수상하다고 인정되는 자는 방청을 허가
하지 아니한다.

② 의장의 명을 받은 사무총장은 경호요원으로 하여금 방청인의 신체를 검
사하게 할 수 있다.

제29조 (녹음 등의 허가) 국민회의의 회의장 안에서 녹음·녹화·촬영·중
계방송 등의 행위를 하고자 하는 자는 법 제35조 제2항의 규정에 의하
여 의장의 명을 받아 사무총장이 정하는 바에 따라 그때마다 미리 허가
를 받아야 한다. 방청 허가를 받은 자도 또한 같다.

부칙

이 영은 공포한 날로부터 시행한다.
부칙(1973.2.7.)

이 영은 공포한 날로부터 시행한다.

별표(출석수당 및 여비)

1. 전체회의의 경우

가. 출석수당은 매 출석일수 1일에 1,000원
나. 여비는 왕복교통비의 경우 8,000원. 다만 경상북도, 울릉도, 전라남도
신안군 흑산면 기타 이에 준하는 도서는 18,000원

숙식비는 1일에 7,200원
시내 교통비는 1일에 3,000원

2. 지역회의의 경우

가. 출석수당은 매 출석일수 1일에 1,000원
나. 여비는 왕복교통비의 경우 3,000원, 다만 경상북도, 울릉도, 전라남도
   신안군 흑산면 기타 이에 준하는 도서는 8,000원
숙식비는 1일에 7,200원
시내 교통비는 1일에 3,000원

11. 통일주체국민회의대의원선거법(1972년 11월 25일 법률 제2352호)

개정 1973년 2월 7일 법2500호

개정 1977년 12월

제1장 총칙

제1조 (목적) 이 법은 조국의 평화적 통일을 위하여 국민주권을 행사할 통일주체국민회의 대의원(이하 대의원이라 한다)을 국민의 자유로운 의사에 의하여 공정히 선거함으로써 민주정치의 발전을 기함을 목적으로 한다.

제2조 (선거인의 정의) 이 법에서 선거인이라 함은 선거권이 있는 자로서 선거인명부에 등재된 자를 말한다.

제3조 (선거사무의 협조) 관공서 기타의 공공기관은 선거사무에 관하여 필요한 협조의 요구를 받은 때에는 우선적으로 이에 응하여야 한다.

제4조 (선거인 행사에 대한 보장) 공무원·학생 또는 타인에게 고용된 자가 선거인 명부의 열람 또는 투표를 하기 위하여 필요한 시간은 보장되어야 하며, 이를 휴무 또는 휴업으로 보지 아니한다.

제5조 (인구의 기준) 이 법에 규정된 인구의 기준은 주민등록법의 규정에 의한 주민등록증에 의하여 조사한 최근의 인구통계에 의한다.

제6조 (대의원의 임기개시) ① 대의원의 임기는 총선거에 의한 대의원의 임기만료의 익일로부터 개시한다.

② 재선거 또는 보궐선거에 의한 대의원의 임기는 당선일로부터 개시하여 전임자의 잔임 기간으로 한다.

제2장 선거권과 피선거권

제7조 (선거권) 20세 이상의 국민은 선거권이 있다.

제8조 (피선거권) 국회의원의 피선거권이 있는 30세 이상의 국민은 피선거권이 있다.

제9조 (연령산정기준) 선거권자와 피선거권자의 연령은 선거일 현재로 산정한다.

제10조 (선거권이 없는 자) 다음 각 호의 1에 해당하는 자는 선거권이 없다.

1. 금치산 또는 한정치산의 선고를 받은 자
2. 금고 이상의 형의 선고를 받고 그 집행이 종료되지 아니하거나 그 집행을 받지 아니하기로 확정되지 아니한 자
3. 선거범으로서 5천 원 이상의 벌금형을 받은 후 2년이 경과하지 아니한 자나 금고 이상의 형의 선고를 받고 그 집행을 받지 아니하기로 확정된 후 또는 그 형의 집행이 종료되거나 면제된 후 4년을 경과하지 아니한 자
4. 법원의 판결에 의하여 선거권이 정지 또는 상실된 자

제11조 (피선거권이 없는 자) ① 다음 각 호의 1에 해당하는 자는 피선거권이 없다.

1. 제10조 제1호 또는 제4호에 해당하는 자
2. 선거범으로서 5천 원 이상의 벌금형을 받은 후 6년을 경과하지 아니한 자
3. 금고 이상의 형의 선고를 받고 그 형의 실효의 선고를 받지 아니하거나 형의 집행유예선고를 받고 그 기간이 만료된 후 6년을 경과하지 아니한 자
4. 국가의 안전보장에 관한 범죄로 유죄판결을 받은 사실이 있는 자(형의 실효의 선고를 받은 자도 포함한다) 또는 공소 제기 되어있는 자
5. 법원의 판결 또는 다른 법률에 의하여 피선거권이 정지 또는 상실된 자

6. 선거일전 3년간에 일정한 종목의 조세를 일정 금액 이상 납세한 실적이 없는 자

7. 선거일전 3년 간에 정당의 당원이었던 자

8. 선거일전 최후로 실시한 국회의원 총선거와 그 이후에 실시한 국회의원 선거에 입후보하여 낙선된 사실이 있는 자

9. ① 선거일 현재 계속하여 3년 이상 당해 선거구내에 거주하지 아니한 자

② 제1항 제2호 내지 제4호의 경우에 사면법에 의하여 형의 언도의 효력이나 공소권이 상실된 자 또는 동법에 의하여 복권된 자는 피선거권이 있다.

③ 제1항 제6호의 납세한 실적이 없는 자의 범위는 대통령령으로 정한다.

④ 제1항 제9호의 경우에 계속하여 2년 이상 당해 선거구내에 거주하지 아니한 자라 함은 주민등록법에 의한 주민등록지가 계속하여 2년 이상 당해 선거구내에 있지 아니한 경우를 말한다. 다만 행정구역이나 그 명칭의 변경으로 계속되지 아니한 경우에는 계속된 것으로 보며 당선 후의 거주이동은 그 임기 중 피선거권에 영향을 미치지 아니한다.

제3장 선거관리

제12조 (선거관리) 이 법에 의한 선거사무는 이 법에 특별한 규정이 있는 경우를 제외하고는 중앙선거관리위원회가 통할 관리하며, 하급선거관리위원회의 위법 부당한 처분에 대하여 이를 취소하거나 변경할 수 있다.

제13조 (선거구선거관리) ① 대의원 선거구의 선거관리사무(개표사무를 포함한다)는 중앙선거관리위원회가 지정하는 선거구선거관리위원회 또는 구·시·군 선거관리위원회가 행한다.

② 제1항의 규정에 의하여 대의원 선거구의 선거관리 사무를 행하는 선거
　구선거관리위원회 또는 구·시·군 선거관리위원회(이하 선거관리위원
　회라 한다)는 선거관리를 위하여 특히 필요하다고 인정할 때에는 중앙
　선거관리위원회가 정하는 바에 따라 관할대의원선거구 내의 투표구선
　거관리위원회위원으로 하여금 그 선거구 내에서 행하여질 당해 선거구
　선거관리위원회의 개표사무 이외의 직무를 행하게 할 수 있다. 이 경우
　에 그 투표구선거관리위원회위원은 당해 선거구관리위원회위원 정수에
　는 산입하지 아니하며 의결에 참가할 수 없다.

제4장 선거구역과 대의원 정수

제14조 (선거구의 획정 및 대의원 정수) ① 대의원의 선거구는 구·시·
　읍·면을 단위로 하며 인구 10만을 초월하는 구·시·읍·면은 인구 10만
　까지 마다 선거구를 증설하되, 행정구역·지세(地勢)·교통 기타의 조
　건을 고려하여 각 선거구의 인구가 비등하도록 이를 획정하여야 하고,
　인구 1천미만의 구·시·읍·면은 인구수가 다른 선거구에 비하여 적고
　생활관계가 가장 밀접한 인접선거구에 편입한다. 다만 어느 동 또는 리
　의 일부를 분할하지 아니하고는 1선거구의 인구를 10만 이하로 할 수
　없을 경우에는 1선거구를 인구 10만을 초과하여 획정할 수 있다.
② 제1항의 선거구의 획정에 있어서는 구·시·읍·면·동·리의 일부를 분
　할하여 다른 구·시·읍·면의 선거구에 소속하게 하지 못한다.
③ 1선거구에서는 1인의 대의원을 선거하되 1 선거구의 인구가 2만을 초과
　하는 경우에는 초과하는 인구 2만까지 마다 1인의 대의원을 더 추가하
　여 선거한다. 다만 제1항 단서의 규정에 의하여 1 선거구를 인구 10만을
　초월하여 획정한 경우에 그 선거구의 대의원 정수는 5인으로 한다.
④ 선거구와 선거구별대의원 정수는 별표와 같이 한다.

제15조 (선거구 변경) 행정구역의 변경 또는 인구의 증감에 따라 제14조 제
    4항의 규정에 의한 별표의 개정이 있더라도 다음 총선거를 실시할 때까
    지는 증감된 선거구의 선거는 이를 하지 아니한다.
제16조 (투표구) ① 투표구는 대의원선거일 공고일 현재의 국회의원선거법
    에 의한 투표구로 한다.
 ② 선거일 공고일로부터 선거일까지의 사이에 국회의원선거법에 의한 투
    표구의 변경이 있어도 대의원선거에 있어서의 투표구는 변경하지 아니
    한다.

제5장 선거인명부

제17조 (명부작성) ① 선거를 실시할 때에는 그때마다 구청장 · 시장 · 읍
    장 · 면장(이하 구 · 시 · 읍 · 면의 장이라 한다)은 선거일 공고일 현재로
    그 관할구역 안에 주민등록이 된 선거권자를 투표구별로 조사하여 선거
    일 공고일로부터 5일 이내에 선거인명부를 작성하여야 한다.
② 선거인명부에 등재된 국내 거주자 중 다음 각 호의 1에 해당하는 자로서
    자신이 투표소에서 투표할 수 없을 때에는 대통령령이 정하는 바에 따
    라 선거일 공고일로부터 5일 이내에 구 · 시 · 읍 · 면의 장에게 부재자
    신고를 할 수 있다.
    1. 선거인명부에 등재된 투표구 밖에 장기 여행하는 자
    2. 법령에 의하여 영내 또는 함정(艦艇)에 장기 기거하는 군인
    3. 병원, 요양소, 수용소, 교도소, 선박 등에 장기 기거하는 자
③ 제2항의 규정에 의한 신고가 있을 때에는 구 · 시 · 읍 · 면의 장은 선거인
    명부에 이를 표시하는 동시에 부재자신고인명부를 따로 작성하여야 한
    다.
④ 선거인명부 및 부재자신고인명부는 선거권자의 성명 · 주소 · 성별 · 생년

월일 기타 필요한 사항을 기재하여야 한다.

⑤ 누구든지 동일선거에 있어서 2이상의 선거인명부에 등재될 수 없다.

⑥ 선거인명부 및 부재자신고인명부의 서식은 대통령령으로 정한다.

⑦ 구·시·읍·면의 장은 선거인명부 및 부재자신고인명부를 작성한 때에는 그 즉시 그 등본 1통을 관할선거구선거관리위원회에 송부하여야 한다.

⑧ 1투표구의 선거권자의 수가 2천인을 넘을 때에는 그 선거인명부를 2개로 분철할 수 있다.

제18조 삭제(1973.2.5.)

제19조 (명부작성의 감독) ① 선거인명부의 작성에 관하여는 관할선거구선거관리위원회가 이를 감독한다.

② 구·시·읍·면의 장과 선거인명부작성에 종사하는 공무원이 임면된 때에는 지체 없이 당해 구·시·읍·면의 장은 관할선거구선거관리위원회에 통보하여야 한다. 구·시·읍·면의 장이 사고로 인하여 다른 자가 그 직무를 대리하게 된 때에도 또한 같다.

③ 선거인명부의 작성기간 중에 구·시·읍·면의 장과 선거인명부 작성에 종사하는 공무원을 해임하고자 할 때에는 그 임면권자는 관할선거구선거관리위원회 또는 직접 상급선거관리위원회와 협의하여야 한다.

④ 구·시·읍·면의 장과 선거인명부작성에 종사하는 공무원이 선거인명부작성에 관하여 관할선거구선거관리위원회의 지시, 명령 또는 시정요구에 대하여 정당한 이유 없이 불응하거나, 그 직무를 태만히 하거나 또는 위법·부당한 행위를 한 때에는 관할 선거구 선거관리위원회 또는 직접 상급선거관리위원회는 임면권자에게 그 체임(替任)을 요구할 수 있다.

⑤ 제4항의 체임요구가 있는 때에는 임면권자는 정당한 이유를 제시하지 아니하는 한 그 체임의 요구에 응하여야 한다.

제20조 (명부열람) ① 구·시·읍·면의 장은 선거인명부작성 만료일의 익일로부터 2일간 장소를 정하여 선거인명부를 열람하게 하여야 하며. 선

거권자의 편의를 위하여 열람기간 중 구 시에 있어서는 통별, 읍·면에 있어서는 동·리별의 선거인명부등본을 통·동·리의 장이 지정하는 장소에 비치하여 공람하게 하여야 한다.

② 선거권자는 누구든지 선거인명부를 자유로이 열람할 수 있다.

③ 제1항의 장소와 열람시간은 열람개시일 3일 전에 공고하여야 한다.

제21조 (후보자의 명부열람) ① 대의원 후보자는 제20조 제1항의 규정에 불구하고 관할선거구 선거관리위원회에서 선거일 전일까지 선거인명부를 자유로이 열람할 수 있다.

② 관할선거관리위원회는 선거인명부를 일정한 장소에 비치하여 후보자의 열람에 공하여야 한다.

제22조 (이의신청) ① 선거권자는 누구든지 선거인명부에 누락, 오기 또는 자격이 없는 선거인이 등재되어 있다고 인정하는 때에는 열람기간 안에 구술 또는 서면으로 당해 구·시·읍·면의 장에게 이의를 제출하여 그 수정을 요구할 수 있다.

② 구·시·읍·면의 장이 제1항의 요구를 받은 때에는 2일 안에 심사 결정하되, 이의가 정당하다고 결정한 때에는 즉시 선거인명부를 수정하고 신청인·관계인과 관할선거구선거관리위원회에 통지하여야 하며, 정당하지 아니하다고 결정한 때에는 그 뜻을 신청인과 관할선거관리위원회에 통지하여야 한다.

제23조 (이의결정에 대한 불복신청) ① 제22조에 의한 결정에 대하여 불복이 있는 신청인이나 관계인은 그 통지를 받은 날의 익일까지 관할선거구선거관리위원회에 서면으로 재심을 요구할 수 있다.

② 관할선거구선거관리위원회가 제1항의 재심요구를 받은 때에는 2일 안에 심사 결정하되, 그 요구가 정당하다고 결정한 때에는 즉시 관계 구·시·읍·면의 장에게 통지하여 선거인명부를 수정하게 하고 동시에 아울러 신청인과 관계인에게 통지하여야 하며, 정당하지 아니하다고 결정

한 때에는 그 뜻을 신청인과 관계 구·시·읍·면의 장에게 통지하여야 한다.

제24조 (명부의 확정과 효력) 선인인명부는 선거일 전 5일에, 부재자신고인 명부는 그 신고기간만료일의 익일에 각각 확정되며, 당해 선거에 한하여 효력을 가진다.

제25조 (선거인명부의 재작성) ① 천재지변 기타의 사고로 인하여 필요한 때에는 구 시 읍 면의 장은 다시 선거인명부를 작성하여야 한다. 다만, 제17조 7항의 규정에 의하여 송부한 선거인명부등본이 있는 때에는 선거인명부를 다시 작성하지 아니하고 그 선거인명부등본에 의한다.

② 제1항의 선거인명부의 작성·열람·확정·유효기간 기타 필요한 사항에 관하여는 대통령령으로 정한다.

제6장 대의원후보자

제26조 (등록) ① 대의원후보자(이하 후보자라 한다)의 등록은 후보자가 되려는 자가 선거일이 공고된 날로부터 5일 이내에 그 선거구내에 주민등록이 된 선거권자 300인 이상(인구 5천 미만인 선거구에서는 100인 이상)이 기명날인(拇印은 허용하지 아니한다)한 추천장을 첨부하여 관할 선거구선거관리위원회에 등록을 신청하여야 한다.

② 제1항의 추천장은 단기 또는 연기(連記; 間印은 요하지 아니한다)로 한다.

③ 후보자등록신청서의 접수는 공휴일에 불구하고 매일 상오 9시부터 하오 5시까지로 한다.

④ 관할선거구선거관리위원회는 등록신청이 있는 때에는 즉시 이를 수리하여야 하며, 후보자의 피선거권에 관한 증명서류가 첨부되지 아니한 경우에는 관할선거구선거관리위원회가 그 사항을 조사하여야 한다.

⑤ 제1항의 추천장 및 등록신청서의 서식은 대통령령으로 정한다.

제27조 (이중등록의 금지) ① 1선거구 또는 1선거에서 후보자로 등록된 자가 동시에 다른 선거구나 다른 선거의 후보자로 등록된 때에는 그 등록은 모두 무효로 한다.

② 제1항에서 동시에 시행하는 다른 선거라 함은 법률에 의하여 실시되는 국가 또는 지방자치단체의 공직선거로서 선거일 공고일로부터 선거일까지의 기간이 서로 중복되는 선거를 말한다.

제28조 (이중추천의 금지) ① 선거권자가 어느 후보자를 추천한 때에는 동일한 대의원선거에서 다른 사람을 후보자로 추천할 수 없으며, 그 추천의 취소철회는 등록에 영향을 미치지 아니하고 2인 이상을 추천하였을 때에는 선순위등록신청의 추천만을 유효로 한다,

제29조 (등록무효) ① 후보자 등록 후에 후보자의 피선거권이 없는 것이 발견되거나 제26조에 정한 수의 선거권자의 추천장을 첨부하지 아니한 때에는 등록을 무효로 한다.

② 등록이 무효로 된 때에는 관할선거구선거관리위원회는 지체 없이 후보자에게 그 사유를 명시하여 등록무효의 뜻을 통지하여야 한다.

제30조 (공무원 등의 입후보) ① 다음 각 호의 1에 해당하는 자로서 후보자가 되려는 자는 대의원의 임기만료 90일 전(재선거, 보궐선서 또는 선거를 연기한 경우에 있어서는 선거일 공고일로부터 5일내)에 그 직이 해임되어야 한다. 그러나 대의원은 그 직을 가지고 후보자가 될 수 있다.

1. 국회의원
2. 공무원
3. 각급 선거관리위원회 위원
4. 다른 법령의 규정에 의하여 공무원의 신분을 가진 자
5. 다른 법률의 규정에 의하여 공무원(선거직공무원을 포함한다)의 겸직이 금지된 직에 있는 자

6. 다른 법령의 규정에 의하여 정치활동 또는 정치관여가 금지된 직에 있
   는 자

② 제1항의 경우의 해임은 그 근무처의 장 또는 소속 위원회에 사직원이 접
   수된 때에 해임된 것으로 본다.

제31조 (후보자사퇴의 신고) 후보자가 입후보를 사퇴하고자 할 때에는 본인
   이 직접 관할선거구선거관리위원회에 가서 서면으로 신고하여야 한다.

제32조 (후보자에 관한 공고) 후보자가 등록 사퇴 사망하였거나 등록이 무효
   로 된 때에는 관할선거구선거관리위원회는 지체 없이 이를 공고하며 상
   급선거관리위원회에 보고하고 하급선거관리위원회에 통지하여야 한다.

제7장 선거운동

제33조 (정의) ① 이 법에서 선거운동이라 함은 당선되게 하거나 되지 못하
   게 하기 위한 행위를 말한다.

② 선거에 관한 단순한 의견의 개진, 의견의 표시와 입후보를 위한 준비행
   위는 선거운동이 아니다.

제34조 (선거운동의 기간) 선거운동은 당해 후보자의 등록이 끝난 때부터
   선거일 전일까지에 한하여 이를 할 수 있다.

제35조 (선거운동의 범위) 선거운동은 제37조, 제39조 및 제41조에 규정된
   방법 이외로는 이를 할 수 없다.

제36조 (후보자의 신분보장) 후보자는 후보자의 등록이 끝난 때로부터 개
   표 종료 시까지 내란·외환·국교·폭발물·방화·마약·통화·유가증
   권·우표·인장·살인·폭행·체포·감금·강도·절도 및 국가안보법·반
   공법위반의 범죄에 해당하는 경우를 제외하고는 현행범이 아니면 구속
   되지 아니하고 병역소집의 유예를 받는다.

제37조 (벽보) ① 선거운동에 사용하는 선전벽보는 인구 200인에 1매의 비

율한도로 관할선거구선거관리위원회가 작성하여 첩부(貼付)한다.

② 제1항의 벽보에는 후보자의 선거구·기호·사진·주소·성명·연령·학력·경력 이외의 사항은 게재하지 못한다.

③ 제1항의 벽보의 규격작성, 첩부방법과 기타 필요한 사항에 관하여는 대통령령으로 정한다.

제38조 (벽보의 원고) ① 제37조 제1항의 벽보에 게재할 원고는 후보자가 후보자 등록 마감일까지 제출하여야 하며 그때까지 제출하지 아니하면 게재하지 아니한다.

② 제1항의 규정에 의하여 제출된 원고는 철회 또는 수정할 수 없다.

제39조 (선거공보의 발행) ① 관할선거구선거관리위원회는 후보자의 선거구·기호·사진·주소·성명·연령·학력·경력을 게재한 선거공보를 1회 발행하여야 한다.

② 후보자는 선거공보에 게재할 원고와 사진을 후보자 등록 마감일까지 관할선거구선거관리위원회에 제출하여야 한다.

③ 제2항의 원고는 1천 자를 초과할 수 없으며, 1면만을 사용하여 단색으로 인쇄하여야 한다.

④ 선거공보에 게재할 후보자의 순서는 기호 순에 의한다.

⑤ 선거공보의 규격 작성 기타 필요한 사항에 관하여는 대통령령으로 정한다.

제40조 (선거공보의 발송) ① 관할선거구선거관리위원회는 선거공보를 부재자신고인명부에 등재된 선거인에게는 선거일전 7일까지 선거구 매 세대에 대하여는 선거일전 4일까지 각각 우편으로 송부하여야 한다. 이 경우에 우편은 무료로 한다.

② 제1항의 경우에 부재자신고인명부에 등재된 선거인에게는 선거공보를 제64조 제3항의 규정에 의한 부재자우편투표용지와 동봉하여 송부할 수 있다.

제41조 (합동연설회) ① 관할선거구선거관리위원회는 합동연설회를 개최하

여야 한다.

② 제1항의 합동연설회는 후보자등록 마감 후 적당한 일시와 장소를 정하여 1회 개최하되 연설시간은 후보자 1인당 20분의 범위 안에서 균등하게 배정하여야 한다.

③ 당해 선거구후보자가 아니면 합동연설회에 참가하여 연설할 수 없다.

제42조 (연설의 내용) ① 후보자는 합동연설회에서 연설을 함에 있어서 오직 후보자 자신의 경력, 입후보의 취지와 유신과업에 관한 주견만을 발표할 수 있다. 다만, 어떠한 방법으로라도 특정인 정당 기타 정치단체나 사회단체를 지지 또는 반대할 수 없다.

② 관할선거구선거관리위원회위원장이나 위원은 후보자가 제1항에 정하여진 사항 이외의 내용을 발표할 때에는 이를 제지하여야 하며, 그 명령에 불응할 때에는 연설의 중지, 기타 필요한 조치를 취하여야 한다.

③ 관할선거구선거관리위원회는 제1항의 연설의 내용을 녹음할 수 있다.

제43조 (합동연설회의 개최공고) 관할선거구선거관리위원회는 합동연설회의 일시·장소 등을 개최일 2일 전까지 선거구 구역 내의 50인 이상의 장소에 게시하여야 하며 후보자에게 통지하여야 한다.

제44조 (합동연설회의 연설자 순위) 합동연설회에서 행할 연설자의 순위는 연설회에서 추첨에 의하여 결정하고, 연설자가 자기 순위의 시각까지 참석하지 아니할 때에는 연설을 포기한 것으로 본다.

제45조 (합동연설회장의 질서유지) 관할선거구선거관리위원회 위원장이나 위원은 합동연설회장에서 연설을 방해하거나 회장의 질서를 문란하게 하는 자가 있을 때에는 이를 제지하고 그 명령에 불응하는 때에는 회장 밖에 퇴장시킬 수 있다.

제46조 (정당에 의한 후보자 지지 또는 반대 금지 등) ① 누구든지(정당·기타 정치단체를 포함한다) 선거운동기간 중 어떠한 방법으로라도 후보자를 지지 또는 반대하는 행위를 할 수 없다.

② 후보자는 선거운동기간 중 어떠한 방법으로라도 특정인·정당 기타 정치단체나 사회단체를 지지 또는 반대하는 행위를 할 수 없다.

제47조 (허위방송의 금지) 방송사업을 경영 또는 관리하는 자는 선거에 관하여 허위의 사실을 방송하거나 사실을 왜곡하는 방송을 하여 선거의 공정을 해하여서는 아니 된다.

제48조 (신문·잡지 등의 통상방법 이외의 배부금지) 누구든지 선거에 관한 기사를 게재한 신문·잡지 등을 통상 이외의 방법으로 배부할 수 없다.

제49조 (각종 집회의 제한) 선거운동 기간 중에는 선거에 영향을 미치게 할 목적으로 단합대회, 향민회, 야유회, 종친회 등의 집회를 개최할 수 없다.

제50조 (인기투표 등의 금지) 누구든지 선거에 관하여 당선 또는 낙선을 예상하는 인기투표나 모의투표를 할 수 없다.

제51조 (기부행위의 제한) ① 후보자 또는 후보자가 되려는 자는 대의원 임기 만료일 전 180일부터 선거일까지의 사이에는 당해 선거에 관하여 선거구 안에 있는 자에 대하여 기부행위를 할 수 없다.

② 후보자의 부모·배우자·자 및 형제자매(이하 가족이라 한다) 또는 후보자와 관계있는 회사 기타의 법인·단체가 대의원 임기만료일전 180일부터 선거일까지의 사이에 당해 선거에 관하여 선거구 안에 있는 자에 대하여 명칭 여하를 불문하고 후보자가 하는 것으로 추정할 수 있는 방법으로 기부행위를 하여서는 아니 된다.

③ 후보자 또는 그 가족이 대의원의 임기만료일전 180일부터 선거일까지의 사이의 당해 선거에 관하여 선거구 안의 선거인 또는 그 가족에 대하여 금전의 제공, 물품이나 시설의 무상대여·양도·책무의 면제·경감 기타의 이익을 제공하는 행위 등은 이를 기부행위로 본다.

④ 제1항 내지 제3항의 규정에 의한 기부행위에 있어 후보자 등록 시까지 의례적이거나 직무상의 행위는 그러하지 아니하다.

제52조 (기부의 권유, 요구 등의 금지) 누구든지 선거에 관하여 후보자 그 가족 또는 후보자와 관계있는 회사 등으로부터 기부를 받거나 기부를 권유 또는 요구할 수 없다.

제53조 (기부 받는 행위의 금지) 누구든지 선거에 관하여 외국인·외국법인 또는 외국단체로부터 기부를 요구하거나 받을 수 없다.

제54조 (선거일 후 답례금지) 누구든지 선거일 후에 있어서 당선 또는 낙선 에 관하여 선거인에게 축하 기타 위로의 향응을 할 수 없다.

제55조 (선거비용) 제37조의 선전벽보 및 제39조의선거공보의 작성비용과 제41조의 합동연설회의 개최비용은 국고에서 부담하여 후보자에게 부 담시킬 수 없다.

제8장 선거일과 투표

제56조 (선거일 공고) ① 총선거는 대의원의 임기만료일전 60일로부터 임기 만료일 전일까지에 실시하여야 하되 선거일은 늦어도 선거일전 18일에 대통령이 공고하여야 한다.

② 보궐선거의 선거일은 제1항의 규정에 의하여 대통령이 공고하여야 한다.

제57조 (선거방법) ① 선거는 기표방법에 의한 투표로써 한다.

② 투표는 직접 또는 우편으로 하되, 1인 1표로 한다.

③ 투표를 함에 있어서 선거인의 성명을 표시하여서는 아니 된다.

제58조 (투표소 설치) ① 투표소는 투표구마다 설치하되 투표구 선거관리 위원회가 선거일 10일 전에 그 명칭과 소재지를 공고하여야 한다. 다만 천재지변 기타 불기피한 사유가 있을 때에는 이를 변경할 수 있다.

② 제1항 단서의 경우에는 즉시 이를 공고하여 선거인에게 주지시켜야 한다.

③ 투표소는 학교·읍·면 또는 리·동사무소와 공회당의 순위로 설치한다. 다만 부득이한 사유로 인하여 기타의 장소에 설치할 때에는 관할선거구

선거관리위원회의 결정에 의하여야 한다.

④ 병영 안에는 투표소를 설치하지 못한다.

⑤ 투표소의 기표장소는 타인이 엿볼 수 없도록 설비하여야 하며, 어떠한 표식도 하여서는 아니 된다.

⑥ 후보자는 투표소의 설비에 대하여 그 시정을 요구할 수 있다.

⑦ 투표소에는 투표사무를 보조하기 위하여 투표사무종사원을 둔다.

⑧ 투표사무종사원은 당해 관계행정기관의 공무원 또는 교육공무원 중에서 투표구선거관리위원회가 위촉하되 선거일 3일 전까지 그 성명을 공고하여야 한다.

제59조 (투표시간) ① 투표소는 상오 7시에 열고 하오 6시에 닫는다. 그러나 마감할 때에 투표소에서 투표를 하기 위하여 대기하고 있는 선거인에게는 투표를 시킨 후에 닫아야 한다.

② 투표를 개시할 때에는 투표구선거관리위원회위원은 투표함 및 기표장소 내외의 이상 유무에 관하여 검사하여야 하며 이에는 투표참관인이 관여하여야 한다.

③ 우편투표는 선거일의 하오 6시까지 관할선거관리위원회에 도착하여야 한다.

제60조 (투표용지) ① 투표용지에는 후보자의 기호와 성명을 인쇄하여야 한다.

② 기호는 후보자의 인쇄순위에 의하여 1,2,3 등으로 표시하여야 하며 후보자의 성명은 한글과 한자를 병기하여야 한다.

③ 관할선거구선거관리위원회는 후보자 등록 마감 후 즉시 후보자 또는 그 대리인의 참여 하에 후보자의 인쇄순위를 추첨에 의하여 결정한다. 다만 추첨시간에 후보자나 그 대리인이 참여하지 아니하는 경우에는 관할선거구선거관리위원장이 그 후보자를 대리하여 추첨할 수 있다.

④ 후보자등록기간이 지난 후에 후보자가 사퇴 또는 사망하거나 등록이 무효

로 된 때라도 투표용지에서 후보자의 기호와 성명을 말소하지 아니한다.

⑤ 투표용지에는 일련번호를 기입하여야 한다.

제61조 (투표용지와 투표함의 작성) ① 투표용지와 투표함은 관할선거구선 거관리위원회가 작성하여 선거일전까지 투표구선거관리위원회에 송부 하되 그 규격은 대통령령으로 정한다.

② 제1항의 규정에 의한 투표함의 수는 1투표구당 2개 이내로 한다. 그러나 투표에 있어서 동시에 2개의 투표함을 사용할 수 없다.

③ 우편투표용 투표함은 따로 작성하여야 한다.

④ 투표용지에는 관할 선거구 선거관리위원회 청인을 날인하여야 한다.

제62조 (투표용지모형의 공고) ① 관할선거구선거관리위원회는 투표용지의 모형을 선거일전 7일까지 각 투표구마다 공고하여야 한다.

② 관할선거구선거관리위원회는 투표용지를 인쇄할 인쇄소를 결정하였을 때에는 그 인쇄소의 소재지와 명칭을 지체 없이 공고하여야 한다.

제63조 (투표통지표교부) ① 구·시·읍·면의 장은 투표통지표를 선거인 명부에 등재된 선거인(선거인이 부재중인 때에는 호주·세대주·가족·동 거인의 순으로 사리를 분별할 수 있는 자)에게 선거일전 2일까지 교부 하여야 한다.

② 제1항의 투표통지표에는 선거인의 주소·성명·성별·생년월일 및 선거 인명부등재번호를 기재하여야 한다.

③ 투표통지표를 교부할 때에는 수령증을 받아야 하며, 투표통지표의 교부 가 끝난 후 투표구별로 투표통지표교부록을 작성하여 수령증 및 교부되 지 아니한 잔여투표통지표와 함께 지체 없이 투표구선거관리위원회에 송부하여야 한다.

④ 투표구선거관리위원회는 교부되지 아니한 잔여투표통지표를 제1항의 규정에 준하여 선거일 전일까지 수령증을 받고 교부한 후 투표통지표 교부증을 작성하여야 하며, 교부하지 못한 투표통지표에 대하여는 투표

통지표교부록에 그 사유를 명시하여야 한다.

⑤ 투표통지표와 수령증은 1매로 인쇄하여 100매 단위로 철하고 일련번호를 붙이며 선거인에게 교부할 때마다 투표통지표를 절취하여야 한다.

제64조 (투표용지수령) ① 선거인은 자신이 투표소에 가서 투표참관인의 참여 하에 주민등록증과 투표통지표를 제시하고 본인임을 확인받은 후 투표구선거관리위원회위원 앞에서 선거인명부에 날인 또는 무인(拇印)하고 투표용지 1매를 받아야 한다.

② 투표구선거관리위원회위원장은 관할 선거구 선거관리위원회로부터 송부된 투표용지를 봉함하였다가 선거일에 선거인에게 교부할 때에는 그 때마다 사인(私印)을 날인하여야 한다.

③ 우편투표의 투표용지는 선거일전 9일 상오 9시부터 관할선거구선거관리위원회에서 후보자의 참관 하에 투표용지의 일련번호를 절취한 후 투표용지를 봉투에 넣어 회송용 외 봉투에 넣고, 다시 발송용 외 봉투에 넣어 봉함하고 2일 안에 발송하여야 한다. 그러나 후보자가 그 시각까지 참석하지 아니한 때에는 그 후보자가 참관을 포기한 것으로 본다.

④ 우편투표의 발송과 회송은 무료등기우편으로 한다.

⑤ 투표구선거관리위원회 위원장은 주민등록증을 제시하지 아니한 선거인에게 투표용지를 교부하여서는 아니 된다.

⑥ 투표구선거관리위원회위원장은 제63조의 규정에 의한 투표통지표를 지참하지 아니한 선거인이라도 선거인명부에 등재된 선거인임이 확인된 때에는 투표용지를 교부하여야 한다.

제65조 (투표의 제한) ① 선거인명부에 등재되지 아니한 자는 투표할 수 없다. 다만, 제22조 제2항 또는 제23조 제2항의 결정서를 지참한 자는 투표할 수 있다.

② 선거인명부에 등재되었더라도 선거일에 선거권이 없는 자는 투표할 수 없다.

③ 부재자신고인명부에 등재된 선거인은 우편투표에 의하지 아니하고는 투표할 수 없다.

제66조 (기표절차) ① 선거인은 투표용지를 받은 후 투표구선거관리위원회 위원고가 투표참관인의 면전에서 번호투표를 떼어 다른 함에 넣은 다음 기표소에서 투표용지에 후보자가 기재된 난 중 하나를 선택하여 표를 한 후 그 자리에서 보이지 아니하게 접어 투표구선거관리위원회위원과 투표참관인의 면전에서 투표함에 넣어야 한다.

② 선거인이 투표용지를 오손(汚損)한 때라도 다시 교부하지 아니한다.

③ 맹인, 기타 신체의 불구로 인하여 자신이 표를 할 수 없는 선거인은 그 가족 또는 본인이 지정한 사람 2인을 동반하여 투표를 원조하게 할 수 있다.

④ 제3항의 경우를 제외하고는 동일기표소 안에 2인 이상이 동시에 들어갈 수 없다.

제67조 (기표방법) 선거인이 투표용지에 표를 할 때에는 0표를 해야 한다.

제68조 (선거위원의 참석수) 투표소에는 투표구선거관리위원회위원 과반수가 참석하여야 하되 늦어도 투표개시 1시간 전까지는 출석하여야 한다.

제69조 (투표참관) ① 후보자는 투표용지의 교부상황과 투표상황을 참관할 수 있다.

② 투표구선거관리위원회는 투표구의 구역 안에 거주하는 학식과 덕망이 있는 선거권자 중에서 참관인을 선거일전 3일까지 선정하여 투표용지의 교부상황과 투표상황을 참관하게 하여야 한다. 다만 당해 투표구 구역 안에 군인을 제외한 선거권자가 없는 경우에는 그 투표구투표참관인은 그 투표구를 관할하는 선거구선거관리위원회의 구역 안에 거주하는 선거권자 중에서 이를 선정할 수 있다.

③ 투표구선거관리위원회는 투표참관인석을 투표용지의 교부상황과 투표상황을 쉽게 볼 수 있는 장소에 설치하여야 한다.

④ 투표참관인은 4인을 선정하되 참관할 때에는 2인씩 교대참관하게 한다.

⑤ 후보자 또는 투표참관인은 투표사무에 간섭하거나 투표를 권유하거나 기타 어떠한 방법으로든지 투표에 영향을 주는 행위를 하여서는 아니된다.

⑥ 투표구선거관리위원회는 후보자 또는 투표참관인이 투표간섭 부정투표 기타 이 법의 규정에 위반되는 사실을 발견하여 그 시정을 요구한 경우에는 그 요구가 정당하다고 인정한 때에는 이를 시정하여야 한다.

⑦ 후보자 또는 투표참관인은 투표소 안에서 사고가 발생한 때에는 투표상황을 촬영할 수 있다.

제70조 (검사 등의 투표소출입금지와 질서유지) ① 검사·경찰관이나 현역 군인은 선거인으로 투표할 때 외에는 투표소에 들어갈 수 없다.

② 투표구선거관리위원회위원장은 위원회의 결의에 의하여 투표소의 질서가 심히 문란하여 공정한 투표가 실시될 수 없게 되었다고 인정할 때에는 투표소의 질서를 유지하기 위하여 정복을 한 경찰관의 원조를 요구할 수 있다.

③ 제2항의 요구에 의하여 투표소 안에 들어간 경찰관은 투표구선거관리위원회위원장의 지시를 받아야 하며 질서가 회복되거나 위원장의 요구가 있을 때에는 즉시 투표소에서 퇴거하여야 한다.

제71조 (투표소의 출입금지) ① 투표자·투표참관인·후보자·투표구선거관리위원회 및 그 상급선거관리위원회의 위원 및 직원과 종사원을 제외하고는 누구든지 투표소에 들어갈 수 없다.

② 선거관리위원회의 위원·직원·투표사무종사원·후보자 및 투표참관인이 투표소에 출입할 때에는 대통령령이 정하는 바에 따라 그 소속 직책 및 성명을 표시하는 기장을 가슴에 부착하여야 한다.

제72조 (무기나 흉기 등의 휴대금지) 제70조 제2항의 경우를 제외하고는 누구든지 투표소 안에서 무기나 흉기 또는 폭발물을 휴대할 수 없다.

제73조 (투표소 내외에서의 소란 언동금지) ① 투표소 안에서 또는 투표소
　　로부터 100미터 안에서 소란한 언동을 하는 자가 있을 때에는 투표구선
　　거관리위원회위원장은 이를 제지하고 그 명령에 불응한 때에는 투표소
　　또는 그 제한거리 밖으로 퇴거시킬 수 있다.

② 제1항의 규정에 의하여 퇴거당한 선거인은 최후에 이르러 투표하게 한
　　다. 그러나 투표구선거관리위원회위원장은 투표소의 질서를 문란하게
　　할 우려가 없다고 인정할 때에는 그 전에라도 투표하게 할 수 있다.

③ 누구든지 선거일에 있어서는 완장·흉장 등의 착용 기타의 방법으로 선
　　거에 영향이 있는 표식을 할 수 없다.

제74조 (투표의 비밀보장) ① 투표의 비밀은 보장되어야 한다.

② 선거인은 투표한 후보자의 성명을 누구에게도 진술할 의무가 없으며,
　　국가 또는 어떠한 기관이라도 이를 질문하거나 그 진술을 요구할 수 없다.

제75조 (투표함의 봉쇄) ① 투표구 선거관리위원회 위원장은 투표소를 닫
　　는 시각이 된 때에는 투표소의 입구를 닫아야 하며, 투표소 안에 있는
　　선거인의 투표가 끝나면 투표참관인의 참여 하에 출석한 위원 전원과
　　함께 투표함과 그 자물쇠를 봉쇄·봉인하여야 한다. 다만 정당한 이유
　　없이 봉쇄·봉인을 거부하는 위원이나 참여를 거부하는 투표참관인이
　　있을 때에는 그 권한을 포기한 것으로 보고 그 사유를 투표록에 기재하
　　여야 한다.

② 투표함의 열쇠와 잔여투표용지·투표통지표 및 번호지는 제1항의 규정
　　에 의하여 각각 봉인하여야 한다.

제76조 (투표록 작성) 투표구선거관리위원회위원장은 투표록을 작성하여
　　출석한 위원 전원과 함께 서명·날인하여야 한다. 다만 정당한 이유 없
　　이 서명 날인을 거부하는 위원이 있을 때에는 그 권한을 포기한 것으로
　　보고 그 사유를 투표록에 기재하여야 한다.

제77조 (투표함 등의 송치) ① 투표구선거관리위원회위원장은 투표가 끝난

후 지체 없이 투표함 및 그 열쇠 투표록과 잔여투표용지를 관할선거구
선거관리위원회에 송부하여야 한다.

② 제1항의 규정에 의하여 투표함을 송부할 때9에는 후보자 또는 투표참관
인을 동반할 수 있으며, 호송에 필요한 정복을 한 경찰관 2인에 한하여
동반할 수 있다.

제78조 (투표관계서류의 인계와 보관) ① 투표구선거관리위원회는 선거가
끝난 후 선거인명부 기타 선거에 관한 모든 서류를 관할 선거구 선거관
리위원회 위원장에게 인계하여야 한다.

② 제1항의 서류는 그 당선인의 임기 중 이를 보관하여야 한다.

제9장 개표

제79조 (개표관리) ① 개표사무는 관할선거구선거관리위원회(이하 개표관
리위원회라 한다)가 이를 행한다.

② 개표할 때에는 위원 과반수가 출석하여야 한다.

③ 개표관리위원회는 선거일 5일 전에 그 구·시·군청소재지에 설치할 개
표장소를 공고하여야 한다.

④ 개표관리위원에 관계사무를 보조하기 위하여 개표사무종사원을 둔다.

⑤ 개표사무종사원은 당해 구역 안의 관계행정기관이나 법원의 공무원 또
는 교육공무원 중에서 개표관리위원회가 위촉하되, 선거일 3일 전까지
그 성명을 공고하여야 한다. 다만 관계행정기관의 공무원은 개표사무종
사원총수의 3분의 1을 초과하지 못한다. 그러나 법원의 공무원 또는 교
육공무원만으로는 개표사무종사원 총수의 3분의 2에 미달하는 경우에
는 그러하지 아니한다.

제80조 (개표소의 출입제한과 질서유지) ① 개표관리위원회 및 그 상급선
거관리위원회의 위원이나 직원, 개표사무종사원, 후보자개표참관인 이

외에는 개표소에 들어갈 수 없다.

② 선거관리위원회의 위원 직원 개표사무종사원 후보자 및 개표참관인의 개표소에 출입할 때에는 대통령령이 정하는 바에 따라 그 소속 직책 및 성명을 표시한 기장을 가슴에 부착하여야 한다.

③ 개표관리위원회위원장은 위원회의 결의에 의하여 개표소의 질서가 심히 문란 되어 공정한 개표가 실시될 수 없다고 인정한 때에는 개표소의 질서를 유지하기 위하여 정복을 한 경찰관의 원조를 요구할 수 있다.

④ 제3항의 요구에 의하여 개표소 안에 들어간 경찰관은 개표관리위원회위원장의 지휘를 받아야 하며, 질서가 회복되거나 위원장의 요구가 있을 때에는 즉시 개표소에서 퇴거하여야 한다.

⑤ 제4항의 경우를 제외하고는 누구든지 개표소 안에서 무기나 흉기 또는 폭발물을 휴대할 수 없다.

제81조 (개표개시) ① 개표는 선거구별로 하며 투표선서관리위원회로부터 투표함이 전부 도착된 후에 특별한 사유가 없는 한 투표함의 도착순위에 따라 행한다. 다만 교통 기타 부득이한 사정에 의하여 일부 투표함의 도착이 지연될 경우에는 투표함의 3분의 2 이상이 도착되면 개표를 개시할 수 있다.

② 후보자 및 개표참관인은 투표함이 도착된 때에는 그 봉쇄·봉인을 검사하고 관리상황을 참관할 수 있다.

③ 관할선거구선거관리위원회는 우편투표를 접수하고 이를 즉시 부재자용 투표함에 투입, 보관하여야 하며 우편투표함은 선거일 하오 6시부터 후보자 또는 개표참관인의 참여 하에 본인이 발송한 여부를 확인하고 외봉투를 개봉하여 일반투표함의 투표지와 같이 혼합하여 개표한다.

제82조 (투효함의 開函) ① 투표함을 개함할 때에는 위원장은 그 뜻을 선포하고 출석한 위원 전원과 함께 투표함의 봉쇄·봉인을 검사한 후 이를

열어야 한다. 다만 정당한 이유 없이 검사를 거부하는 위원이나 참여를 거부하는 개표참관인이 있을 때에는 그 권한을 포기한 것으로 보고 개표록에 그 사유를 기재하여야 한다.

② 위원장은 개함한 후 투표수를 계산하여 투표록에 기재된 투표용지교부 수와 대조하여야 한다.

③ 개표는 투표구별로 하되 투표함은 순차적으로 개함하며 동시에 개함하는 투표함은 2개 이상 4개 이하로 한다.

④ 개표도중에 어느 선거구의 개표가 사고로 인하여 지연되는 경우에는 위원장은 그 선거구의 투표함을 봉함하여 뒤로 미루고 다른 선거구의 개표를 먼저 할 수 있다.

⑤ 후보자별 득표수의 발표는 투표구 단위로 행하되 출석한 개표관리위원회위원은 발표 전에 득표수를 검열하여야 한다. 다만 정당한 사유 없이 개표사무를 지연시키는 위원이 있을 때에는 그 권한을 포기한 것으로 보고 개표록에 그 사유를 기재하여야 한다.

제83조 (개표참관) ① 후보자는 개표소에서 당해 선거구의 개표상황을 참관할 수 있다.

② 개표관리위원회는 개표구의 구역 안에 거주하는 학식과 덕망이 있는 선거권자 중에서 개표참관인을 개표일전 3일까지 선정하여 개표상황을 참관하게 하여야 한다.

③ 개표관리위원회는 후보자와 개표참관인이 개표내용을 식별할 수 있는 가까운 거리(1미터 이상 2미터 이내)에서 참관할 수 있도록 개표사무종사원의 상대편의 후보자와 개표참관인석을 만들어야 한다.

④ 개표참관인은 6인을 선정하되, 3인씩을 교대참관하게 한다.

⑤ 후보자 또는 개표참관인은 언제든지 순회 감시할 수 있다.

⑥ 개표관리위원회는 후보자 또는 개표참관인으로부터 개표에 관한 위법사항에 대하여 시정의 요구가 있을 경우에는 그 이유가 정당하다고 인

정할 때에는 이를 시정하여야 한다.

⑦ 후보자 또는 개표참관인은 개표소 안에서 개표상황을 촬영할 수 있다.

⑧ 일반인은 구획된 장소 안에서 개표관리위원회가 발행하는 관람증을 받아 관람할 수 있다.

⑨ 제8항의 관람증은 개표장소를 참작하여 그 매수를 정하여 발행한다.

⑩ 개표관리위원회는 관람인석에 대하여 질서유지에 필요한 설비를 하여야 한다.

제84조 (무효투표) ① 다음 각 호의 1에 해당하는 투표는 무효로 한다.

  1. 정규의 투표용지를 사용하지 아니한 것

  2. 어느 란에도 표를 하지 아니한 것

  3. 2 이상의 란에 표를 한 것

  4. 어느 란에 표를 한 것인지 식별할 수 없는 것

  5. 0표를 하지 아니하고 문자 또는 특형(特形)을 기입한 것

  6. 0표 외에 다른 사항을 기입한 것

  7. 우편투표에 있어서 봉함되지 아니한 것 또는 선거인의 본인인 여부가 확인되지 아니한 것

② 다음 각 호의 1에 해당하는 투표는 무효로 하지 아니한다.

  1. 0표가 일부분 표시되거나 0란 안이 메워져 있어도 당해 투표구선거관리위원회의 기표용구를 사용하여 기표한 것이 명확한 것

  2. 동일후보자 란에만 2개 이상 기표되거나 중복기표된 것

  3. 기표란 외에 기표한 것이라도 어느 후보자에게 기표한 것인가가 명확한 것

  4. 두 후보자의 구분란 선상에 기표되었으나 어느 후보자에게 기표한 것인가가 명확한 것

  5. 기표한 것이 전사(轉寫)된 것으로서 어느 후보자에게 기표한 것인가가 명확한 것

6. 인육(印肉)으로 오손되었으나 어느 후보자에게 기표한 것인가가 명확한 것

제85조 (투표의 효력의 이의에 대한 결정) 투표의 효력에 관하여 이의가 있을 때에 개표관리위원회의 위원 과반수의 출석과 출석위원 과반수의 의결로 이를 결정하여야 한다.

제86조 (투표지구분) 선거구의 개표가 끝난 때에는 투표구별로 투표를 유효 무효로 구별하고 유효투표지는 다시 후보자별로 구분하여 각각 봉투에 넣고 개표관리위원회위원자장과 출석한 위원 전원이 봉인하여야 한다.

제87조 (선거록 개표록 작성보고) ① 개표관리위원회는 선거구별로 선거결과를 즉시 공표하는 개표록을 작성하여야 한다.

② 개표관리위원회는 선거구별로 후보자의 득표수를 계산 공표하는 동시에 선거록을 작성하고 개표록을 첨부하여 상급선거관리위원회에 보고하여야 한다.

③ 개표관리위원회는 특히 필요하다고 인정할 때에는 제1항과 제2항의 규정에 불구하고 개표록 또는 선거록을 당해 위원회가 관리하는 모든 선거구의 개표가 종료된 후에 작성할 수 있다.

④ 서울특별시·부산시 선거관리위원회가 제2항의 보고를 받았을 때에는 이를 중앙선거관리위원회에 보고하여야 한다.

⑤ 선거 및 개표록에는 위원장과 출석한 위원 전원이 서명 날인하여야 한다. 다만 정당한 이유 없이 서명날인을 거부하는 위원이 있을 때에는 그 권한을 포기한 것으로 보고 그 사유를 선거록 또는 개표록에 기재하여야 한다.

⑥ 선거록 및 개표록 서식은 중앙선거관리위원회가 정한다.

제88조 (투표지·선거록·개표록 등의 보관) 관할선거구선거관리위원회는 투표지·투표록·투표함·선거록 및 개표록 기타 선거에 관한 모든 서

류를 서울특별시 · 부산시 선거관리위원회는 선거록과 기타 선거에 관한 모든 서류를 그 당선인의 임기 중 각각 보관하여야 한다.

제10장 당선인

제89조 (당선인 결정) ① 관할선거구선거관리위원회는 선거구별로 당해 선거구대의원정수에 이를 때까지 유효투표의 다수를 얻은 자 순으로 당선인을 결정한다. 다만 득표수가 같은 후보자가 2인 이상이 있을 때에는 연장자순에 의하여 결정한다.

② 후보자 등록 마감일에 후보자수가 당해 선거구에서 선거할 대의원 정수를 초과하지 아니한 때에는 투표를 실시하지 아니한다. 후보자 등록 마감일 후 선거일 전일까지에 후보자가 사퇴 · 사망하거나 등록이 무효로 되어 후보자 수가 당해 선거구에서 선거할 대의원 정수를 초과하지 아니하게 된 때에도 또한 같다.

③ 제2항의 규정에 의하여 투표를 실시하지 아니할 때에는 관할선거구선거관리위원회는 지체 없이 이를 공고하고 관계선거관리위원회에 보고 또는 통지하여야 한다.

④ 제2항이 규정에 의하여 투표를 실시하지 아니한 경우에는 선거일에 당해 선거구선거관리위원회가 후보자를 당선인으로 결정한다.

제90조 (당선인 통지와 공고) 선거구의 당선인이 결정된 때에는 관할선거구선거관리위원회는 지체 없이 당선인에게 당선통지를 하고 당선인의 성명을 공고한다. 다만 관할선거구선거관리위원회는 특히 필요하다고 인정할 때에는 당해 위원회가 관리하는 모든 선거구의 당선인이 결정된 후에 당선통지와 공고를 행할 수 있다.

제91조 (피선거권 상실 등으로 인한 당선무효) ① 선거일에 피선거권이 없는 자는 당선인이 될 수 없다.

② 당선인이 대의원의 임기개시 전에 피선거권이 없게 된 때에는 당선의
효력이 상실된다.

제92조 (당선결정의 착오시정) ① 관할선거구선거관리위원회는 당선결정에
대하여 명백한 착오가 있는 것을 발견한 때에는 선거일 후 10일 내에
당선인의 결정을 시정하여야 한다.

② 관할선거구선거관리위원회가 제1항의 규정에 의한 시정을 할 때에는 중
앙선거관리위원회의 심사를 받아야 한다.

제93조 (당선인의 재결정) 제83조의 규정에 의한 결정의 위법을 이유로 당
선무효의 판결이 있을 때에는 관할선거구선거관리위원회는 지체 없이
당선인을 다시 결정하여야 한다.

제11장 재선거와 보궐선거

제94조 (재선거) ① 다음 각 호의 1에 해당한 때에는 재선거를 행한다.

 1. 당선인이 없거나 당선인이 대의원 정수에 달하지 아니한 때
 2. 선거전부무효의 판결이 있을 때
 3. 당선인이 대의원 임기 개시 전에 사퇴·사망 또는 피선거권이 상실되
  었을 때

② 제1항의 규정에 의한 재선거는 그 사유가 확정된 날로부터 90일 안에 행
하여야 하되, 그 선거일은 제56조 제1항의 규정에 준하여 대통령이 공고
한다.

제95조 (선거의 연기) 천재·지변 기타 불가피한 사유로 인하여 선거를 행
할 수 없거나 행하지 못한 때에는 대통령은 그 선거를 연기하거나 다시
선거일을 정하여야 한다.

제96조 (선거의 일부무효로 인한 재선거) ① 선거의 일부무효의 판결이 있
을 때에는 관할선거구선거관리위원회는 선거가 무효로 된 당해 투표구

의 재선거를 행한 후 다시 당선인을 결정하여야 한다.

② 제1항의 규정에 의한 재선거는 확정판결의 통지를 받은 후 20일 안에 행하되, 관할선거구선거관리위원회는 선거일 15일 전에 재선거일을 공고하여야 한다.

③ 제1항 및 제2항의 규정에 의한 재선거는 판결에 특별한 명시가 없는 한 제24조의 규정에 불구하고 그 선거에 사용된 선거인명부를 사용한다.

④ 일부 재선거에 있어서 선거운동 등에 관하여는 이 법의 범위 안에서 관할선거구선거관리위원회가 정한다.

제97조 (천재지변 등으로 인한 재투표) ① 천재·지변 기타 불가피한 사유로 인하여 1투표구 또는 수개 투표구의 투표를 행하지 못한 때와 투표함의 소멸분실 등의 사유가 발생한 때에는 재투표를 행한 후 당선인을 결정한다.

② 제1항의 사유가 선거결과에 이동을 미칠 우려가 없을 때에는 재투표를 행하지 아니하고 당선인을 결정한다.

③ 제1항의 투표일은 그 원인이 제거된 즉시로 제96조 제2항의 규정에 준하여 공고하여야 하며, 선거운동 등에 관하여는 관할선거구선거관리위원회가 이 법의 범위 안에서 정한다.

제98조 (연기된 선거 등의 실시) 총선거에 있어 제94조 제1항 제1호, 제95조 또는 제97조의 사유로 인하여 선거를 연기하였거나 실시하지 못하였거나 선거가 만료된 지구의 재선거와 재투표는 가능한 한 동시에 실시하여야 한다.

제99조 (보궐선거) 대의원에 궐원이 생긴 때에는 보궐선거를 행한다. 다만 대의원에 궐원이 생긴 때에도 재적대의원수가 2천인 이상인 경우에는 보궐선거를 행하지 아니할 수 있다.

제100조 (재선거 등에 관한 특례) ① 재선거, 연기된 선거, 일부 재선거, 재투표와 보궐선거는 재적대의원수가 2천인 미만인 때에도 그 선거 또는

투표에 의하여 당선된 대의원의 임기가 1년 미만이 될 경우에는 행하지
아니할 수 있다.

② 제120조의 규정에 의한 당선소송이 계속(係屬) 중인 때에는 보궐선거를
행하지 아니한다.

제12장 선거에 관한 소송

제101조 (선거소송) ① 선거의 효력에 관하여 이의가 있는 선거인 또는 후
보자는 선거일로부터 30일 안에 관할선거구선거관리위원회 위원장을
피고로 하여 그 선거구를 관할하는 고등법원에 소를 제기할 수 있다.

② 제1항의 규정에 의하여 피고로 될 위원장이 사망 또는 사퇴한 때에는
부위원장을, 부위원장이 사망 또는 사퇴한 때에는 관할선거구선거관리
위원회 위원 전원을 피고로 한다.

제102조 (당선소송) ① 당선의 효력에 관하여 이의가 있는 후보자는 당선결
정일로부터 30일 안에 당선인을 피고로 하여 그 선거구를 관할하는 고
등법원에 소를 제기할 수 있다. 다만 제89조 제1항 및 제4항 또는 제91
조 제1항의 규정에 의한 결정의 위법을 이유로 소를 제기할 때에는 관
계선거관리위원회위원장을 피고로 한다.

② 제1항의 규정에 의하여 피고로 될 당선인이 사망·사퇴하거나 제91조
제2항의 규정에 의하여 당선의 효력이 상실된 때에는 당해 선거구를 관
할하는 고등검찰청검사장을 피고로 한다.

제103조 (선거 등 무효의 판결) 고등법원 또는 대법원은 제101조 및 제102
조의 소송에 있어서 선거에 관한 규정에 위반한 사실이 있을 때라도 선
거의 결과에 영향을 미쳤다고 인정할 때에 한하여 선거의 전부나 일부
의 무효 또는 당선의 무효를 판결한다.

제104조 (소송의 처리) 선거에 관한 소송은 다른 소송에 우선하여 신속히

재판하여야 하며 소송이 제기가 있는 날로부터 1년 이내에 처리하도록
하여야 한다.

제105조 (행정소송법 등 준용) ① 선거에 관한 소송에 있어서 이 법에 규정
한 외에는 행정소송법 제9조·제14조의 규정을 준용한다. 다만 민사소
송법 중 제135조·제138조·제139조 제1항·제206조·제259조와 제261조
의 규정은 준용하지 아니한다.

② 후보자는 개표완료 후에 제101조 또는 제102조의 규정에 의한 소를 제기
할 때의 증거를 보전하기 위하여 그 선거구를 관할하는 지방법원 또는
지원(支院)에 투표함 투표지 투표록 등의 보전신청을 할 수 있다.

③ 법관은 제2항의 신청이 있을 때에는 현장에 출장하여 조서를 작성하고
적절한 보관방법을 취하여야 한다.

④ 제3항의 보관은 제101조 또는 제102조의 규정에 의한 소의 제기가 없을
때에는 그 효력을 잃는다.

⑤ 고등법원은 선거에 관한 소송에 있어서는 지방법원에 증거조사를 촉탁
할 수 있다.

제106조 (선거에 관한 특례) 선거에 관한 소송에 있어서는 민사소송인지법
의 규정에 불구하고 소송서류에 첨부하여야 할 인지는 민사소송인지법
에 규정된 액의 10배로 한다.

제107조 (선거에 관한 소송 등의 통지) 이 장의 규정에 의하여 소가 제기된
때 또는 소송이 계속되지 아니하게 되거나 판결이 확정된 때에는 고등
법원장 또는 대법원장은 그 사실을 통일주체국민회의중앙선거관리위원
회와 관할선거구선거관리위원회에 통지하여야 한다.

제13장 벌칙

제108조 (詐僞등재 및 허위날인죄 등) ① 사위의 방법으로 선거인명부에
　　등재되게 한 자나 제64조 제1항의 경우에 있어서 허위의 날인을 한 자
　　는 6월 이하의 징역이나 금고 또는 5만 원 이하의 벌금에 처한다.
② 선거에 관계있는 공무원이 선거인명부에 고의로 선거권자를 기재하지
　　아니하거나 허위의 사실을 기재한 때에는 1년 이하의 징역이나 금고 또
　　는 10만 원 이하의 벌금에 처한다.
제109조 (매수 및 이해유도죄) 다음 각 호의 1에 해당하는 행위를 한 자는
　　3년 이하의 징역이나 금고 또는 30만 원 이하의 벌금에 처한다.
　1. 당선되거나 되게 또는 되지 못하게 할 목적으로 선거인이나 참관인에
　　게 금전·물품·차마(車馬)·향연 기타 재산상의 이익이나 공사의 직
　　을 제공하거나 그 제공의 의사를 표시 또는 약속한 자
　2. 투표를 하거나 하지 아니하거나 또 그 알선·권유에 대한 목적으로 선
　　거인이나 참관인에게 제1호에 규정한 행위를 한 자
　3. 선거운동에 이용할 목적으로 학교 기타 공공단체 사회단체 또는 청년
　　단체·씨족단체 등에 금전물품 등 재산상의 이익을 제공하거나 그 제
　　공의 의사를 표시한 자
　4. 선거운동에 이용할 목적으로 야유회·동창회·친족회·계모임 등에
　　금전·물품·음식물을 제공하거나 그 제공의 의사를 표시한 자
　5. 제1호 내지 제4호에 규정한 행위에 대하여 알선 또는 권유한 자
　6. 제1호 내지 제3호에 규정한 이익 또는 직의 제공을 받거나 요구하거나
　　그 제공의 의사를 승낙한 자
제110조 (다수인 매수 및 다수인 이해유도죄) 다음 각 호의 1에 해당하는
　　행위를 한 자는 5년 이하의 징역이나 금고 또는 50만 원 이하의 벌금에
　　처한다.

1. 재산상의 이익을 도모할 목적으로 후보자를 위하여 다수의 선거인이 나 참관인에 대하여 제109조에 기재된 행위를 하거나 하게 한 자

2. 제1호의 행위를 할 것을 청탁받게 한 자

제111조 (후보자에 대한 매수 및 이해유도죄) ① 다음 각 호의 1에 해당하는 행위를 한 자는 5년 이하의 징역이나 금고 또는 50만 원 이하의 벌금에 처한다.

1. 후보자가 되지 아니하게 하거나 후보자가 된 것을 사퇴하게 할 목적으로 후보자가 되려는 자나 후보자에게 금전 물품 차마 향연 기타 재산상의 이익이나 공사의 직을 제공하거나 그 제공의 의사를 표시 또는 약속한 자

2. 후보자가 되려는 것을 중지하였거나 후보자를 사퇴한 데 대한 보수를 목적으로 후보자가 되려는 자나 후보자이었던 자에게 제1호의 규정된 행위를 한 자

3. 제1호 또는 제2호에 규정된 행위에 관하여 알선 또는 권유를 한 자

② 제1항 제1호 또는 제2호에 규정된 이익 또는 직의 제공을 받거나, 요구하거나 그의 의사를 승낙한 자는 3년 이하의 징역이나 금고 또는 30만 원 이하의 벌금에 처한다.

제112조 (당선인에 대한 매수 및 이해유도죄) ① 다음 각 호의 1에 해당하는 행위를 한 자는 1년 이상 7년 이하의 징역 또는 금고에 처한다.

1. 당선을 사퇴시킬 목적으로 당선인에게 금전·물품·차마·향연 기타 재산상이 이익이나 공사의 직을 제공하거나 그 제공의 의사를 표시 또는 약속한 자

2. 제1호에 규정된 이익 또는 직의 제공을 받거나 요구하거나 그 제공의 의사를 승낙한 자

② 제1항에 규정된 행위에 관하여 알선 또는 권유를 한 자는 5년 이하의 징역이나 금고 또는 50만 원 이하의 벌금에 처한다.

제113조 (신문·잡지 등 불법이용죄) 다음 각 호의 1에 해당하는 행위를 한 자는 3년 이하의 징역이나 금고 또는 30만 원 이하의 벌금에 처한다.

1. 특정인을 당선 또는 낙선시킬 목적으로 신문(통신을 포함한다. 이하 같다) 잡지 기타의 간행물을 경영·편집·취재 또는 집필하는 자에게 금품·향연 기타 이익을 제공하거나 제공할 의사의 표시 또는 약속을 하여 후보자의 선거에 관한 보도 기타 평론을 게재하게 한 자

2. 특정후보자를 당선 또는 낙선시킬 목적으로 선거에 관하여 허위사실을 게재하거나 왜곡하여 게재한 신문·잡지 기타의 간행물의 경영이나 편집을 담당하는 자

3. 제48조의 규정에 위반한 자

제114조 (매수와 이해유도죄로 인한 이득의 몰수) 제109조 내지 제113조의 행위로 인하여 받은 이익은 이를 몰수한다. 다만 그 전부 또는 일부를 몰수할 수 없을 때에는 그 가액을 추징한다.

제115조 (선거의 자유방해죄) 선거에 관하여 다음 각 호의 1에 해당하는 행위를 한 자는 5년 이하의 징역이나 금고 또는 50만 원 이하의 벌금에 처한다.

1. 후보자 후보자가 되려는 자, 선거인·참관인·선거사무종사원(투표·개표사무종사원을 포함한다) 또는 당선인에 대하여 협박 또는 유인을 하거나 불법으로 체포 또는 감금한 자

2. 집회 연설 또는 교통을 방해하거나 위계사술 기타 부정한 방법으로 선거의 자유를 방해한 자

제116조 (직권남용에 의한 선거의 자유방해죄) 선거에 관하여 선거관리위원회의 위원이나 직원·경찰관 기타의 선거관계 공무원이나, 선거인명부작성에 관계있는 자가 고의로 선거인명부의 열람을 방해하거나, 그 직무를 유기하거나 투표통지표를 교부하지 아니하거나 정당한 이유 없이 후보자를 미행하거나 그 주택에 허가 없이 들어가거나, 퇴거를 요구

하여도 퇴거하지 아니하는 등 직권을 남용하여 선거의 자유를 방해하는
때에는 5년 이하의 징역이나 금고 또는 50만 원 이하의 벌금에 처한다.

제117조 (벽보 등에 대한 방해죄) ① 벽보를 정당한 이유 없이 훼손 철거한
자는 2년 이하의 징역이나 금고 또는 20만 원 이하의 벌금에 처한다.

② 선거관리위원회의 위원이나 직원 또는 그 선거사무에 종사하는 자가 제
37조의 규정에 의한 벽보 또는 제39조의 규정에 의한 선거공보를 부정 · 부
당하게 작성 · 첩부 또는 배부하였거나 정당한 이유 없이 이를 실시하지
아니한 때에는 3년 이하의 징역이나 금고 또는 30만 원 이하의 벌금에
처한다.

제118조 (투표의 비밀방해죄) 누구든지 투표의 비밀을 방해하거나 선거인
에 대하여 그 투표하고자 하는 후보자 또는 투표한 후보자의 표시를 요
구한 때에는 2년 이하의 징역이나 금고 또는 20만 원 이하의 벌금에 처
한다.

제119조 (투표나 개표의 간섭죄) 투표소나 개표소에서 정당한 이유 없이 투
표나 개표에 간섭한 자 또는 투표를 권유하거나 기타 투표 또는 개표에
영향을 주는 행위를 한 자는 3년 이하의 징역 또는 금고에 처한다.

제120조 (투표함 등에 관한 죄) 불법으로 투표함을 열거나 또는 투표함 안
에 투표지를 취거 · 파괴 · 훼손 · 은익 또는 탈취한 자는 1년 이상 7년 이
하의 징역 또는 금고에 처한다.

제121조 (선거사무관계자나 시설 등에 대한 폭행 교란죄) 선거관리위원회
의 위원이나 직원 또는 선거사무에 관계있는 공무원에게 폭행 · 협박을
하거나 투표소나 개표소를 교란하거나 투표용지 선거인명부 기타 선거
에 관한 서류 또는 선거에 관한 인장을 억류, 훼손 또는 탈취한 자는 5년
이하의 징역이나 금고 또는 50만 원 이하의 벌금에 처한다.

제122조 (투표소 또는 개표소 반입죄) ① 무기 · 흉기 · 폭발물 기타 사람을
살상할 수 있는 물건을 휴대하고 투표소나 개표소에 잠입한 자는 7년

이하의 징역 또는 금고에 처한다.

② 제71조 제1항 및 제80조 제1항의 규정에 위반한 자는 3년 이하의 징역이나 금고 또는 30만 원 이하의 벌금에 처한다.

제123조 (다수인의 선거방해죄) ① 다수인이 집합하여 제12조 내지 제122조의 행위를 한 때에는 다음의 구별에 의하여 처벌한다.

1. 주모자는 3년 이상 10년 이하의 징역 또는 금고

2. 타인을 지휘하거나 타인에 솔선하여 행동한 자는 1년 이상 7년 이하의 징역 또는 금고

3. 부화하여 행동한 자는 3년 이하의 징역이나 금고 또는 30만 원 이하의 벌금

② 제120조 내지 제122조의 행위를 할 목적으로 다수인이 집합한 때에 관계 공무원으로부터 3회 이상의 해산명령을 받았음에도 불구하고 해산하지 아니한 때에는 그 주도적 행위자는 3년 이하의 징역 또는 금고에 처하고, 기타의 자는 6월 이하의 징역 또는 5만 원 이하의 벌금에 처한다.

제124조 (詐僞투표죄) 성명을 사칭하거나 기타 사위의 방법으로 투표하거나 투표를 하려고 한 때에는 2년 이하의 징역이나 금고 또는 20만 원 이하의 벌금에 처한다.

제125조 (투표위조 또는 증감죄) 투표를 위조하거나 그 수를 증감한 자는 1년 이상 7년 이하의 징역 또는 금고에 처한다.

제126조 (허위사실공표죄) ① 누구든지 연설·신문·잡지·선전문서 기타 어떠한 방법을 불문하고 대의원으로 당선되게 하거나 당선되지 못하게 할 목적으로 소속·사상·신분·직업 또는 경력 등에 관하여 허위의 사실을 공표하거나 공표하게 하는 자는 5년 이하의 징역이나 금고 또는 50만 원 이하의 벌금에 처한다.

② 누구든지 선거일 공고일로부터 투표일까지 선거권자를 오신(誤信)하게

하기 위하여 위계사술을 사용하거나 사용하게 한 자는 6년 이하의 징역 또는 금고에 처한다.

제127조 (후보자 비방죄) ① 누구든지 연설·신문·잡지·벽보·선전문서 기타 어떠한 방법을 불문하고 대의원으로 당선되게 하거나 당선되지 못하게 할 목적으로 공연히 사실을 적시하여 후보자를 비방한 자는 3년 이하의 징역이나 금고 또는 30만 원 이하의 벌금에 처한다.

② 제1항의 행위가 진실한 사실로서 오로지 공공의 이익에 관한 때에는 처벌하지 아니한다.

제128조 (허위방송죄) 제47조의 규정에 위반한 자는 3년 이하의 징역이나 금고 또는 30만 원 이하의 벌금에 처한다.

제129조 (사전운동 등 부정운동죄) ① 다음 각 호의 1에 해당하는 자는 3년 이하의 징역이나 금고 또는 30만 원 이하의 벌금에 처한다.

 1. 제34조 제35조의 규정에 위반하여 선거운동을 한 자

 2. 제50조의 규정에 위반한 자

② 공무원이 그 지위를 이용하여 선거운동을 하였을 때에는 5년 이하의 징역이나 금고 또는 50만 원 이하의 벌금에 처한다.

제130조 (각종 제한규정 위반죄) 다음 각 호의 1에 해당하는 자는 2년 이하의 징역이나 금고 또는 20만 원 이하의 벌금에 처한다.

 1. 제37조 또는 제39조에 규정하는 이외의 문서·도서 기타 선전시설을 작성 사용한 자

 2. 제28조·제42조 제1항·제45조·제46조 또는 제49조에 위반한 자

제131조 (기부행위의 금지제한 등 위반죄) ① 제51조 제1항 또는 제2항에 규정된 자가 동조의 규정에 위반하여 기부를 하거나 제52조의 규정에 위반한 자는 3년 이하의 징역이나 금고 또는 30만 원 이하의 벌금에 처한다.

제132조 (각종 제한 위반죄) 제108조 내지 제131조 외에 선거에 관하여 이

법이 규정하는 각 제한 규정에 위반한 자는 3만 원 이하의 벌금에 처한다.

제133조 (선거범죄편동죄) 누구든지 연설·벽보·신문 기타 어떠한 방법으로든지 이 장에 규정한 죄를 범할 것을 편동한 자는 3년 이하의 징역이나 금고 또는 30만 원 이하의 벌금에 처한다.

제134조 (당선인의 선거범죄로 인한 당선무효) 당선인이 당해 선거에 있어서 이 법에 규정한 죄를 범함으로 인하여 징역이나 금고 또는 1만 원 이상의 벌금형을 받게 된 때에는 그 당선은 무효로 한다.

제135조 (기소에 관한 통지) 검사는 선거에 관한 범죄로 후보자나 당선인을 기소한 때에는 관할선거구선거관리위원회에 이를 통지하여야 한다.

제136조 (공소시효) 이 법에 규정한 죄의 공소시효는 선거일 후 3월을 경과함으로써 완성한다. 다만 범인이 도피한 때에는 그 기간을 1년으로 한다.

제137조 (재판의 관할) 선거범과 그 공범에 관한 제1심 재판은 지방법원합의부의 관할로 한다.

부칙

제1조 (시행일) 이 법은 공포한 날로부터 시행한다.

제2조 (대의원의 임기) 이 법에 의하여 처음으로 선거된 대의원의 임기는 통일주체국민회의 최초의 집회일로부터 개시되고 1978년 6월 30일에 종료된다.

제3조 (선거관리) 이 법 시행 후 처음으로 실시하는 대의원 선거는 선거관리위원회에 관한 특례법과 선거관리위원회법에 의한 선거관리위원회가 이를 관리한다.

제4조 (투표구) 이 법 시행 후 처음으로 실시하는 대의원 선거에 있어서의

투표구는 1972년 11월 21일 실시한 헌법개정안에 대한 국민투표시의 투표구에 의한다.

제5조 (선거인명부) 이 법 시행 후 처음으로 실시하는 대의원 선거에 있어서 선거인명부는 이 법의 규정에 불구하고 이 법 제18조의 규정에 의한 수시선거인명부에 의한다.

제6조 (공무원 등의 입후보를 위한 해임 등) 이 법 시행 후 처음으로 실시하는 대의원 선거에 있어서 후보자가 되려는 공무원 선거관리위원회위원 또는 정당의 당원은 선거일 공고일로부터 5일 내에 그 직이 해임되거나 탈당되어야 한다. 다만 정당의 당원인 자는 후보자등록신청서에 탈당신고서를 첨부하여 관할선거구선거관리위원회에 제출하면 탈당된 것으로 본다. 이 경우에 탈당신고서를 접수한 관할선거구선거관리위원회는 시·도 선거관리위원회와 소속 정당의 지역 당에 보고, 통보하여야 하며 통보를 받은 소속 정당의 지구당은 지체 없이 당원명부의 기재를 말소하고 그 결과를 관할선거구선거관리위원회에 통보하여야 한다.

제7조 (기부행위제한) 이 법 시행 후 처음으로 실시하는 대의원 선거에 있어서 이 법 제51조에 정하는 대의원 임기 만료일전 180일을 이 법 공포일로 한다.

제8조 (대의원 선거) 이 법 시행 후 처음으로 실시하는 대의원 총선거는 이 법 공포일로부터 30일 이내에 실시한다.

부칙(1973.2.7)

① (시행일) 이 법은 공포한 날로부터 시행한다.

② (대의원의 지위) 이 법 시행 당시의 대의원의 피선거권에 관하여는 그 임기 중 이 법 제11조 제1항 제2호 내지 제8호의 규정에 불구하고 종전의 예에 의한다.

부칙(1977.12)

① (시행일) 이 법은 1978년 2월 15일부터 시행한다.
② (피선거권자의 거주기간계산에 관한 경과조치) 이 법 시행 당시 종전의
　 규정에 의한 동일선거구구역 내에서 주민등록법에 의한 거주지를 변경
　 한 자에 대하여는 별표의 개정으로 전거주지와 현거주지가 선거구를 달
　 리하는 경우에도 전거주지의 거주기간을 현거주지의 거주기간에 합산
　 한다.

별표 생략

찾아보기

ㄱ

▣ 김행선

1954년 서울 출생

1977년 고려대학교 문과대학 불어불문학과 졸업

1996년 고려대학교 일반대학원 사학과 문학박사

2002년 고려대학교 아세아문제연구소 연구조교수

2005년 성균관대학교 동아시아 유교문화권 교육연구단 연구조교수

현재 고려대학교 사학과 강사

저서

『1970년대 박정희 정권의 문화정책과 문화통제』, 선인, 2012.

『루소의 생애와 사상』, 노란숲, 2011.

『초기경전에 나타나는 석가모니의 생애와 사상』, 선인, 2010.

『6 · 25전쟁과 한국사회문화변동』, 선인, 2009.

『역사와 신앙』, 선인, 2008.

『한국근현대사 강의』, 선인, 2007.

『박정희와 유신체제』, 선인, 2006.

『4 · 19와 민주당』, 선인, 2005.

『해방정국 청년운동사』, 선인, 2004.

강만길 외, 『근대 동아시아 역사인식 비교』, 선인, 2004.

『동서양 고전의 이해』, 이회출판사, 1999.